MÉMOIRES
DE BARNUM

2ᵉ SÉRIE IN-4º.

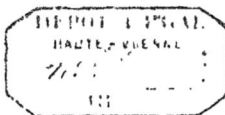

PROPRIÉTÉ DES ÉDITEURS.

MÉMOIRES
DE BARNUM

TRADUCTION DE RAOUL BOURDIER

NOUVELLE ÉDITION REVUE.

LIMOGES
EUGÈNE ARDANT ET Cie, ÉDITEURS

AVIS DES ÉDITEURS.

Parmi les esprits originaux de notre époque figure sans contredit au premier rang l'Américain Barnum, qui a mérité non-seulement dans son propre pays, mais encore dans le monde entier, une juste popularité par la singularité des aventures qui lui sont arrivées, et dans lesquelles il n'a cessé de déployer ce genre d'esprit que nos voisins d'outre-mer désignent par le mot *humour*, et que M. Barnum, avec une modestie exagérée, appelle simplement de la *blague*.

Dans les circonstances si variées de son existence agitée, il a toujours su faire preuve du tact le plus délié, de la plus sage prévoyance et de l'habileté la mieux entendue, mais il a constamment su néanmoins respecter les lois de l'honneur et de la délicatesse dans tous les nombreux engagements qu'il a été à même de contracter. La nature des spéculations excentriques auxquelles il s'est livré l'a mis en relations avec les deux mondes, et lui a valu de nombreux amis et de chauds partisans de l'un et de l'autre côté de l'Atlantique.

Fidèle à sa devise : ***Tout au grand jour***, M. Barnum nous a donné dans ses Mémoires le récit authentique et véridique des aventures diverses qui ont animé son existence. Ainsi qu'il le dit lui-même, le spectateur verra tout ce qui se passe sur la scène, devant comme derrière le rideau. On trouvera dans cet ouvrage des incidents aussi nombreux que variés : ici c'est l'histoire d'un cirque voyageur; plus loin des impressions de voyage d'un autre genre; ailleurs le récit des entrevues du héros avec les têtes couronnées et les sommités de l'Europe, partout des esquisses de mœurs et des anecdotes piquantes qui nous transportent au milieu de la vie américaine, et nous font prendre pour ainsi dire la nature sur le fait. On vient de causer avec les rois, on tourne la page, et l'on se trouve au milieu des célébrités théâtrales de notre époque : c'est le général Tom Pouce, le récit de ses succès et de sa campagne en Amérique. On poursuit, et des tableaux d'une autre espèce passent sous les yeux du lecteur.

En un mot, M. Barnum a vu le monde entier, et il le fait connaître à ses lecteurs sans secret ni réticence. Sa vie si variée et si agitée se passe pour eux dans une véritable maison de verre.

Appelés aux plus grands succès en Amérique et en Angleterre, les Mémoires de M. Barnum ne pouvaient demeurer inconnus en France, car, indépendamment de l'intérêt d'actualité, ils offrent aux lecteurs un attrait d'un autre genre et sont l'initiation la plus complète aux mystères de la vie du peuple américain.

Il dit sa pensée et il se peint lui-même dans ce paragraphe :

« Le lecteur verra par les nombreuses anecdotes dont ce volume est parsemé, que j'ai toujours été porté à la plaisanterie, trop peut-être. Mais ce défaut, inhérent à mon caractère, a encore été développé en moi tant par l'influence de ceux qui guidèrent ma jeunesse, que par la nature de mes occupations et de mes relations. »

MÉMOIRES DE BARNUM

CHAPITRE PREMIER.

MES PREMIÈRES ANNÉES.

Apparition dans le monde. — L'école. — Jonh Haight. — La glace se brise. — Une dette payée. — Statue vivante. — Allons, plonge, polisson. — Spéculation sur les cornes. — Le morceau amer. — Le cheval et son cavalier. — La crise. — John à la mer. — Pièces de deux sous et de six sous. — Poisson hors de l'eau. — Première visite à New-York. — Aventure dans cette ville. — Achat d'oranges. — Fusil et boules fulminantes. — Les fonds deviennent bas. — Mon premier échange. — Ressources. — Retour.

Ce fut en l'an de grâce 1810, le 5 du mois de juillet, que je fis ma première apparition sur le théâtre du monde; l'ère de l'indépendance était arrivée, et les canons ne tonnaient plus que pour en célébrer le glorieux anniversaire. La fumée des combats s'était dissipée dans les airs, les derniers roulements du tambour avaient expiré dans les échos lointains, tout, en un mot, était redevenu paix et repos quand je fis mon début.

Le sentiment de la conservation, ainsi que le désir d'éviter tout ce qui peut me nuire, ont toujours été très-développés en moi, et je me suis souvent dit que si j'étais jamais forcé d'aller à la guerre, les armes dont je ferais le plus de cas seraient sans contredit mes jambes J'avoue franchement que je serais tout au plus bon à remplir le rôle du soldat yankee qui après avoir déchargé son fusil hors de portée de l'ennemi, se sauva en chantant ce refrain :

> Du combat il est bon de fuir,
> Afin d'y pouvoir revenir.

Oui, décidément je suis un homme de paix, et le combat ne peut m'aller qu'avec le correctif qu'y apportait le brave militaire dont je viens de citer l'opinion.

Je ne suis pas bien sûr que mon entrée dans le monde fit grand bruit dans le village, quoique ma mère m'ait déclaré que je fis beaucoup de tapage pendant la première heure qui suivit ma naissance, sans qu'elle ait jamais pu deviner cependant quel était le motif qui me faisait agir ainsi.

Je passe rapidement sur les sept premières années de ma vie, dont les incidents se composent surtout d'un grand nombre de morceaux de sucre donnés par mon grand-père, ainsi que d'une certaine quantité de gros sous destinés à l'achat de raisin et de gâteaux que le brave homme me recommandait toujours de ne payer qu'au plus bas prix, et j'arrive de suite aux événements qui signalèrent les derniers temps de cette première période.

J'avais six ans quand je commençai à aller à l'école, et je me rappelle très-bien que ce fut en 1818 que j'alignai les premiers bâtons sur mon cahier d'écriture. A l'époque à laquelle je fais allusion, c'était une terrible chose qu'une école, et le maître d'école lui-même était une espèce d'ogre dressé à faire peur aux enfants.

J'eus plusieurs instituteurs : le premier fut un M. Camp, le second un M. Zerah-Judson, le troisième un M. Curtiss de Newtown, le quatrième le docteur Orris-T. Taylor. Vint ensuite mon oncle Alanson Taylor, et bien d'autres après lui.

Pendant l'été, nous étions placés sous la direction de miss Honnah Starr, excellente femme dont j'étais le favori, et pour laquelle j'ai toujours conservé beaucoup de respect et d'amitié. Les trois premiers pédagogues que je viens de nommer usaient prodigieusement de la férule, et laissaient rarement en état de vacance un petit pigeonnier qui se trouvait dans la cour et dont ils avaient fait une prison pour les coupables de sept ou huit ans qui avaient l'audace de transgresser leurs ordres despotiques.

J'ai toujours eu la réputation d'un assez bon écolier, et en avançant en âge je ne comptai bientôt plus de rivaux dans mes études que deux ou trois de mes camarades. J'étais surtout d'une force prodigieuse en arithmétique ; je me rappelle à ce sujet qu'à l'âge de douze ans je fus une belle nuit réveillé par mon maître d'école, lequel avait parié avec un voisin que je ferais en moins de cinq minutes le compte des pieds d'arbre contenus dans un espace de bois déterminé. Le voisin mesura les distances, et sitôt que je fus rentré à la maison je pris ma craie et calculai sur le tableau avec tant de rapidité, que je ne fus pas deux minutes à obtenir le résultat demandé, à la grande satisfaction de mon maître, de ma mère et aussi de votre serviteur. Quant à notre brave voisin, sa stupéfaction ne fut pas mince, vous pouvez le croire.

Mon père faisait un peu tous les métiers, il était tailleur, fermier et cabaretier à l'occasion, aussi avait-il souvent besoin de moi. C'était un motif pour m'absenter de l'école du village, et je ne profitai guère des leçons qu'on y donnait. Je dois ce que je sais à ma fréquentation ultérieure de l'école du district et à l'habitude que je pris pendant un été de me rendre à l'académie de Danbury six fois par semaine, bien que nous en fussions à une distance de trois milles.

Comme tous les garçons de ferme, je fus obligé de m'occuper du soin et de la garde des bestiaux, du sarclage des blés, de la conduite des chariots, de l'entretien des harnais ; quand mes forces eurent augmenté, on me chargea de diriger une charrue, puis vint enfin le temps où l'on me mit entre les mains une pelle et une pioche, et il fallut m'en servir. Malgré tout, je n'aimai jamais le travail.

J'avais pour camarade un garçon de deux ans plus âgé que moi et que j'appellerai ici John Haight. Ce jeune homme, que je rencontrais souvent en menant paître mes bestiaux, était le fils du docteur Ansel Haight, l'un des médecins de notre village. John était un assez piètre garnement passablement fanfaron et vaurien, et toujours disposé à dérober les poires, les pommes ou les melons du voisin. Aussi ma mère me défendait-elle expressément de jouer avec ce John Haight, et il m'arriva plus d'une fois d'être châtié sévèrement pour lui avoir désobéi à cet égard.

John était pour toute mère prudente une sorte d'épouvantail, un véritable loup-garou; mais quoiqu'il eût l'esprit fort délié, il ne fut cependant jamais assez adroit pour leur faire prendre le change sur son compte, bien qu'il eut assez d'habileté pour entraîner leurs enfants malgré elles. Quant à ceux-ci c'était bien différent, ils aimaient John et le craignaient à la fois. Ils l'aimaient à cause de son caractère brave et déterminé, et le craignaient parce que c'était un véritable tyran qui se servait d'une verge de fer pour gouverner ses camarades, dont il savait faire ses esclaves.

Un certain jour John et une douzaine de bambins patinaient de compagnie sur un étang dont l'eau avait environ douze pieds de profondeur. John, emporté par l'esprit de bravade qui lui était naturel, s'aventura sur une partie de la pièce d'eau où l'on savait que la glace était plus mince : elle se rompit sous ses pieds, et l'imprudent tomba dans l'eau. Il ne disparut pas cependant entièrement sous la glace, il fut heureusement retenu par les bras et demeura ainsi suspendu, n'ayant au-dessus de l'eau que la tête et les épaules. John pouvait alors avoir quatorze ans; ses camarades étaient des enfants de dix à douze ans. Le patineur malencontreux appela à son secours de toute la force de ses poumons, mais les autres enfants, dont je faisais partie, demeuraient immobiles, n'osant s'aventurer dans un endroit aussi périlleux. John cependant, toujours soutenu par la glace et le corps trempant dans l'eau froide, continuait à crier : Au secours! mais bientôt, s'apercevant de nos craintes, il se mit en fureur et nous invectiva sur tous les tons en jurant ses grands dieux que si nous ne venions pas le délivrer il administrerait à chacun de nous la plus belle volée qu'il eût reçue de sa vie.

Peu encouragés par cette promesse, nous décampâmes tous, laissant, avec cette insouciante imprévoyance qui est le cachet de l'enfance, le pauvre John se tirer comme il pourrait de sa position critique. Nous savions très-bien qu'il était en danger de se noyer, mais comme il n'avait fait que nous tyranniser pendant toute la matinée nous nous inquiétions fort peu de ce qui pourrait lui arriver.

Le jour suivant je fis rencontre d'un de mes camarades : il avait la figure enveloppée dans un mouchoir, mais pas assez bien cachée cependant pour m'empêcher de voir qu'il avait ce que les écoliers appellent un *œil au beurre noir*.

— Qu'y a-t-il? lui demandai-je.

— John s'est tiré de son trou, me fut-il répondu, et voilà ce qu'il m'a donné ce matin pour n'avoir pas été à son secours.

Le lendemain, comme je m'approchais de l'étang dans l'intention d'y patiner de nouveau, je rencontrai John.

— Halte-là! cria-t-il, ou tu es mort.

Je m'arrêtai sur place comme si c'eût été le commandement d'un capitaine d'artillerie.

Il s'approcha si près de moi que je sentis sur mon visage le souffle de son haleine; puis, me fixant un moment entre les deux yeux :

— Eh! eh! monsieur Taylor Barnum, s'écria-t-il, il me semble que je vous dois une volée.

En disant ces mots, il se dépouilla rapidement de sa veste, qu'il jeta à quelques pas de lui sur la neige, et dans le même instant s'avança vers moi avec l'intention manifeste de me payer sa dette. Deux minutes après mon compte était complètement réglé et je m'en retournai tout en larmes à la maison. Ma mère, à qui je racontai la chose, me dit pour toute consolation que je n'avais que ce que je méritais pour avoir fréquenté pareille compagnie.

Huit jours tout au plus après l'accident de John chacun de ses camarades avait reçu le montant de sa créance, la volée promise avait été scrupuleusement administrée. Le pis de l'affaire, c'est que les battus n'osaient se plaindre chez eux, dans la crainte de s'attirer encore, pour avoir fréquenté ce mauvais garnement de John, une correction paternelle plus rude que la volée amicale.

A quelque temps de là mon père rencontra John, et comme il ne savait pas un seul mot de l'accident ni de ses suites, il lui dit entre autres choses :

— Eh bien ! John, vous ne patinez pas maintenant ?

— Oh ! oncle Phil, j'ai déjà patiné jusqu'ici, répondit John en montrant son cou avec un imperturbable sang-froid.

En dépit des habitudes tyranniques de ce jeune drôle je préférais sa société à celle de tous mes autres camarades ; aussi, quoique John nous quitta quelque temps après cette époque pour aller à Norwalk avec sa famille et que je cessai d'avoir aucun rapport avec lui, je n'en veux pas moins relater ici quelques-unes de ses aventures.

Le dimanche qui suivit le jour de son installation à Norwalk, on était alors au milieu de l'été, John prit son jeune frère avec lui et le mena se baigner : il arriva que précisément au moment où les diverses congrégations sortaient de l'église John et son frère étaient tout nus sur le parapet du pont.

— Vous resterez là jusqu'à ce que je vous dise d'en partir, dit John à son frère, qui promit d'obéir.

Pendant ce temps la foule des hommes et des femmes qui avaient assisté à l'office approchait du pont. Les deux frères n'en demeuraient pas moins à leur place fixes et immobiles comme des statues. Enfin, au moment où la première troupe atteignait la tête du pont, John dit à son frère :

— Allons, Tom, plongez maintenant, petit polisson.

En même temps il poussa le pauvre enfant. Celui-ci tomba, au grand effroi des spectateurs, dans l'eau, qui coulait à plus de trente pieds au-dessous, et au même instant John se précipita lui-même dans le courant. Peu après on le vit reparaître et se diriger vers la rive en nageant comme un canard avec le petit Tom sur son dos.

Pendant que John était à Norwalk, un fabricant de peignes, qui consultait dans les affaires son intérêt bien plus que l'honnêteté, lui dit un jour :

— John, les fabricants de peignes du pays ont reçu une certaine quantité de cornes qui se trouve maintenant dans les magasins de Munson Hoy T. et compagnie dans le dock. Si vous trouvez l'occasion de vous en procurer quelques-unes, je vous les payerai un schelling pièce. C'était tout au plus la moitié de leur valeur, mais John avait besoin d'argent, et il se promit bien de ne pas oublier la proposition.

Dès la nuit suivante il apporta au fabricant de peignes quatre belles cornes de bœuf et reçut un demi-dollar pour son larcin. La nuit suivante il en apporta davantage. Le fabricant les lui acheta au même prix, tout en lui recommandant de prendre bien garde à ne pas se laisser prendre. John le remercia de l'avis et promit de se conduire avec la plus grande prudence. Plusieurs semaines se passèrent pendant lesquelles John apporta toutes les nuits des cornes à son recéleur et en reçut le prix de son iniquité. Cela dura même des mois sans que le soupçon vînt à planer sur le coupable. A la fin il apporta une douzaine de cornes à la fois et insista pour qu'on lui en donnât trois dollars.

— Car, dit-il, ce sont sans contredit les plus belles que j'aie encore vues, et elles valent au moins le triple de ce que j'en demande.

Le fabricant les examina et s'écria avec surprise :

— Ce sont de grandes cornes de bœufs espagnols, où les avez-vous prises ?

— Au dépôt sur le quai, répliqua John.

Le fabricant eut quelques soupçons.

— Je vous les payerai deux dollars, dit-il, et j'irai dans la matinée au magasin de dépôt pour examiner ce lot.

John reçut ses deux dollars, mais c'était le dernier argent qui dût lui arriver par cette voie : car le lendemain matin le fabricant découvrit qu'il n'y avait point de cornes de cette espèce dans tout le magasin de dépôt et que John avait reçu de lui plus de cent dollars pour la seule peine de se glisser dans sa propre arrière-boutique et d'y prendre les cornes, qu'il venait ensuite lui vendre argent comptant sur le devant de son magasin.

Quelque temps après l'arrivée de John à Norwalk on y célébra la fête du 4 juillet. Une course de chevaux eut lieu à cette occasion. Un propriétaire des environs, qui possédait un grand cheval plein d'ardeur, désirait vivement le faire entrer en lice, mais il ne se trouvait personne assez hardi pour monter cet animal dangereux. Il avait déjà renversé plus d'un cavalier, et les meilleurs écuyers du lieu refusaient tous de le monter. En apprenant l'embarras du propriétaire du cheval, John, qui n'avait jamais douté de rien, s'offrit à le monter pourvu qu'on lui donnât une part du prix dans le cas où il serait assez heureux pour le gagner. L'éleveur accepta cette proposition, et voilà mon camarade à cheval sur le fougueux animal. Les préliminaires de la course furent bientôt terminés, les juges prirent place, les chevaux furent disposés de front et on lâcha le mot sacramentel : Partez ! Au bout de moins d'un demi-mille chaque coursier avait pris son allure la plus rapide sous l'excitation de la cravache et de l'éperon. Tout à coup, par un mouvement aussi prompt que la pensée, le cheval de John, effrayé sans doute par quelque chose, fit un écart et envoya son cavalier plonger la tête la première contre un mur de pierres qui se trouvait à une dizaine de pieds de là.

Une masse de spectateurs courut au lieu de l'accident. Le pauvre John fut relevé ne donnant plus aucun signe de vie. Il avait au front une large plaie d'où le sang coulait avec abondance, et portait en outre sur le visage et sur plusieurs parties du corps un grand nombre d'écorchures et de contusions. Le père du malencontreux écuyer arriva au bruit de l'accident, accompagné de plusieurs médecins ses confrères.

John fut saigné et pansé, on lui fit prendre des cordiaux, mais le tout en vain, il demeurait insensible, et l'on fut obligé de prendre une litière pour le transporter chez lui. Cet accident mit fin aux courses de la journée, et le sort du pauvre John devint la préoccupation du village entier. Ce garçon n'était pas après tout indigne de cet intérêt, car, en dépit de ses défauts, il n'était pas foncièrement vicieux, et ses originalités avaient déjà fait rire tant de fois les habitants du pays, qu'on le regrettait peut-être plus qu'on n'eût fait d'une honnête personne.

— Pensez-vous qu'il en meure ?

Telle était la question qu'on adressait à chaque instant à ceux qui sortaient de la maison où John continuait à demeurer sans mouvement et sans vie.

— Il n'y a pas apparence qu'il en réchappe, était la réponse ordinaire.

Toute la nuit se passa sans que rien vînt témoigner que John existait encore, si ce n'est toutefois une respiration presque insensible entremêlée de temps à autre d'une légère plainte.

Le matin le retrouva dans cette même situation, seulement il commença alors à articuler quelques paroles sans suite qui indiquaient chez lui l'absence complète de la raison.

On fit une assemblée de médecins, et le résultat de la consultation fut que sous l'impression des remèdes qu'on avait administrés au malade on devait s'attendre à une crise qui aurait lieu vers midi et qui peut-être déterminerait son salut. On comprendra combien le temps s'écoulait lentement dans cette attente pour les malheureux parents. Les minutes semblaient des heures, et les yeux fixés sur le cadran de la pendule y suivaient avec anxiété la marche régulière des aiguilles. Le timbre résonna, on compta : ce n'était qu'onze heures, puis la demie tinta... enfin midi sonna. Aucun signe de mieux ne se manifestait encore. L'inquiétude redoubla, dix minutes s'écoulèrent et puis quinze... rien encore.

— N'obtiendrons-nous donc de lui ni un mot ni un regard d'intelligence? dit la malheureuse mère.

— Ayez espoir et confiance, répondit un des médecins à voix basse. Ce que nous pouvions craindre ne s'est point réalisé, et nous sommes maintenant à peu près certains que sous quelques minutes il aura recouvré et le sentiment et la raison.

En effet, moins d'un quart d'heure après cette réponse, John tourna doucement son visage vers ceux qui le veillaient avec tant d'inquiétude. Ses yeux s'ouvrirent peu à peu et ses lèvres s'agitèrent. Autour de lui toutes les respirations étaient suspendues, et toutes les oreilles se tendaient avides de saisir le premier son qui allait sortir de cette bouche muette depuis la veille.

— Peste de cheval! le voilà qui prend le mors aux dents, murmura John, qui avait retrouvé la parole avant d'avoir recouvré la raison.

Des rires aussitôt réprimés furent entendus autour du malade. Les parents eux-mêmes ne purent s'empêcher de sourire, et les médecins déclarèrent qu'avec du repos et de bons soins il ne tarderait pas sans doute à se rétablir.

Au bout de quelques semaines, John se promenait dans les rues du village. Sa tête était encore bandée, il est vrai, mais son esprit entreprenant n'était point dompté. Il se montrait aussi disposé que jamais à tenter à l'étourdie la première aventure qui se présenterait.

Lorsque John atteignit sa seizième année, il se montra si indiscipliné, que, ses parents n'en pouvant rien obtenir, son père prit le parti de le faire embarquer. John ne fit point d'objection et accompagna son père à New-York. Les arrangements furent bientôt pris avec un capitaine, et mon ami tenta pour la première fois l'Océan sur un brick qui faisait voile pour Rio-Janeiro. Pendant les premiers jours de la traversée, John essaya de trancher du matamore; mais la discipline du bord était plus forte que lui, elle l'eut bientôt rendu aussi souple qu'un gant. Tout alla dès lors le mieux du monde. John revint à New-York avec le bâtiment qui l'avait emmené, et de son propre mouvement s'engagea pour une seconde campagne.

A sa seconde arrivée à Rio, ses vêtements lui furent volés par quelqu'un de l'équipage. John fut si vexé de cette circonstance qu'il quitta le brick et se cacha dans la ville, bien déterminé à ne pas retourner à bord. Le capitaine le fit chercher partout sans résultat, et se vit obligé de partir sans lui. Le jour où on signala le brick à New-York, le père de John, que ses affaires avaient amené dans cette ville, s'empressa de se rendre sur le quai pour voir son fils. Qu'on juge de sa surprise et de sa douleur quand il apprit que son héritier avait déserté son navire et qu'il était demeuré dans l'Amérique du Sud. La famille, au désespoir, chargea le capitaine de faire à son prochain voyage tous les efforts imaginables pour retrouver le fugitif et le ramener dans sa patrie. Malheureusement le capitaine fut obligé de faire un voyage à Liverpool avec retour et un autre à la

Nouvelle-Orléans avant d'être appelé à visiter de nouveau le Brésil.

Quand il fut sur le point de retourner dans ce pays, le docteur Haight lui remit cent dollars entre les mains, en le suppliant de rechercher son fils et d'user de cet argent pour le mieux des intérêts de cet enfant prodigue, dont le retour était ardemment désiré par toute une famille inquiète. Le capitaine promit de ne rien négliger.

Le brick vint mouiller en rade de Rio-Janeiro. Le capitaine se rendit à terre, et le premier individu qu'il rencontra fut John Haight avec une épaulette sur chaque épaule et un costume complet d'officier de marine brésilien.

— Comment, Haight, est-il possible que ce soit vous! fit le capitaine avec surprise.

— C'est au moins quelqu'un qui me ressemble beaucoup, reprit John avec une certaine dignité.

— Je suis heureux de vous voir, mais fort étonné, je vous avoue, de vous trouver sous cet habit! répondit le capitaine.

— J'espère en étonner bien d'autres avant de mourir, répondit le jeune officier.

— Mais savez-vous que j'ai ordre de vous ramener sans faute! fit le capitaine à son tour. Votre famille est dans la plus grande inquiétude à votre égard, et votre père vous envoie cent dollars pour pourvoir à vos besoins.

— Je n'ai point de besoins, répondit John. Vous pouvez donc rendre cet argent à mon père, et lui faire en même temps mes compliments. Dites-lui que j'ai été volé de tous mes habits par les gens de son pays, et que je ne retournerai à la maison que quand je n'aurai rien à perdre ou que je serai dans une position à faire chèrement payer le larcin dont j'ai été victime.

John n'a jamais reparu depuis, je crois même qu'on n'en a plus entendu parler. Il est probable qu'une mort prématurée est venue mettre fin à la carrière de ce jeune homme, dont l'énergie, mieux dirigée, aurait pu lui acquérir une place honorable dans la société et faire de lui un homme aussi utile à sa famille qu'au pays qui lui avait donné le jour.

La bosse de l'*acquisitivité*, comme disent les phrénologues, doit être très-développée chez moi, de leur côté mes parents cultivèrent dès ma plus tendre enfance mes dispositions naturelles à cet égard. Je n'avais pas encore cinq ans, que déjà j'accumulais pièces de deux sous sur pièces de six sous ; aussi un jour, je venais d'avoir six ans à cette époque, mon grand-père m'informa que toutes mes petites pièces de billon ne formaient rien moins qu'un dollar, il ajouta que si je voulais prendre tout mon billon sur moi et venir avec lui, il me ferait voir du nouveau. En conséquence de cet avis, j'enveloppai soigneusement ma petite fortune dans le coin d'un mouchoir de poche, et tenant précieusement mon mouchoir à la main je sortis avec mon grand-père. Il me conduisit à la taverne du village, tenue à cette époque par M. Stiles Wakelee, et s'approchant du maître d'hôtel :

— Monsieur Wakelee, lui dit-il, je vous présente l'enfant le plus riche de tout le pays. Il n'a pas moins d'un dollar en monnaie, et je viens vous prier de lui changer tout ce billon contre un beau dollar d'argent.

En homme obligeant, le maître de la taverne prit mon cuivre et ma petite monnaie, et me remit un beau dollar.

Jamais je ne m'étais vu si riche, et probablement je ne me verrai jamais si opulent en effet que ce jour où, n'ayant besoin de rien, je sentis dans mon gousset cette énorme pièce d'argent dont j'étais l'unique et légitime propriétaire. Jamais roues de voitures ne parurent à mes yeux plus grandes que ce fameux dollar. Il me semblait, sans aucune exagération, qu'avec une aussi belle pièce d'argent on pouvait acheter la terre et tout ce qu'elle contient, encore je ne voudrais pas jurer que je n'eusse vu là pour moi un marché de dupe.

Mon dollar ne devait pourtant pas demeurer longtemps solitaire dans ma bourse ; ma mère m'avait appris que le moyen d'en avoir de nouveaux c'était de conserver mes sous comme par le passé, et je n'eus garde d'y manquer. Quand je devins plus grand, mon grand-père me donna dix centièmes par jour (environ dix sous de France) pour monter le cheval qu'on attachait devant les bœufs de la charrue.

A ce premier lucre vinrent également se joindre quelques petites industries par lesquelles je voyais ma pile s'augmenter à vue d'œil. Mon éducation ainsi que mes dispositions naturelles me portaient au commerce bien plus qu'à la dépense, et je tentai de très-bonne heure les chances du négoce. Mes premières opérations portèrent sur la mélasse : j'en achetais un baril, j'en faisais recuire le contenu, et le divisais en petits gâteaux connus alors sous le nom de *colle-aux-dents*, que je vendais ensuite au détail. Je gagnais d'ordinaire à ce petit trafic un dollar par baril de mélasse. Ces bénéfices ne tardèrent pas à me donner l'idée d'accroître mes opérations. Je tentai des spéculations sur le pain d'épice, le sucre d'orge, le sucre candi et les cerises au rhum. Ce dernier article se confectionnait avec une dame-jeanne de rhum de la Nouvelle-Angleterre dans laquelle je faisais infuser une certaine quantité de cerises sauvages avec un peu de sucre, si j'ai bonne mémoire. L'expérience des affaires m'apprit bientôt que les soldats étaient grands amateurs de ces cerises au rhum; aussi je me mis à suivre consciencieusement les exercices militaires, et sitôt que j'entendais résonner ces mots : *Halte! armes à terre!* je ne manquais pas de m'approcher avec mon bocal et mon verre. Le commerce alla à ce point qu'en peu d'années ma fortune aurait pu rivaliser avec celle de Crésus, n'eût été mon père, qui imagina, non sans quelque raison, de me faire payer l'entretien de mes habits. Cette circonstance fit une forte brèche à ma fortune. Néanmoins j'avais eu la prudence d'en mettre une bonne partie à l'abri des coups du sort par l'achat successif de quelques moutons, d'un veau et de plusieurs autres objets utiles qui formaient ma propriété particulière et ne contribuaient pas peu à me faire passer à mes propres yeux pour un homme d'une haute importance, bien que je n'eusse pourtant encore que douze ans accomplis.

Ce fut également vers cette époque que je commençai à trouver que je n'étais point placé dans la sphère qui me convenait, et que la ferme n'était pas du tout mon affaire. Je n'ai jamais aimé le travail, le travail manuel bien entendu; quant à celui de tête, au contraire, j'en ai toujours été très-partisan, et dès cette époque je passais mon temps à combiner des plans d'amusement et de fortune. Mais le travail manuel, je le répète, m'était tout à fait antipathique, et mon père avait beau prétendre que j'étais aussi propre qu'un autre à herser, à labourer et à bêcher le jardin, je trouvais toujours moyen de toucher à peine à l'ouvrage qu'on me confiait, ou de le faire tout de travers.

Ce fut aussi à l'âge de douze ans que je visitai pour la première fois notre riche et commerçante métropole. Voici comment la chose arriva.

J'ai déjà dit que mon père tenait la taverne du village; un soir du mois de janvier 1822 M. Daniel Brown de Southbury vint loger chez nous avec un troupeau de bœufs gras qu'il conduisait à New-York pour les y vendre. Les bœufs furent disposés dans les parcs, les chevaux que le marchand et son domestique montaient installés convenablement dans l'étable; puis M. Brown, après avoir partagé notre souper, quitta ses bottes et s'installa devant le feu, les pieds dans ses pantoufles.

M. Brown passait dans mon esprit pour un grand homme, car il avait été à York, et aller à York dans ce temps-là, c'était pour moi ce qu'est aujourd'hui aller en Europe. Il nous fit le récit de ce qui lui était arrivé dans la ville et dans le pays. Je ne perdais pas un mot, et mon intérêt augmentait à chaque nouvel incident rapporté par le voyageur. Enfin je l'entendis dire à mon père qu'il entrait dans ses intentions d'acheter d'autres bestiaux tant à Ridgefield qu'à quelques autres endroits situés sur sa route, et qu'il serait enchanté d'avoir avec lui un garçon alerte pour l'aider à conduire toutes ses bêtes au marché de New-York. Aussitôt je suppliai mon père d'intercéder pour moi auprès de M. Brown pour qu'il consentît à me confier l'emploi dont il avait été question. Mon père accéda à ma demande. Ma mère, consultée à son tour, ne fit pas d'opposition, et il fut décidé, séance tenante, que je visiterais New-York. On m'engagea à me retirer, afin de pouvoir être sur pied à l'aurore pour partir avec le troupeau. Je me mis au lit, mais ce ne fut pas pour dormir. Mon cerveau était en ébullition, des visions de toute sorte hantaient mon esprit; un nouveau monde tout peuplé d'aventures et de chimères s'ouvrait devant moi; ce fut à peine si je sommeillai une ou deux heures dans la matinée; encore entrevis-je dans mon sommeil une grande cité avec des rues pavées en or et des châteaux... en Espagne.

Au point du jour j'étais debout; j'avalai à la hâte quelques bouchées, et je me mis à suivre à pied, au milieu d'une neige affreuse, le troupeau dont j'avais l'honneur d'être un des conducteurs. Avant d'arriver à Ridgefield un bœuf s'écarta de la route; M. Brown me fit grimper sur son cheval et nous lança, l'un portant l'autre, à la poursuite du fugitif. Le cheval tomba, moi avec; ma jambe se trouva prise sous la monture, et j'eus la cheville foulée. Je souffrais horriblement; mais je n'osais me plaindre, dans la crainte que mon patron n'allât s'imaginer de me renvoyer à la maison, dont nous n'étions encore qu'à une distance d'environ dix milles. Heureusement que M. Brown eut la bonté de m'établir en croupe derrière lui, ce qui me soulagea fort. A la couchée la maîtresse d'hôtel bassina ma cheville, et je me trouvai beaucoup mieux. Cependant, comme je boitais toujours, M. Brown continua de me porter en croupe.

Le quatrième jour nous arrivâmes à New-York et nous descendîmes à la taverne de *Bull's head*, tenue, autant que je me le rappelle, par M. Givens. Le marchand de bœufs devait être retenu par ses affaires une huitaine de jours au plus; je retournais avec lui; mon voyage, comme on voit, ne devait pas être de longue durée.

Ce fut une semaine mémorable. Au moment de mon départ ma mère m'avait donné un dollar. Je ne m'imaginais pas qu'on pût jamais voir la fin de tant d'argent. Je supposais qu'il y avait là de quoi satisfaire à tous mes désirs, et qu'après m'être contenté sur tous les points, il me resterait encore pas mal d'argent sur le change de ma pièce. La première envie qui me prit fut de manger des oranges; j'étais très-friand de ce fruit, et j'avais souvent désiré l'occasion de pouvoir en manger à mon gré. J'entrai donc chez un confiseur et demandai le prix des oranges. On me répondit qu'on les vendait quatre sous la pièce. Dans le Connecticut, la pièce de quatre sous vaut six centièmes, je supposai qu'il devait en être partout de même; profitant de mon expérience à marchander, et partageant au surplus cette opinion de Franklin que *deux sous épargnés sont deux sous gagnés;* je dis à la dame du comptoir que ses oranges me paraissaient trop chères à quatre sous pièce et que je ne voulais les lui payer que dix centièmes la couple. La marchande parut hésiter un moment, et finit pourtant par me dire que parce que c'était moi, et qu'elle voyait du reste que je visitais New-York pour la première fois, elle consentirait à me donner deux oranges pour dix centièmes, mais à la condition que je prendrais chez elle les objets de son commerce dont je pourrais avoir besoin. Je la remerciai beaucoup, et pris les deux oranges, tout en me félicitant de la politesse et de la générosité de cette dame, sans me douter que j'avais payé mon acquisition deux centièmes de plus que le prix primitivement demandé par la marchande.

Les deux oranges furent bientôt dépêchées; j'étais en goût, deux autres les suivirent. Après cette petite dépense, je me trouvais encore à la tête d'un capital de quatre-vingts centièmes. C'était, je le pensais du moins, plus qu'il n'en fallait pour suffire aux besoins d'un mortel, et je me permis pour trente et un centièmes l'acquisition d'un petit fusil avec lequel on lançait une baguette à l'aide d'un ressort à boudin. Je me proposais de jouir de l'étonnement de mes camarades à la vue de cette arme, qui m'avait moi-même surpris au dernier point; car je n'avais auparavant jamais rien vu de pareil. Je fus m'installer dans le salon de l'hôtel, alors rempli de buveurs, et me mis à tirer mon fusil à droite et à gauche sans faire attention où portaient les coups. La flèche attrapa le nez d'un des commensaux et vint frapper le maître d'hôtel juste dans l'œil. Emporté par la douleur, qui avait été très-vive, celui-ci sortit de derrière son comptoir, vint à moi, m'empoigna par le collet, et me frotta si rudement les oreilles que la tête m'en bourdonna, puis il m'avertit d'avoir à tenir mon fusil au repos si je ne voulais pas qu'il le prît et le jetât dans le feu. Ce n'était pas là mon affaire, et, troublé de la sorte dans mes plaisirs, je montai en toute hâte l'escalier et vins cacher sous mon traversin mon trésor méconnu. Je retournai au magasin de jouets, où la bonne dame, qui m'avait si poliment escroqué mes centièmes, me révéla le mystère des boules fulminantes ; elle en prit une qu'elle lança avec force sur le plancher et détermina par là une explosion, qui eut lieu à ma grande satisfaction. Cela devait faire merveille auprès de mes camarades, et je fis le sacrifice de six autres centièmes pour cette importante acquisition. Hélas! que ne réservais-je mon expérience pour mon retour au village! Je rentrai à l'hôtel au moment où l'on allait se mettre à table; m'imaginant que les hôtes n'avaient jamais entendu de boules fulminantes, je ne voulus pas laisser échapper l'occasion de les faire jouir du bénéfice d'une invention aussi heureuse. J'en sortis deux de ma poche et les jetai avec violence contre le parquet, juste au milieu d'un groupe qui se rendait à la salle à manger. La marchande m'en avait donné pour mon argent : les deux boules éclatèrent chacune avec une détonation épouvantable, au grand ébahissement des auditeurs effrayés. Le maître d'hôtel accourut au bruit, vit en un clin d'œil de quoi il était question, et découvrant en même temps que j'étais le coupable, il vint à moi et d'un soufflet me renversa à terre.

— Tenez, dit-il, petit drôle, voilà pour votre peine, cela vous apprendra à choisir mon hôtel pour y faire partir vos pétards. N'y revenez plus!

L'avis était inutile, la leçon m'avait ôté l'envie de recommencer. Je regrimpai les escaliers et vins placer les boules fulminantes à côté de mon fusil. Je ne dînai pas ce jour-là : ma dignité avait été insultée et mon appétit avait disparu. J'étais humilié, je devins sombre et morose; mais il y avait une ressource à mes ennuis : la boutique de jouets n'était pas loin. J'y retournai et fis l'acquisition d'une montre, d'une épingle de cravate et d'une toupie; mais j'étais si riche, que tant d'achats successifs n'avaient point épuisé mes finances : il me restait encore onze centièmes. Je me mis au lit et m'endormis en rêvant à toutes mes richesses.

Le lendemain je fus rendre de nouveau visite à la marchande de jouets. J'examinai tout le magasin avec soin et ne tardai pas à y découvrir plusieurs objets, que je n'avais pas remarqués la veille. Un magnifique couteau à deux lames avec une vrille et un tire-bouchon fut ce qui me frappa surtout. C'était encore une nouveauté, et puis c'était un objet d'un usage journalier dont je ne pouvais me passer; mon père d'ailleurs ne manquerait pas d'approuver une pareille acquisition, qui était à elle seule toute une boutique de charpentier en miniature. Et quel plaisir d'étaler cette pièce aux yeux de tout Bethel étonné! Mais cet objet, aussi beau qu'utile, était coté à trente et un centièmes, et, je vous l'ai dit, je n'en possédais plus que onze. Je découvris alors, à ma grande surprise, que le trésor que j'avais cru inépuisable était arrivé à sa fin. N'importe! posséder ce couteau était devenu pour moi un besoin irrésistible, et je proposai à ma bonne amie la marchande de lui rétrocéder à perte mon épingle et ma toupie, et de compléter la différence du prix du couteau par l'addition des onze centièmes qui me restaient en poche. La bonne créature acquiesça à ma demande : ainsi fut consommé mon premier *échange*. J'aperçus au même moment, dans un coin de la boutique, des bâtons de sucre d'orge. J'ai toujours été très-friand, le sucre d'orge me tenta, et je proposai à la marchande de reprendre la montre, toujours à perte, et de m'en donner l'équivalent en bonbons. Elle y consentit. Il faut rendre justice à qui de droit : le sucre d'orge était délicieux, je n'ai jamais mangé rien d'aussi délicat, aussi avant la nuit j'avais rendu mon fusil, et j'en avais reçu la valeur en sucre d'orge. Le lendemain matin mes boules fulminantes suivirent ma montre, et dans le cours de la journée le couteau, qui m'avait fasciné la veille, eut le même sort que mes précédentes acquisitions. La boîte au sucre d'orge était l'écueil contre lequel j'étais venu faire naufrage. Tout mon argent était parti. Ces deux jours avaient suffi pour changer toutes mes idées sur la valeur du numéraire, et déjà je m'écriai comme Olivier Twist :

— Encore! encore!

La marchande de jouets avait un fils à peu près de mon âge. J'avais apporté avec moi deux mouchoirs de poche, et je n'étais pas enrhumé; ces objets parurent lui convenir pour son fils, et sur sa proposition je les échangeai avec joie contre quatre bâtons de sucre d'orge. J'avais aussi une paire de bas d'extra; il était évident que je n'aurais pas besoin de m'en servir, aussi je m'en débarrassai joyeusement contre cinq nouveaux bâtons de sucre d'orge.

Quand je fus ainsi dénanti de tout ce que je possédais, il fallut bien se résigner et chercher à passer le temps d'une autre manière. Ce fut alors que je fis connaissance d'un jeune homme du Connecticut. Ce garçon, âgé d'environ vingt ans, était déjà venu à New-York, il connaissait la ville et m'offrit de me faire voir ce qu'il y avait de remarquable. Je n'avais rien de mieux à faire que de l'accompagner, j'acceptai volontiers. Je vis nombre de choses qui m'étonnèrent au suprême degré. Bear-Market, aujourd'hui Washington-Market, fut une des choses qui me surprirent le plus. J'étais ébahi au-delà de toute expression par la quantité de viande que j'y voyais étalée.

— Dites-moi, demandai-je à mon compagnon, ce qu'on prétend faire de tant de viande ?

— Mais on veut la vendre, me fut-il répondu.

— Ils mourront donc à la peine ? fis-je avec stupéfaction, car il me semblait qu'il n'était pas possible de consommer tout ce bœuf jusqu'au jugement dernier. Il est probable cependant que le tout fut dévoré dans les vingt-quatre heures, mais pour un petit campagnard comme j'étais alors la chose me paraissait merveilleuse. Le fait est que la vue de cette quantité prodigieuse de viande produisit quelques années après le même effet sur l'oncle Samuel Taylor, qui s'était figuré d'abord que Fulton-Market devait regorger de bœuf parce qu'il avait vu trois chariots chargés de viande se diriger de ce côté.

Mon ami me conduisit hors de la ville pour me faire voir la prison. Tout ce que je vis en ce lieu me surprit considérablement, la disposition des lieux non moins que l'habillement des prisonniers. Mais ce qui m'étonna surtout ce fut de voir au moment où nous entrions dans une salle les deux cents ouvriers cordonniers qui y travaillaient tourner le visage vers la porte avec autant de promptitude et de précision que s'ils eussent été deux cents automates mus par le même ressort. Je vis aussi dans la même journée un moulin à vent dont les dimensions confondirent mon esprit : je n'avais jamais rien imaginé de semblable.

Ces distractions firent vite passer le temps. La semaine était écoulée, quand une après-dînée M. Brown me fit monter avec lui dans sa voiture. Nous nous arrêtâmes pour passer la nuit à Sawpitts, qui porte aujourd'hui le nom de Port-Chester. Nous quittâmes ce lieu le lendemain matin, et le soir j'étais de retour à Bethel.

J'eus à répondre à plus de cent questions qui m'étaient adressées de tous côtés ; mes frères et sœurs éprouvèrent un violent désappointement quand ils virent que mon dollar avait été dépensé tout entier sans qu'il leur en profitât d'un centième. D'un autre côté, ma mère, en passant l'inspection de ma garde-robe, s'aperçut de l'absence de mes deux mouchoirs et de ma paire de bas ; je reçus le fouet et fus envoyé au lit sans souper. Ainsi se termina mon premier voyage à New-York.

Malgré toutes ces déconvenues je n'en demeurai pas moins une espèce de héros aux yeux de mes camarades d'école, car j'avais été à York et j'avais vu des merveilles qu'ils ne connaissaient, eux, que pour en avoir entendu parler.

CHAPITRE DEUXIÈME.

COMMIS DE BOUTIQUE — ANECDOTES.

Commis dans une boutique. — Coup d'œil aux affaires. — Echange de plaisanteries — Mon héritage. — Ivy-Island. — Châteaux en Espagne. — Un voyage d'exploration. — Au milieu des marais. — Nid de guêpes. — La terre promise. — Songes évanouis. — Le diamant coupe le diamant. — L'ivrogne. — Triste tableau. — Crédit fermé. — Supercheries du commerce. — Trois dans un lit. — Embûches et barricades. — Journée des éperons. — Un cheval qui rue.

Mon aversion pour le travail des champs continuait à se manifester de toutes sortes de manières et le plus souvent par des plaisanteries, car je crois en vérité que j'avais la réputation d'être l'enfant le plus farceur de tout le pays : ce qui tenait probablement aux drôleries que j'inventais chaque jour pour me soustraistre à l'obligation de gagner mon pain à la sueur de mon front. En désespoir de cause, mon père, voyant que je n'étais bon à rien autre chose, résolut de me mettre dans le commerce. Il fit en conséquence construire un magasin, prit pour associé M. Hiram Weed, acheta une certaine quantité de morue salée, d'épicerie, de quincaillerie et de mille autres choses, et finalement m'installa en qualité de commis dans cette boutique de campagne.

Comme la plupart des bambins de mon âge, je ne me vis pas plutôt installé derrière mon comptoir, que je me crus au faîte des grandeurs. Je considérai dès lors comme une grande condescendance de ma part de daigner entrer en conversation avec ceux de mes anciens camarades qui continuaient à travailler de leurs mains. Gravement placé devant mon pupitre, avec ma plume derrière l'oreille, je me montrais plein de politesse envers les dames, et prenais un air imposant pour coucher un article sur notre main courante ; je déployais aussi le plus grand zèle à servir toutes nos pratiques, soit qu'il s'agit de peser pour quelques sous de clous, d'amidon, d'indigo ou de bois de réglisse, soit qu'il fallût mesurer du rhum de la Nouvelle-Angleterre ou de la mélasse des Indes orientales.

Notre établissement était à la fois maison de banque, de vente et d'échange, et il m'arrivait souvent de faire des affaires avec de vieilles femmes qui payaient leurs achats en œufs, en beurre, en cire, en plumes et en vieux chiffons ; tandis que de leur côté les hommes nous donnaient souvent en échange de nos marchandises des chapeaux, des manches d'outils, de l'avoine, du froment, du sarrasin, des noix et mille autres produits de l'industrie agricole. Il y avait cependant certaines choses dont ma dignité se trouvait blessée : ainsi j'étais obligé de balayer la boutique, d'ouvrir et de fermer les volets et de faire le feu. Néanmoins cette pensée : *Je suis marchand*, compensait pleinement pour moi ce que ces obligations pouvaient avoir de désagréable à remplir.

Mon penchant à gagner de l'argent continuait à se développer ; je demandai et je fus assez heureux pour obtenir le privilége de faire à mon propre compte le commerce du sucre d'orge, dont mes jeunes pratiques faisaient une consommation assez satisfaisante. Comme mon père continuait à exiger que je pourvusse moi-même à l'entretien de mes vêtements, je recevais en outre un léger salaire pour mes services. C'était le meilleur moyen de m'encourager à m'acquitter convenablement de mon emploi. Mais, c'est une observation que j'ai eu occasion de faire bien des fois dans le cours de ma vie, quand il y a conflit d'intérêts, c'est toujours aux siens propres qu'on pense d'abord, et je crains bien que dès cette époque cette tendance ne se soit manifestée chez moi, car je me rappelle avoir souvent dépensé à faire l'article auprès des mères, pour les engager à acheter du sucre d'orge à leurs bambins, un temps qui eût été mieux employé à servir les pratiques qui attendaient des marchandises d'une tout autre importance.

Une boutique d'épicier de campagne n'est guère fréquentée quand la nuit est venue ou quand le temps est mauvais. Aussi dans ces moments-là je n'avais pas grand'chose à faire. Je ne m'ennuyais pas cependant, grâce à certaines habitudes que je crois bon de faire connaître ici.

Au temps où nous reporte ce récit chaque village de la Nouvelle-Angleterre possédait toujours selon son importance de six à vingt habitants amis de la joie et du plaisirs, bons compagnons et beaux parleurs, qui ne manquaient jamais de se réunir chaque soir, et même dans la journée quand le temps était mauvais, soit à la taverne, soit chez l'épicier. Dans ces réunions, pour passer plus gaiement le temps, on disait ses aventures, on racontait des anecdotes, on plaisantait sur le compte des uns et des autres, en un mot on ne négligeait aucun moyen d'exciter l'entrain, et quand les idées venaient à manquer on en puisait de nouvelles dans les verres de rhum de Santa-Cruz, de vieux gin de Hollande ou d'esprit de la Jamaïque, qui ne cessaient point de circuler à la ronde.

Bethel ne dérogeait à un si bel ordre de choses, et il n'y avait peut-être pas dans toute l'étendue des Etats-Unis un village qui, toute proportion d'importance gardée, pût offrir une réunion aussi complète de bons vivants excellant dans la plaisanterie comme dans le récit des anecdotes. Au nombre de ces derniers figurait, comme je l'ai déjà dit, mon grand-père Phinéas Taylor. Son plus proche voisin, Benjamin Hoyt, ou plutôt l'esquire Hoyt, comme on l'appelait à cause des fonctions qu'il remplissait à la justice de paix, était un des plus intrépides conteurs que j'aie connus. Je ne crois pas qu'il y ait son pareil au monde pour tirer parti d'une anecdote. Il avait généralement connu tous ceux qui figuraient dans ses histoires, et, quelque comiques que fussent les choses qu'il racontait, il savait garder le plus imperturbable sang-froid jusqu'au moment du dénoûment; c'était alors seulement qu'il se permettait quelques ha! ha! qui devenaient pour ses auditeurs le signal d'un rire convulsif.

Que ce fût un bien ou un mal, toujours est-il que notre boutique était le rendez-vous de tous les beaux esprits du village, et que je passai bien des heures et plus d'une fois des journées entières à écouter avec délices les histoires qui s'y racontaient; je pourrais même citer plus d'une nuit où il m'arriva de laisser la boutique ouverte jusqu'à onze heures dans le seul but d'entendre jusqu'au bout les anecdotes racontées par les rares causeurs qui étaient demeurés bien longtemps après les autres. Porté par nature à la gaieté et à la plaisanterie, non-seulement je prêtai toujours une oreille attentive aux récits des beaux esprits de mon village, mais je fis plus, et je les gravai si profondément dans ma mémoire, que je pourrais les y prendre aujourd'hui, comme on fait des extraits dans un livre, sans qu'il y ait à peine un mot de changé. J'ai l'intention de donner quelques-unes de ces anecdotes comme spécimen au lecteur, mais auparavant je veux lui faire part d'une circonstance qui l'initiera à la manière dont notre voisinage entendait et pratiquait la plaisanterie.

On n'a peut-être pas oublié que quelques jours après ma naissance mon grand-père, en considération de ce que je prenais son nom, m'avait fait don d'une certaine étendue de terrain connue sous le nom d'Ivy Island. Je n'avais pas encore atteint ma quatrième année quand mon vénérable aïeul m'apprit avec tout le sang-froid que méritait une semblable communication que j'étais propriétaire, qu'il m'avait donné une ferme importante en considération de mon nom, etc., etc.; et je suis certain qu'à dater de cette époque jusqu'à ce que j'eus atteint l'âge de douze ans il ne se passa pas huit jours de suite sans que j'entendisse parler de mes propriétés. Mon grand-père surtout ne manquait jamais l'occasion de dire, soit en ma présence, soit devant les étrangers, que j'étais l'enfant le plus riche de toute la contrée puisque je possédais tout Ivy-Island, la ferme la plus riche du Connecticut. Ma mère m'entretenait souvent aussi de l'importance de mes propiétés, et mon père me demanda plus d'une fois si je n'avais pas l'intention de venir en aide à ma famille quand je serais à la tête de mon riche patrimoine. En présence de tant d'assertions répétées je me crus destiné à une grande fortune, et j'étais tout à fait de bonne foi quand j'engageais mon père à ne pas prendre souci de l'avenir, lui disant que je me chargerais de pourvoir aux besoins de toute la famille sitôt que ma majorité serait arrivée et qu'on m'aurait rendu mes comptes. Nos voisins de leur côté m'entretenaient dans ces idées de grandeur et me répétaient souvent que j'avais bien de la bonté, riche comme je l'étais, de condescendre à jouer avec leurs enfants, moins bien traités par la fortune.

Cette allusions continuelles à Ivy-Island durèrent plusieurs années, tant et si bien que je pris ma propriété au sérieux, et que j'accusai la lenteur du temps. Il me tardait d'arriver à ma vingt et unième année pour jouir enfin de cette fortune de nabab, que je devais à la munificence de mon grand-père. Plus d'une fois aussi il m'arriva de promettre à certains camarades, en récompense d'un service rendu, une fraction d'Ivy-Island qui devait les rendre riches à jamais. Qu'on ne doute pas de ma bonne foi, au moins, j'avais l'intention de tenir mes promesses. Mais, hélas! que la fortune est changeante! Je devais bientôt en faire la triste expérience, et tomber du faîte de mes illusions dans la triste réalité.

Un jour d'été, je crois que c'était en 1822, à l'époque où j'avais une douzaine d'années, je demandai à mon père la permission de visiter ma propriété d'Ivy-Island. Il devait précisément aller chercher du fourrage de ce côté, et il consentit volontiers à m'emmener avec lui. Cette visite fut fixée à deux ou trois jours de là. Je dormis à peine pendant ces trois nuits, ma joie n'avait pas de bornes. Les visions dorées qui depuis longtemps me trottaient par l'esprit, au sujet de ce pays de cocagne, prirent une telle intensité que bientôt ce ne fut plus assez pour moi de me figurer une terre avec des ruisseaux de miel et de lait, j'y vis encore s'ouvrir à mes yeux des cavernes resplendissantes d'émeraudes, de diamants et de mille autres pierres précieuses. L'or et l'argent s'y trouvaient aussi en mines abondantes.

La matinée si vivement attendue se leva enfin, mon père me dit que nous allions nous rendre dans une prairie attenante à Ivy-Island, et que pendant la méridienne je pourrais aller visiter mes terres avec notre domestique. Mon grand-père me pria tendrement de ne point oublier en jetant un regard sur mes précieuses possessions que j'étais redevable de cette fortune à ses bontés, et que si je ne m'étais pas nommé Phinéas je n'aurais jamais été propriétaire d'Ivy-Island. Ma mère crut aussi devoir placer son mot.

— Taylor, me dit-elle, que la joie que vous éprouverez en voyant votre propriété ne vous rende pas malade, je vous en supplie, et pensez que ce n'est pas le cas de mourir pour un garçon qui dans neuf ans d'ici doit être en possession d'une aussi belle fortune!

Je promis d'être calme et raisonnable.

— Si vous visitez Ivy-Island, continua ma mère, vous y emploierez tout le reste de votre après-midi et vous serez bien fatigué pour revenir ici, d'autant plus qu'il vous faudra aider à tourner et à charger le foin. Vous feriez mieux de passer votre méridienne à l'ombre de quelque arbre, sauf à visiter Ivy-Island un autre jour.

— Non, ma chère mère, répondis-je, j'emploierai ma méridienne à cela, et, soyez tranquille, je ne serai pas fatigué. D'ailleurs j'ai le plus vif désir de voir ma propriété, et je ne puis attendre plus longtemps.

— Allez donc, dit ma mère, mais promettez-moi que vous ne vous montrerez pas trop fier, à votre retour, avec vos frères et sœurs, moins favorisés que vous de la fortune.

Je trouvai cette recommandation toute naturelle, car pour ma part je commençais à me dire qu'il était un peu dégradant pour un homme de ma sorte de travailler comme ceux qui ne jouissaient pas des mêmes avantages.

Nous arrivâmes dans une prairie située dans cette partie des *plum tress* connue sous le nom d'East-Swamp. Ma première parole, en mettant le pied sur la prairie, fut de demander à mon père où se trouvait Ivy-Island.

— Là-bas, me dit-il en me désignant le nord de la prairie, où vous voyez ce bouquet de beaux arbres.

Je portai mes regards dans la direction indiquée, et mon cœur battit avec violence en me voyant si près de la terre que je devais à la munificence de mon noble et généreux aïeul.

Cependant la matinée s'avançait : j'épandais l'herbe avec tant d'ardeur, que je suffisais à deux faucheurs. Je fis ensuite un léger repas sous les arbres, en compagnie de mon père et de nos ouvriers. Enfin notre domestique favori, brave Irlandais nommé Edmund, prit une hache sur son épaule et me dit qu'il était prêt à me conduire à Ivy-Island. D'un bond je fus sur mes pieds, et je lui demandai à quoi devait lui servir cette hache.

— C'est, me répondit-il, que je trouverai peut-être l'occasion d'abattre sur vos terres quelques pieds d'arbres qui sont d'une espèce et d'une qualité supérieures à ce qu'on trouve partout ailleurs.

Cette réponse était aussi satisfaisante que flatteuse pour mon amour-propre de propriétaire, je n'en demandai pas plus long et nous nous mîmes en route. A mesure que nous avancions vers la partie nord de la prairie, le terrain devenait humide et marécageux, et nous éprouvions beaucoup de difficulté à marcher. Nous tombions d'un bourbier dans un autre, et il m'arriva même de me trouver dans l'eau jusqu'au-dessus des genoux. Je m'en tirai tant bien que mal, et parvins sur une petite butte qui formait comme un îlot. De ce point, pour gagner la butte voisine, il fallait une force de jarrets prodigieuse, et je craignais fort de tomber en pleine eau. Mon compagnon, qui était de quelques pas en avant, se retourna, et me voyant hésiter, m'encouragea à venir le rejoindre.

— Je ne puis pas, répondis-je. D'ailleurs je gagnerais la butte voisine, que je serais encore bien plus au milieu de l'eau.

— Ah! vous vous êtes un peu écarté de la bonne route, répondit l'enfant d'Erin; mais ne craignez rien, vous en serez quitte pour un peu de vase.

— J'aurai de l'eau par-dessus la tête et je serai bien certainement noyé, répliquai-je d'un ton désespéré.

— Eh! non, non! Il n'y a pas le moindre danger. L'eau a tout au plus trois pieds de profondeur.

— Mais si je disparais sous l'eau, vous viendrez au moins à mon secours? fis-je en tremblant.

— Certainement, mais ceci n'est pas à craindre. Allons, un bon élan, et vous êtes tiré d'embarras.

Ces encouragements m'excitèrent, je rassemblai toutes mes forces, je fermai les poings et m'élançai d'un bond désespéré. J'étais sauvé, mes pieds venaient de s'appuyer juste sur le bord de la butte la plus voisine. Je repris mon équilibre et m'avançai jusqu'au milieu de cette butte, mais le plus terrible restait encore à faire. Il fallait traverser cette eau, qui, je le craignais fort, était trop profonde pour moi. Pendant que j'hésitais encore une troupe innombrable de guêpes sortit de dessous mes pieds, et vint bourdonner autour de mes yeux et de mes oreilles. Une d'entre elles, plus impudente que les autres, se plaça sur le bout de mon nez, et me fit une piqûre si douloureuse que je poussai un cri terrible et me précipitai dans l'eau sans trop savoir ce que je faisais. Je me trouvai de la sorte enfoncé jusqu'au cou, et tremblant d'en avoir par-dessus la tête au premier pas que je ferais, je me mis à crier au secours de toute la force de mes poumons.

Le brave Irlandais, qui ne jugeait pas sans doute le danger des mêmes yeux que moi, se mit à rire à gorge déployée et m'encouragea de la voix en me disant : qu'il n'y avait plus de vase que pendant un quart de mille tout au plus, et qu'au bout du marécage je trouverais enfin les limites de mon importante propriété.

— Mais si je disparais sous l'eau, fis-je avec anxiété, vous viendrez à mon secours tout de suite, car je ne sais pas nager.

— Ne craignez rien ; s'il y avait le moindre danger je vous en tirerais en un clin d'œil.

Sur cette assurance, je me décidai enfin à avancer le pied et je vis avec plaisir que ma tête continuait à rester au-dessus de l'eau. Une demi-douzaine de guêpes bourdonnaient encore à mes oreilles. Sans réflexion, je plongeai la tête dans l'eau pour éviter leurs attaques; quand je la relevai, mes ennemis avaient disparu et je me mis à poursuivre, tant bien que mal, ma route vers Ivy-Island.

Après environ un quart d'heure de marche dans le marais, tantôt heurtant un tronc d'arbre submergé, tantôt tombant dans un trou, je parvins enfin à gagner la terre ferme, sur laquelle j'abordai couvert de vase des pieds à la tête, et bien plus semblable à un rat noyé qu'à un être humain.

— Grâce à Dieu, vous voilà sain et sauf! me dit alors l'Irlandais.

— Oui, mais quels terribles moments j'ai passés! et quelle douleur m'a causée cet aiguillon de guêpe! murmurai-je d'un air piteux.

— Allons, ne pensez plus à cela, mon enfant, nous n'ayons plus qu'à traverser ce petit ruisseau et nous nous trouverons sur votre propriété.

C'était un encouragement.

Je regardai devant moi, et vis que nous étions arrivés sur le bord d'un ruisseau de dix à douze pieds de large, dont les rives étaient garnies d'un fouillis d'aulnes tellement épais, qu'un homme avait peine à y pénétrer.

— Grand Dieu! m'écriai-je, est-ce que ma propriété est entourée par cette vilaine eau?

— Et comment s'appellerait-elle, sans cela, Island (Ile)? répondit tranquillement mon interlocuteur.

— C'est vrai... je n'avais jamais réfléchi à la signification de ce nom, répondis-je. Mais comment pénétrer à travers ces broussailles?

— N'ayez pas peur! voici le moment de se servir de la hache, répliqua Edmund tout en faisant avec cet instrument une percée à travers les aunes. Un petit pied de chêne se trouvait également sur notre route; le domestique y porta la hache, et bientôt l'arbre tomba en travers du ruisseau et forma un pont improvisé. Ce fut sur ce chemin tremblant que je m'aventurai avec l'assistance d'Edmund.

Après tant de traverses, je me trouvai enfin sur Ivy-Island, et je me mis à regarder autour de moi avec une curiosité avide.

— Comment! m'écriai-je au bout de quelques instants, on ne voit ici que des lierres du milieu desquels s'élèvent à peine quelques arbres épars.

— Eh! comment voudriez-vous, s'il en était autrement, que votre propriété s'appelât *Ivy-Island* (Ile des Lierres)? répondit Edmund avec sa placidité ordinaire.

Je fis quelques pas vers le centre de mon domaine. Mes illusions s'envolaient, la vérité se montrait dans sa triste nudité. Il était maintenant avéré que tout le voisinage s'était moqué de moi pendant plus de six ans; ma riche propriété d'Ivy-Island était une pièce de terre inculte, inaccessible et improductive : le prestige se dissipait, les châteaux en Espagne s'écroulaient les uns sur les autres. Pendant que je me livrais à la mélancolie de ma déconvenue, je vis s'avancer vers moi un monstre hideux : ce n'était rien moins qu'un énorme serpent noirâtre qui dressait la tête en sifflant et lançait sur moi des regards de feu. Je poussai un cri de frayeur et tournai brusquement les talons; l'Irlandais m'aida à repasser le pont suspendu, et je m'éloignai rapidement de mon domaine.

Telle fut ma première visite à ma terre d'Ivy-Island, ce fut aussi la dernière.

Le domestique et moi nous regagnâmes la prairie, où mon père et ses gens étaient en train de faire leurs préparatifs de départ.

— Eh bien! comment trouvez-vous votre propriété? demanda mon père avec une gravité imperturbable.

— Charmante, cependant je la vendrais à bas prix! répondis-je en baissant la tête.

Un bruyant éclat de rire qui partit de toutes les poitrines m'apprit que chacun était dans le secret.

A la nuit j'étais de retour à la maison. Mon grand-père vint me féliciter avec le plus grand sérieux, comme si l'Ile des Lierres eût été une importante propriété au lieu d'une chétive place inculte qui n'avait de valeur que celle que tout le voisinage avait bien voulu lui prêter dans ses plaisanteries incessamment répétées. Ma mère s'informa aussi très-gravement si j'avais trouvé la réalité conforme à mes espérances; et pendant toute la soirée la maison ne désemplit pas de voisins, qui, mis au courant de l'aventure, se firent un malin plaisir de me féliciter sur le bonheur que j'avais de m'appeler Phinéas. Je n'en fus pas quitte pour tant de déboires, et pendant plus de cinq ans à dater de cette époque on ne cessa de me corner aux oreilles les louanges ironiques de la fameuse Ivy-Island.

Je suis d'autant plus porté maintenant à rire de cette plaisanterie, que ce petit héritage me fut par la suite d'un très-grand secours. Ivy-Island fut une des causes premières qui fit tourner en ma faveur la roue de la fortune, et cela à une époque où je commençais à me trouver accablé par le malheur.

. . . .

— Quel est le prix de ces cuirs à rasoir? demanda mon grand-père à un colporteur dont le chariot, chargé d'une foule de petits articles, stationnait devant notre boutique.

— C'est un dollar pièce, répondit le marchand voyageur.

— Un dollar pièce! s'écria mon grand-père, je suis sûr qu'on les aura à moitié de ce prix avant qu'il soit un an.

— Eh bien! reprit le colporteur, si les cuirs de Pomeray se vendent à cinquante centièmes pièce d'ici à un an, je m'engage à vous en donner un pour rien!

— J'en achète un à cette condition... Maintenant, Ben, je vous prends à témoin de ce marché, dit mon grand-père en s'adressant à l'esquire Hoyt.

— C'est très-juste, répondit Ben.

— Oui, dit encore le colporteur, je le ferai comme je le dis, je ne suis pas homme à me dédire.

Mon grand-père prit le cuir à rasoir et le plaça dans la poche de son habit. Puis un instant après il l'en retira, et se tournant vers l'esquire Hoyt :

— Ben, lui dit-il, maintenant que ce cuir est à moi, j'en suis déjà dégoûté. J'ai envie de vous le céder : combien m'en donnez-vous ?

— Eh bien ! je vous en donnerai cinquante centièmes, dit l'esquire avec un clignement d'yeux qui disait assez que le colporteur et son cuir allaient être soldés du même coup.

— Vous pouvez le prendre, alors, car je vois bien qu'il veut changer de maître, dit mon grand-père en jetant un malin regard sur le colporteur.

Le cuir à rasoir passa dans les mains de l'esquire; ce que voyant, le colporteur s'écria :

— Ah ! ah ! Messieurs ! et qui va me payer ?

— Ne vous en inquiétez pas, reprit mon grand-père, régalez seulement la société, et avouez que vous vous êtes laissé prendre, ou plutôt donnez-moi le cuir que j'ai gagné.

— Je n'avouerai rien et ne traiterai point la société, répondit le colporteur, mais je vous donnerai le cuir pour prix de votre bonne plaisanterie.

Et joignant l'action aux paroles, il donna un second cuir à mon grand-père. Tous ceux qui étaient présents rirent beaucoup de cet incident. Le colporteur eut le bon esprit de faire chorus.

— Reconnaissez qu'il y a de fins matois à Bethel, dit un des assistants en s'adressant au colporteur.

— Sans doute, sans doute, répondit celui-ci, mais il n'y a pas trop de quoi se vanter, car j'ai gagné soixante-quinze centièmes sur cette opération.

— Comment cela ? lui fut-il demandé.

— J'ai reçu un dollar pour une paire de cuirs à rasoir qui me coûtent à moi cinquante centièmes la douzaine, répondit le colporteur, et comme j'avais entendu parler des matois de Bethel, ainsi que vous les appelez, j'ai jugé à propos de fixer mes prix en conséquence. Je vends mes cuirs généralement vingt-cinq centièmes pièce, mais ne doutez pas, Messieurs, que s'il vous en faut encore à cinquante centièmes je m'estimerai heureux à ce prix d'en approvisionner tout le village.

Nos voisins rirent de cette nouvelle plaisanterie, mais ce ne fut que du bout des lèvres; et l'achat des cuirs en resta là.

. . . .

Il y avait alors à Bethel un pauvre ivrogne dont la famille se composait d'une femme et de quatre enfants. Avant de se livrer à la boisson, cet homme était un tonnelier industrieux, intelligent et faisant fort bien ses affaires. Mais depuis une dizaine d'années il s'était abandonné à sa malheureuse passion, et tout chez lui avait été de mal en pis. Parfois cependant il lui arrivait de s'amender, comme il le disait lui-même, c'est-à-dire que pour un temps il mettait un frein à sa passion dominante. Pendant ces intermittences de mieux, qui duraient ordinairement un mois, notre voisin redevenait sobre et laborieux. Il visitait alors les boutiques, et les connaissances qu'il y rencontrait se faisaient un plaisir de causer avec lui et de l'encourager dans la bonne voie. Le pauvre diable versait des larmes à l'audition de ces sages conseils.

— Vous avez raison, mes amis, lui arrivait-il souvent de dire, oui, je sens bien que vous avez raison; car maintenant que mon cerveau n'est plus embrouillé et que j'ai toute ma raison, je comprends, comme vous le dites, qu'il ne peut y avoir de bonheur sans la sobriété. Je suis semblable à l'enfant prodigue, qui, rentrant enfin en lui-même, vit que le seul espoir qui lui restait était de se lever et de retourner vers son père par le chemin du devoir et de la raison; voilà où j'en suis moi-même.

— Très-bien! lui répondait-on; mais persévérerez-vous dans cette résolution?

A cette demande le tonnelier relevait la tête, et jetant autour de lui un regard de fierté qui lui était habituel au temps de sa prospérité :

— Croyez-vous donc, disait-il, que je sois assez dénaturé pour consommer ma ruine et celle de ma famille en m'obstinant dans l'ivrognerie?

Sa femme était respectée de chacun, ses enfants aimés de tout le monde, et ils avaient continué les uns et les autres leurs bonnes relations avec les meilleures familles du pays. Quant à lui, bien qu'il y eût plusieurs années qu'il était entré dans la mauvaise voie, ses voisins ne désespéraient pas entièrement de lui, et croyaient encore possible, pendant une de ses intermittences de sobriété, de lui arracher, au nom de son amour paternel et du sentiment de sa propre dignité, le serment solennel de ne plus retomber dans ses honteux excès. L'ivrognerie ne l'avait point entièrement dégradé, et ses amis connaissaient si bien à certains égards l'honorabilité de son caractère, qu'ils ne doutaient pas qu'une fois qu'il leur aurait juré de ne plus boire, ils pourraient compter sur la fidèle exécution de sa promesse.

— Non, sans doute, lui répondit un jour un de ses voisins, vous ne deviendrez pas un ivrogne fieffé; nous en avons pour garants le sentiment de votre dignité non moins que votre amour paternel. aussi je suis persuadé que dorénavant vous allez fuir toute espèce de boisson.

— Oh! soyez-en bien sûr, répliqua le tonnelier, je ne boirai pas jusqu'à ce que mon temps d'amendement soit terminé, et j'ai encore pour au moins trois semaines d'abstinence.

— Nous voulons mieux que cela, dirent ensemble plusieurs de ses amis; promettez-nous de ne plus boire, même après votre temps d'amendement : donnez-nous seulement votre parole et nous serons tranquilles, vous sachant homme à n'y pas manquer.

— Et vous avez raison, car ma parole est sacrée; aussi il faut que je me consulte avant de l'engager, car, voyez-vous, une fois que j'ai promis, tous les diables d'enfer ne me feraient pas manquer à ma promesse! aussi, mes chers amis, je ne veux pas m'engager. Je confesse seulement que vous avez parfaitement raison, c'est une très-mauvaise chose que de boire; et quand mon temps d'amendement sera terminé, eh bien! j'y réfléchirai, et probablement que dans quelques mois d'ici je romprai tout à fait avec mes habitudes, pour vous prouver et me prouver à moi-même que je ne suis point un ivrogne, car, vous le voyez, j'ai de l'empire sur moi.

A l'aide de ce sophisme, le pauvre diable parvenait à s'illusionner lui-même, ce qui ne l'empêchait pas d'accuser de lenteur la marche du temps; car la passion devenait plus forte chez lui que la raison, et c'était avec une véritable joie qu'il voyait expirer le délai qu'il avait lui-même fixé à son abstinence : aussi, le terme arrivé, il ne manquait pas de retourner à sa bouteille et de boire plus fort que jamais.

Avec l'ivrognerie la misère rentrait aussi chez lui, et sa femme et ses enfants recommençaient à trembler devant le triste avenir qu'il leur préparait!

Un soir, à la fin d'une de ses périodes d'abstinence, notre homme se remit à boire comme à l'ordinaire, et battit sa femme, comme cela lui était déjà arrivé plus d'une fois. Le lendemain matin, en s'éveillant il demanda un de ses enfants pour l'envoyer chercher du rhum; sa ménagère répondit que les enfants étaient partis pour l'école, alors il lui ordonna d'y aller elle-même et de revenir avec la bouteille pleine. Sa femme lui donna une excuse qui le fit patienter pendant une heure ou deux, jusqu'au moment où il quitta le lit pour se mettre à table et essayer de déjeuner; mais sa langue était desséchée par les excès d'une nuit de débauche, son estomac était en feu, et son appétit ne se trouvait ouvert pour rien, excepté pour le rhum, et quoiqu'il n'eût rien pris de la journée, il se sentait fort mal à l'aise. Il se tourna donc du côté de sa femme, et lui dit :

— Mistress... je suis malade, allez me chercher du rhum.

— Je ne puis, répondit la femme d'une voix douce mais ferme.

— Comment! vous ne pouvez pas? et depuis quand la femme que la loi soumet à mes ordres ose-t-elle me désobéir? suis-je donc tombé si bas que mes désirs soient méprisés et mes commandements méconnus par celle que je me suis donnée pour compagne de mon existence? répliqua le mari avec un sentiment d'orgueil offensé.

— Je n'ai jamais refusé, reprit la pauvre femme, de faire tout ce qui pouvait contribuer à votre bonheur; mais je ne dois ni ne puis me prêter à la satisfaction d'une passion qui causera votre malheur et la ruine de votre famille.

— Nous verrons bientôt qui est le maître ici, fit le mari, et je vous prouverai mon autorité d'une manière que vous comprendrez, je pense. Je vais de ce pas vous fermer tout crédit à la boutique de l'épicier.

A ces mots, prononcés d'un air résolu, il boutonna son habit, passa ses doigts dans ses cheveux, mit la bouteille dans sa poche, et sortit avec la dignité d'un Brutus pour aller dans le village.

En entrant dans notre boutique il marcha d'un pas assuré droit au propriétaire, et lui dit avec un ton d'importance :

— Monsieur Weed, ma femme m'a désobéi ce matin, et je vous défends de porter à mon compte ce qu'elle viendra prendre ici.

M. Weed, devinant aux roulements d'yeux de son client et à la pâleur de sa face que le temps d'abstinence était arrivé à son terme, lui répondit avec vivacité :

— Oh! Monsieur, vous n'aviez pas besoin de vous déranger pour fermer ici le compte de votre femme, car je vous déclare que dès à présent je vous ferme le vôtre.

Cette réponse, aussi brusque qu'inattendue, atterra l'ivrogne et le sauva. Il fut étonné de voir qu'il était tombé si bas, et tirant sur-le-champ la bouteille vide qu'il avait mise dans sa poche, il la jeta sur le carreau, où elle se brisa en mille morceaux.

— Arrière, s'écria-t-il, toi qui fais la honte de l'humanité et qui fais perdre aux hommes le sentiment de leurs devoirs, je jure devant Dieu de ne jamais avaler une seule goutte d'aucune liqueur enivrante!

Il a tenu parole. L'ancien ivrogne est maintenant un homme aisé, qui a eu souvent l'honneur de représenter le village à la législature; sa famille, qui compte à l'heure qu'il est plusieurs petits-enfants, est une des mieux posées et des plus considérées du pays.

. . . .

On peut s'instruire partout, même dans une boutique de village.

On croit généralement que les commerces équivoques, que les manœuvres fallacieuses, que les tromperies et les sophistications sont pratiquées exclusivement dans l'enceinte des grandes villes, et qu'à la campagne, au contraire, les hommes et les femmes sont sans malice aucune, et que tout s'y fait au grand jour comme sur la place publique. Cela peut être vrai dans certaine mesure ; mais, en définitive, c'est une règle qui souffre pas mal d'exceptions. Ainsi, il m'est arrivé plus d'une fois, en défaisant un paquet de chiffons apporté à la boutique par quelque femme de la campagne et déclaré coton ou pur fil, d'y trouver de vieux morceaux d'étoffe de laine, ou, qui pis est, des cendres, des pierres, du gravier, etc. Il m'est encore advenu fort souvent de mesurer, contrairement à l'usage, les charges d'avoine, de blé et de seigle que les fermiers nos clients apportaient à la maison, et de trouver qu'en dépit de leurs assertions il manquait quatre, cinq et même six boisseaux sur une charge qu'ils avaient affirmé en contenir bien réellement soixante. A ces découvertes inattendues, la femme ne manquait jamais de jouer l'étonnement : c'était sa servante ou sa voisine qui avait commis ce méfait, sans qu'elle en eût elle-même le moindre soupçon. Le fermier n'était pas plus coupable, et l'erreur dans le nombre des boisseaux devait être imputée à l'inadvertance de l'ouvrier chargé du mesurage. C'étaient là, je le répète, des exceptions à la probité rustique ; mais ces exceptions se répétaient assez souvent pour me mettre en garde contre nos pratiques et pour me convaincre de la vérité du vieil adage, qui dit : *Tout commerce, tout vol*.

Ce fut pendant que j'étais commis dans la boutique de Bethel que mon père prit la taverne du village. J'avais l'habitude de coucher avec mon jeune frère Eder ; mais il arrivait parfois que notre maison était pleine de voyageurs, et nous nous trouvions par suite obligés de recevoir dans notre lit un troisième dormeur : c'était le brave Edmund, le garçon de ferme irlandais. Après la fermeture de la boutique, j'avais coutume de me joindre à quelques camarades, réunis dans la demeure de leurs parents. On racontait des histoires, on jouait à différents jeux, et de la sorte le temps se passait si agréablement que je ne rentrais souvent qu'à onze heures, bien que mes parents ne m'accordassent point la permission de prolonger mes veillées si avant dans la nuit. Aussi, quand j'étais surpris par cette heure fatale, je m'en revenais en toute hâte, montais doucement les escaliers et me glissais dans le lit, auprès de mon frère, avec la plus grande précaution, car je tremblais de le réveiller et qu'il n'avertît mes parents de mes tardives rentrées.

Mon frère s'ingéniait à combiner des plans pour surprendre l'heure de mon retour; mais il comptait toujours sans le sommeil, qui s'emparait de lui et me permettait d'éluder sa vigilance. Il lui arrivait souvent, par exemple, d'entasser devant la porte des tabourets et des chaises, dans l'espoir que je ne pourrais rentrer sans renverser cette barricade et que le bruit le réveillerait. Malgré ces perfides embûches, je parvenais presque toujours à ouvrir la porte petit à petit et à me glisser dans le lit sans réveiller le dormeur.

Une nuit, je trouvai la porte fermée en-dedans à l'aide d'un clou, qui arrêtait tous les mouvements du loquet. Voyant mes efforts inutiles de ce côté, et bien déterminé cependant à ne pas implorer l'assistance de mon frère, je descendis les escaliers à pas de loup, j'allai chercher une échelle, que j'appliquai contre la muraille, et je parvins à faire mon entrée par la fenêtre sans avoir été découvert. Ces pièges continuels que me tendait mon frère m'avaient rendu très-soupçonneux, et je ne m'approchais de ma chambre à coucher qu'avec les plus minutieuses précautions. Une nuit je rentrai à onze heures comme à mon habitude, je poussai doucement la porte, l'ouvris de quelques pouces seulement, et passai mon bras par l'entre-bâillement, afin de m'assurer des obstacles qui pouvaient s'opposer à mon passage. Ma main ne tarda pas à rencontrer une petite corde attachée au loquet de la porte par une de ses extrémités; mais où donnait l'autre bout, c'était ce que je ne pouvais deviner et ce que l'obscurité ne me permettait pas de découvrir. A tout hasard, je tirai mon couteau de ma poche et coupai la ficelle avec beaucoup de soin; la porte s'ouvrit alors sans résistance, et je me mis au lit sans avoir été découvert. En m'éveillant le lendemain matin, je m'aperçus que l'autre bout de la corde était encore attaché au gros orteil de mon frère. Cette ingénieuse précaution était destinée à l'avertir de l'instant de mon retour, et elle eût complètement réussi si ma grande prudence ne l'avait fait échouer. Une autre fois il se plaça en travers du lit, se fit un traversin avec deux oreilers, et prit la ferme résolution de demeurer éveillé jusqu'à mon retour. Heureusement que le sommeil fut plus fort que lui. Quand j'arrivai, je le trouvai endormi dans cette position. J'imitai son exemple et me couchai en travers entre mon dormeur et le pied du lit. Le matin, à son réveil, mon frère se trouva couché parallèlement au traversin, précisément dans la position où il s'était lui-même placé la veille au soir. Il m'éveilla avec un coup de pied dans les jambes.

— Ah! s'écria-t-il, vous vous en êtes encore tiré cette nuit; mais je vous pincerai.

— Vous ferez bien, si vous le pouvez; mais vous savez qu'il faut se lever matin pour prendre un lièvre au gîte.

La nuit suivante, après s'être déchaussé, il attacha un éperon à sa jambe nue, et se mit tranquillement au lit, comptant bien que quand je me glisserais auprès de lui, l'éperon m'écorcherait la peau et que le cri que m'arracherait la douleur suffirait pour le réveiller. Je rentrai dans ma chambre en usant de mes précautions habituelles. Ne découvrant point d'embûche, j'en conjecturai que mon frère avait, de guerre lasse, abandonné ses projets. Je me couchai en lui tournant le dos, et ne tardai pas à être plongé dans les bras de Morphée.

Or, le hasard voulut que dans cette nuit même des marchands ferblantiers et quelques autres voyageurs vinrent pour loger à la taverne à une heure fort avancée de la nuit. On eut besoin du lit de l'Irlandais Edmund, ce qui obligea celui-ci à venir nous demander l'hospitalité. En entrant, il vit que j'étais couché sur le bord du lit, du côté du mur, et que mon frère, selon son habitude, occupait la place du milieu. Il laissa les choses dans cet état et se mit au lit de l'autre côté de mon frère. Mais à deux heures de la nuit environ, je fus éveillé par un tapage épouvantable.

— Je vous apprendrai à vous mettre au lit avec des éperons, drôle que vous êtes! criait Edmund tout en tenant mon frère suspendu au-dessus de ma tête, une main autour de son cou et tenant de l'autre la jambe armée du fatal éperon.

— Qu'y a-t-il donc, Edmund? m'écriai-je tout surpris.

— Il y a que monsieur votre frère se met au lit avec des éperons maintenant, et qu'il m'a fait sur la jambe une estafilade d'au moins trois pouces de long! répondit le pauvre Irlandais, qui souffrait horriblement de sa blessure.

— Je n'avais pas fait cela pour vous, c'était pour Taylor! murmurait mon frère encore à moitié endormi.

— Je me moque pas mal, reprit Edmund, de vos prétendues intentions : c'est toujours moi qui pâtis de vos sottises.

En prononçant ces derniers mots, Edmund appliqua à mon pauvre frère trois ou quatre claques, qui, en moins d'un instant, donnèrent à sa peau la teinte foncée de celle d'un jeune Indien.

Après cette correction, Edmund détacha l'éperon, arrangea le lit, qui était tout en désordre, et se disposa à se rendormir, non sans avoir donné pourtant à mon frère un dernier avertissement.

— La première fois, lui dit-il, que vous aurez la fantaisie de me prendre pour un cheval, n'oubliez pas que je rue, petit morveux!

CHAPITRE TROISIÈME.

ÉCOLE DU DIMANCHE. — LE VIEUX TEMPLE.

L'école du dimanche. — Un ecclésiastique original. — Un confrère zélé. — Les vers du nez. — Le consistoire. — Transition. — Discussions religieuses. — Le vieux temple. — Installation d'un poêle. — Pouvoir de l'imagination. — La classe religieuse. — La seule chose nécessaire. — Une explosion.

Comme presque tous les habitants des Etats de la Nouvelle-Angleterre, j'avais l'habitude d'aller à l'église régulièrement tous les jours de fête, et je ne savais pas encore lire que j'étais déjà un des meilleurs écoliers de l'école du dimanche. Nous n'avions qu'une église à

Bethel, un temple presbytérien dans lequel tout le monde se réunissait; car ce petit pays connaissait à peine à cette époque les différences de croyances et de sectes. Cette vieille et modeste église n'avait ni clocher ni cloche, mais n'en était pas moins fort agréable pendant l'été. Mon excellente mère me faisait répéter mes leçons dans le Nouveau Testament et dans le catéchisme avec un soin tout particulier. De mon côté, je faisais tout mon possible pour profiter de cet enseignement et mériter la récompense attachée à ce genre d'étude. Cette récompense consistait en un bon point, dont une certaine quantité donnait droit à une rémunération. Ainsi, dix bons points valaient un centième; et comme la valeur en était payable non pas en monnaie, mais en livres d'instruction, on avait établi que cent bons points donnaient droit à un livre. Mais comme on ne pouvait donner qu'un bon point par dimanche, il s'ensuivait, chose à peu près impossible, qu'il fallait en mériter un tous les huit jours pour avoir droit à un prix au bout de deux ans. Quelque minime que fût cette récompense, elle suffisait cependant pour stimuler mon émulation.

Le premier ecclésiastique que je me rappelle avoir entendu prêcher à Bethel fut le révérend Samuel Sturge. Plus tard, à l'époque où j'étais commis, ces fonctions furent remplies par le révérend M. Lowe. Ce dernier faisait ses emplettes chez nous; et bien qu'il eût pour sa pipe une véritable passion, et que la plupart des ecclésiastiques (1) qui visitaient mon père et mon grand-père vidassent leurs verres rubis sur l'ongle, je n'en étais pas moins persuadé à cette époque que les membres du clergé, pris tant individuellement que collectivement, étaient des êtres au-dessus de l'humaine faiblesse. Je n'ai point encore à l'heure qu'il est entièrement répudié cette opinion, et je conserve au contraire un grand respect pour le clergé, convaincu que la plupart des hommes qui le composent sont ce qu'ils devraient tous être, c'est-à-dire des disciples dignes de leur divin maître. Cependant, il est une triste vérité dont il faut convenir, c'est que de même que le fruit le plus beau est toujours le plus sujet à l'at-

(1) Par ce mot impropre d'*ecclésiastiques*, il faut entendre des *pasteurs* ou *ministres protestants*. (*Note des Éditeurs.*)

taque des oiseaux, de même aussi la cause la plus sainte et la meilleure est plus exposée aux souillures de l'hypocrisie ; et nous savons tous que malheureusement le titre de Révérend n'emporte pas nécessairement avec lui l'idée de sainteté, et que trop souvent, hélas ! on est trompé par des loups revêtus de la peau des brebis.

Le révérend Richard Varick Dey, qui résidait à Greenfield, avait pour habitude de venir prêcher à Bethel tous les dimanches au soir. C'était un prédicateur éloquent, et en même temps un homme fort excentrique. Il avait incontestablement un grand talent : ses sermons étaient pathétiques et bien tournés; son mérite était tel qu'il lui avait acquis une réputation qui s'étendait au loin. Malgré son talent incontestable, il n'était pas fort en odeur de sainteté auprès des gros bonnets du clergé. Les attaques qu'il se permettait soit en chaire, soit hors de l'église, contre certains dogmes acceptés ou certaines croyances reçues, l'avaient mis plus d'une fois en opposition avec ses chefs; aussi avait-il été souvent suspendu et menacé même de destitution complète, tant à cause de quelques manquements à ses devoirs que pour certaines prédications qui frisaient l'hérésie. Pendant qu'il était ainsi privé de fonctions, il jugea à propos d'aviser au moyen de soutenir sa famille, et ce fut dans ce but qu'il visita Bethel, Dunbury et plusieurs autres villages, où à défaut de prône il se contentait de faire des lectures qui se terminaient toujours par une quête à son profit. Je me rappelle entre autres une lecture de ce genre qui eut lieu à Bethel; elle porta sur la charité, sujet qui fut traité avec éloquence et passion, et la séance se termina par une contribution prélevée sur la générosité des fidèles. Cette quête produisit la somme de cinquante dollars.

A une certaine époque, M. Dey fut appelé à rendre compte de sa conduite dans un consistoire qui devait se réunir à Middletown. Les chemins de fer n'existaient point encore, et beaucoup de gens voyageaient à cheval. Deux jours avant celui fixé pour la conférence, M. Dey se prépara à partir pour Middletown seul et à cheval. Sa valise fut attachée derrière sa selle; il mit par-dessus son grand carrick orné d'une demi-douzaine de collets, comme c'était alors la mode;

il prit un chapeau à grands bords rabattus, enfourcha bravement sa monture et partit pour le lieu de la réunion.

Le second jour de son voyage, et environ à dix milles de Middletown, il rencontra un sien confrère, à cheval comme lui, et qui se dirigeait vers le même lieu.

Ce confrère de M. Dey était un homme d'environ soixante ans, aux cheveux droits et hérissés comme des piquants de porc-épic; son visage semblait de bronze : on eût dit que le sourire n'avait jamais approché de ses lèvres. A la vue de l'expression sinistre qui caractérisait ses traits, de ses regards durs et froids, de ses lèvres minces et serrées, M. Dey se convainquit promptement qu'il avait devant lui un juge dont il ne devait attendre ni pitié ni merci. Cependant les deux révérends entrèrent en conversation. Le pieux personnage déclina son nom et sa demeure, puis il demanda à M. Dey à qui il avait l'honneur de parler.

— Je m'appelle *monsieur Richard*, répliqua le révérend Richard V. Dey, Fairfield est ma résidence. (Il faut qu'on sache que Greenfield est une des paroisses de la ville de Fairfield.)

— Alors, s'écria l'autre ecclésiastique, vous êtes voisin de M. Dey, vous devez le connaître?

— Très-bien, répondit Richard.

— Eh bien! que pensez-vous de lui? demanda avec intérêt le confrère.

— C'est un gaillard aussi fin qu'éveillé, et que je serais très-fâché de désobliger, car il ne fait pas bon de tomber sous ses griffes. Cependant, si l'on m'y force, je me verrai contraint de divulguer certaines choses qui ne laisseront pas que d'étonner fort l'assemblée.

— Est-il possible? Mais, mon cher confrère, vous ne pouvez garder le silence. L'intérêt de l'Eglise et la cause du divin Rédempteur vous imposent l'obligation de ne rien cacher, et de dire au contraire tout ce que vous savez contre l'accusé.

— Il est bien dur cependant de détruire la réputation d'un confrère et de porter le trouble dans sa famille, répondit humblement M. Richard.

— C'est un devoir pour les élus de signaler et de punir les réprouvés, répliqua le sévère puritain (1).

— Mais ne ferais-je pas mieux d'avertir notre frère de sa faute et de lui fournir l'occasion de la confesser et de se faire pardonner?

— Notre frère, comme vous l'appelez, n'est qu'un hérétique, et la vraie foi est offensée de sa présence parmi nous. L'Eglise doit être purgée d'un pareil mécréant, car c'est notre devoir de punir ceux qui cherchent à introduire de si damnables hérésies.

— Etes-vous bien sûr que M. Dey soit un mécréant? fit M. Richard d'un ton modeste.

— Je ne connais point particulièrement ses opinions, répondit M. Richard, mais j'ai été témoin de quelques-uns de ses actes qu'il me peinerait beaucoup de rapporter.

— Charité mal entendue! C'est votre devoir impérieux d'éclairer l'assemblée par tout ce que vous savez sur le compte de l'inculpé, et j'insisterai fortement pour qu'il en soit ainsi.

— Mon désir le plus ardent est de faire tout ce qui sera juste et convenable; et comme je suis encore nouveau dans notre saint ministère, je ne saurais mieux faire sans contredit que de déférer à un jugement fondé comme le vôtre sur l'âge et sur l'expérience : c'est pourquoi je préférerais vous mettre d'abord au courant de ce que je sais, afin que vous puissiez me donner ensuite votre avis sur ce que je dois faire devant l'assemblée.

— Parfaitement imaginé! Racontez-moi les faits, et je vous donnerai mon avis. Voyons, que savez-vous?

Et celui-là lui raconta certains faits répréhensibles.

Les deux ecclésiastiques arrivèrent à Middletown. Le révérend M. Vinegarface gagna le presbytère, tandis que M. Dey ou plutôt M. Richard se dirigeait vers une modeste auberge.

L'assemblée ouvrit ses séances le jour suivant. Après quelques investigations, l'accusation tomba faute de preuves, et M. Dey retourna triomphant à Greenfield.

---

(1) Le puritanisme est une secte très-rigide du protestantisme. (*Note des Editeurs.*)

Mon grand-père était *universaliste*, et pour plusieurs raisons, justes ou fausses, adversaire déclaré des doctrines presbytériennes; ce qui n'empêchait pas plusieurs presbytériens de compter au nombre de ses meilleurs amis. Il était très-attaché à M. Dey, et il engagea cet ecclésiastique à venir prêcher à Bethel pendant plusieurs dimanches. Et non-seulement il fut à chaque fois un de ses auditeurs les plus attentifs, mais encore ce fut lui qui se chargea du soin de le recevoir et de l'héberger. Dans ces occasions, M. Dey restait avec mon grand-père jusqu'au lundi et souvent jusqu'au mardi. Grand nombre de voisins se réunissaient alors chez mon aïeul, et c'était pour tout le monde un temps gaiement employé. Il arrivait parfois dans ces réunions que mon grand-père attaquait son hôte sur quelque point de théologie : mais il n'était pas de force à se défendre contre M. Dey, qui le battait à outrance ; le bonhomme, loin de se fâcher, se plaisait, au contraire, à répéter les arguments dont on s'était servi contre lui, en avouant que l'ecclésiastique l'avait remis dans le droit chemin.

Un jour que la réunion comptait au moins une douzaine de voisins, et qu'on s'égayait à faire circuler la bouteille à la ronde, à lancer des quolibets et à raconter des anecdotes, mon grand-père prit la parole sur un ton si élevé qu'il attira à lui l'attention générale.

— Ami Dey, ne vous ai-je pas entendu dire que vous croyiez à la fatalité ?

— Sans doute, reprit M. Dey.

— Eh bien ! supposez que je vous crache à la figure; que ferez-vous?

— J'aime à croire que ce ne sera jamais qu'une supposition ; car si la chose arrivait, je vous jetterais par terre d'un coup de poing.

— Et ce serait une grande inconséquence de votre part, reprit mon grand-père avec énergie ; car, enfin, si je vous crache à la face, c'est qu'il est écrit qu'il en devait être ainsi, et ce n'est pas une raison pour me frapper.

— Si, au contraire, répondit M. Dey en souriant, car il est aussi écrit que dans ce cas je vous jetterais à terre d'un coup de poing.

Toute la société rit beaucoup de cette repartie, mon grand-père tout le premier, et il aima toujours par la suite à raconter cette anecdote.

Je crois avoir dit plus haut que notre vieille église, bien qu'elle fût sans cloche ni clocher, n'en était pas moins un lieu fort commode dans l'été. Il n'en était pas tout à fait de même dans l'hiver, et mes dents claquent encore au souvenir du froid que j'ai plus d'une fois souffert dans cette antique maison du Seigneur.

Nos mères et nos grand'mères étaient les seules personnes qui eussent permission de corriger un peu la rigueur de cet ordre de choses; ce qu'elles faisaient en se couvrant de manchons et de palatines, et en apportant avec elles leurs chauffe-pieds, sorte de petits poêles portatifs composés d'une boîte en tôle percée de plusieurs trous et renfermée dans une autre boîte en bois à laquelle était adaptée une poignée en fil de fer. Cette boîte s'ouvrait de chaque côté pour permettre d'y introduire des cendres-chaudes et quelques charbons enflammés. Les femmes qui demeuraient loin de l'église apportaient leurs chauffe-pieds dans leur voiture ou dans leur traîneau, mode de locomotion fort usité chez nous en hiver, et avant d'entrer dans le sanctuaire on avait soin de garnir le chauffe-pieds chez quelque obligeante personne voisine de l'église.

A la fin, le temps qui modifie tout souffla l'esprit de réforme dans le cœur de quelques-uns des membres grelottants de la congrégation de la vieille église de Bethel. Un confrère qui était évidemment de beaucoup en avant de son siècle eut l'audace de proposer de placer un poêle dans l'église, afin de la tenir plus chaude. Aussitôt confrères et consœurs de lever les mains au ciel et de pousser des exclamations de surprise et d'horreur.

— Le plaisant chrétien, vraiment, qui avait besoin d'un poêle pour réchauffer son zèle!

La proposition fort repoussée à une imposante majorité.

Cependant le réformateur persévéra, et par ses discours et ses menées parvint à se faire quelques adhérents. Il prétendait qu'un grand poêle destiné à chauffer toute l'église était tout aussi innocent que cinquante petits poêles destinés à chauffer seulement autant de paires de pieds; et bien qu'un grand nombre d'esprits encroûtés persistassent à ne voir aucune analogie entre les deux cas, les autres voulurent bien reconnaître que si l'innovateur était fou, sa folie ne manquait cependant pas d'une certaine logique.

Une année passa sur cette discussion. Novembre reparut avec son cortége de frimas; la question du poêle fut de nouveau remise sur le tapis : grande rumeur dans le pays, meetings de nuit, conciliabules à l'église, le tout dans le but de discuter cette importante affaire. On n'entendait dans toutes les boutiques du village qu'arguments pour et arguments contre. La question fut même traitée au meeting de conférence. Les jeunes gens de leur côté se réunirent en club à cet effet; bref, la chose devint si grave, qu'en décembre les principales têtes du pays furent convoquées à cette fin de décider au scrutin si on établirait ou non un poêle dans l'église.

L'affirmative passa à la majorité d'une voix, et un poêle fut placé dans le lieu saint, à la grande consternation de la minorité. Le dimanche qui suivit l'installation du poêle, deux vénérables vieilles filles se trouvèrent mal au beau milieu du prône sous prétexte qu'elles étaient incommodées par la chaleur causée par la maudite innovation. On les transporta à l'air frais, où elles ne consentirent pourtant à revenir à elles que lorsqu'on les eut informées qu'une lacune dans les tuyaux n'avait pas encore permis d'allumer du feu dans le poêle.

Le dimanche après cet accident, le froid était excessivement piquant; le poêle, convenablement bourré de bon bois bien sec, marcha à merveille et fut chauffé presque au rouge. Grâce à cette circonstance, la plus grande partie de l'église put jouir ce jour-là d'une température très-confortable; ce qui convint généralement, mais ne laissa pas cependant de contrarier quelques personnes.

A l'époque où M. Lowe prêchait à Bethel, il eut l'idée de former une sorte d'école religieuse composée des enfants des deux sexes depuis douze ans jusqu'à quatorze. Je suivais ses instructions. Un des principaux devoirs que nous avions à remplir consistait à prendre un verset choisi par le ministre, à écrire quelques explications sur ce sujet et à mettre notre composition dans un chapeau qu'on faisait dans ce but passer à la ronde. Tous les articles étaient ensuite lus à haute voix par l'ecclésiastique, et comme les versets qui nous servaient de thème étaient distribués au hasard entre les écoliers, qui les prenaient à l'aveuglette dans le chapeau, personne, pas même M. Lowe lui-même, ne savait à l'avance à qui chaque sujet devait tomber.

La classe se tenait immédiatement après le service du soir, et les fidèles avaient l'habitude de rester à l'église pour entendre la lecture des compositions. Il arrivait quelquefois que les explications données par les écoliers étaient aussi mauvaises que ridicules, mais généralement on s'en tirait assez bien. Toute modestie à part, je crois que les miennes étaient au nombre des bonnes. M. Lowe, en lisant ces compositions, ne manquait pas de faire ses observations, soit pour approuver, soit pour blâmer; et dans ce dernier cas il avait toujours soin de donner des raisons à l'appui.

Je me rappelle qu'un certain jour je pris dans le chapeau ce passage de l'Evangile de saint Luc (chap. X, verset 42) : *Il n'y a qu'une chose nécessaire, et Marie a choisi la bonne part, qui ne lui sera point ôtée.* La question à traiter était celle-ci : *Quelle est la seule chose nécessaire?*

J'emportai chez moi le verset avec la question, et aussitôt que j'eus le temps j'écrivis l'explication suivante :

« Cette question : *Quelle est la seule chose nécessaire?* est susceptible de recevoir plusieurs réponses, selon les personnes auxquelles elle s'adresse.

» Le marchand répondra que la seule chose nécessaire est une grande quantité de pratiques qui achètent sans marchander et qui payent comptant leurs acquisitions.

» Le fermier dira que la seule chose nécessaire est une récolte abondante avec les denrées à un prix élevé.

» Selon le médecin, ce sera le grand nombre des malades.

» Pour l'homme de loi, la quantité des procès.

» Mais la seule réponse convenable et celle qui sans aucun doute s'applique au cas de Marie ne saurait être autre que celle-ci : La chose nécessaire c'est de croire à Notre-Seigneur Jésus-Christ, de suivre ses traces, d'aimer Dieu et d'obéir à ses commandements, d'aimer notre prochain et de rechercher avec soin l'occasion de lui être utile. En un mot, la chose nécessaire est de vivre de telle sorte, que nous puissions avec satisfaction considérer notre passé, envisager l'avenir sans crainte, et espérer que nous arriverons un jour dans le sein de Celui qui s'est sacrifié pour nous et qui a promis de si brillantes récompenses à ceux qui vivent selon son esprit et sa loi. »

Bien qu'à la lecture de cette pièce on entendît des chuchotements dans l'auditoire, que le ministre lui-même eût peine à réprimer un sourire, et que le nom de Taylor Barnum fût murmuré plus d'une fois, j'eus la satisfaction d'entendre dire au révérend M. Lowe, quand il eut terminé cette lecture, qu'après tout le jeune auteur avait fait une réponse aussi juste que bien écrite à la question posée : *Quelle est la seule chose nécessaire?*

M. Lowe était Anglais : il avait pris une petite ferme aux environs de Bethel et s'était mis à la faire valoir. Mais comme il n'était point très-expérimenté dans cette industrie, il lui arriva de faire plus d'une méprise.

Un jour entre autres il était en train avec son domestique d'enlever des rochers qui se trouvaient situés près de sa grange. Une mine avait été creusée par leurs soins, il n'y avait plus qu'à y mettre le feu. M. Lowe dit à son domestique de se ranger à l'écart pendant qu'il se chargerait d'allumer la mèche. Le domestique suivit cette recommandation et vint se placer à l'abri de l'autre côté de la grange. Quant à M. Lowe, il mit le feu à la mèche, puis se dirigea en toute hâte du côté de sa grange, qui était tout au plus à une cinquantaine de pas de là. Mais, au lieu de faire comme le domestique et de passer derrière le bâtiment, il se contenta de se cacher la tête dans l'embrasure d'une fenêtre, laissant le reste de son corps exposé aux effets de la mine. L'explosion eut lieu et fit voler en l'air de larges éclats de rocher. Un de ces fragments du poids de trois cents livres au moins fut lancé dans la direction du ministre et vint s'abattre si près de lui, que ses vêtements en furent froissés. La force de projection était telle, que la pierre en tombant à ses pieds s'enfonça dans le sol à une profondeur de vingt pouces. M. Lowe en fut quitte pour la peur, mais il jura bien de ne plus imiter l'autruche quand il lui arriverait dorénavant de faire partir une mine.

CHAPITRE QUATRIÈME.

ANECDOTES AVEC UN ÉPISODE.

Voyage de mon grand-père. — Un ecclésiastique fourvoyé. — La question des barbes. — Les favoris en cause. — A demi rasés. — Le rasoir par-dessus bord. — Tous à la file. — La plaisanterie se continue. — Mort d'une chrétienne. — Le chien de l'Irlandaise. — Marché conclu. — A corsaire corsaire et demi. — Le vieux Bob. — — Le cavalier à pied. — Esclave à perpétuité. — Valeur véritable.

Danbury et Bethel étaient et sont encore deux villages manufacturiers. Les chapeaux et les peignes sont les objets qu'on y confectionne principalement. Les chapeliers et les fabricants de peignes avaient besoin pour leurs affaires d'aller tous les printemps à New-York. Ce voyage se faisait généralement à plusieurs, et les commerçants s'adjoignaient la plupart du temps des amis qui les accompagnaient dans le seul désir de visiter la ville. On prenait ordinairement passage à Norwalk à bord de quelque sloop, et la durée du voyage dépendait entièrement de la direction des vents. Quand le temps était favorable, huit heures suffisaient à ce trajet; dans les cas contraires, on mettait quelquefois plusieurs jours. Mais cette contrariété ne nuisait point d'ordinaire à la gaieté des voyageurs, car ces messieurs étaient tous de bons et joyeux compagnons qui avant de s'embarquer prenaient soin de passer ensemble un compromis en vertu duquel tout individu qui se montrait morose ou colère était tenu de payer une amende de vingt dollars. Cet arrangement ne contribuait pas peu, comme on le comprend, à maintenir la gaieté parmi des gens qui sans cette crainte se fussent peut-être laissés aller à l'ennui inséparable d'une traversée contrariée.

Ce fut dans ces conditions qu'un lundi matin quatorze personnes partirent ensemble de Bethel pour se rendre à New-York. Au nombre de ces voyageurs se trouvaient mon grand-père, le capitaine Noah Ferry, Benjamin Hoyt, esquire; l'oncle Samuel Taylor (comme chacun l'appelait dans le pays), Eléazar Taylor et Charles Dart. La plupart étaient des gens connus pour leur bonne humeur; ce fut une raison de plus pour passer le compromis ordinaire. Aussi fut-il rédigé, écrit et signé en bonne et due forme.

On arriva à Norwalk le lundi dans l'après-midi. Le sloop mit à la voile le soir même; le temps permettait de croire qu'on serait à New-York le lendemain matin. Plusieurs passagers étrangers à Bethel prirent aussi passage à Norwalk. Parmi ces derniers il y avait un ecclésiastique. En se voyant au milieu d'une société si joyeuse et si bruyante, il voulut se mettre à l'écart; mais on l'avertit que ce n'était pas l'usage, qu'il était probable qu'on arriverait à New-York dans la matinée, et qu'on était déterminé à passer une joyeuse nuit, aux plaisirs de laquelle on l'engageait à prendre part, car de songer à dormir c'était pour lui la chose impossible. Sa Révérence fit d'abord le récalcitrant et parla de ses droits, qu'il prétendait faire valoir; mais force lui fut bientôt de reconnaître que dans la société au milieu de laquelle il était tombé les droits de la majorité étaient les seuls qu'on respectât. Il prit alors son parti en brave, et voyant qu'il n'avait rien de mieux à faire il entra en conversation avec ses compagnons de bord.

L'ecclésiastique était un homme maigre et fluet, haut de six pieds au moins, pâle avec des cheveux d'un blond ardent et une paire de favoris rouges. Quelques passagers le plaisantèrent sur ce qu'ils appelaient l'inutilité de porter du poil sur la figure. Mais il répliqua que puisque la nature en avait mis sur cette partie du corps c'était probablement pour s'en servir. L'argument parut satisfaisant, et on changea de sujet de conversation.

L'espoir d'avoir un trajet très-court ne tarda pas à être déçu. Le calme se manifesta bientôt, le bâtiment demeura immobile pendant plusieurs heures, ses voiles retombaient le long des mâts, et on ne voyait pas même une ride à la surface de la mer. Nonobstant ce désagrément, la joie continuait à bord et chacun faisait tous ses efforts pour passer le temps gaiement.

Des jours et des nuits s'écoulèrent de la sorte. Dans la matinée du vendredi le calme continuait toujours. On était parti depuis cinq jours et l'on ignorait combien cela pouvait durer encore. On voit assez d'ici ce que devait être la barbe de nos voyageurs, car il n'y avait qu'un seul rasoir dans toute la société; et mon grand-père, qui en était le propriétaire, refusait avec obstination tant de s'en servir pour lui-même que de le prêter à personne.

— Nous nous ferons tous raser à New-York, disait-il.

Le samedi matin, quand tout le monde se montra sur le pont, le sloop était arrêté à la hauteur de Sawpitts (aujourd'hui Port-Chester.)

Cette découverte commença à faire perdre patience à quelques-uns.

— Moi qui comptais être de retour chez moi aujourd'hui! dit un des passagers.

— Je supposais que mes peignes seraient vendus mercredi, et les voilà encore tous à bord! dit un autre.

— J'avais compté, fit un troisième, vendre mes chapeaux cette semaine, car j'ai besoin d'argent pour un billet qui échoit lundi!

— Et moi je m'étais engagé à prêcher à New-York ce soir et demain! dit à son tour l'ecclésiastique, dont les favoris commençaient à se confondre avec une barbe d'un demi-pouce de long qui lui rougissait toute la face.

— Ne vous désolez pas, Messieurs, fit entendre le capitaine, j'ai par bonheur un chargement d'œufs et de poulets, et nous ne mourrons toujours pas de faim.

Après le déjeuner, les passagers, qui commençaient à ressembler à des sauvages, reprirent leurs instances auprès de mon grand-père pour obtenir qu'il leur prêtât son rasoir. Mais celui-ci refusa net, prétendant qu'il était contraire à la nature humaine de se raser, et assurant que quant à lui il était bien déterminé à n'employer ni prêter son rasoir jusqu'à son arrivée à New-York.

La nuit vint sans amener de vent, et la matinée du samedi retrouva nos gens dans la même position. Leur patience commençait à se lasser; heureusement après le déjeuner on vit la mer se rider : la brise se faisait, et bientôt on eut la joie de voir lever l'ancre et mettre la voile au vent. Le sloop recommençait à marcher, et des sourires de satisfaction percèrent comme des rayons de soleil à travers l'épais fouillis qui couvrait la figure de nos voyageurs.

— Quel temps nous faut-il pour aller à New-York avec cette brise? demandèrent à la fois plusieurs passagers.

— Nous arriverons probablement à deux heures après midi, répondit le capitaine, qui ne prévoyait plus rien qui pût entraver la marche de son navire.

— Hélas! hélas! s'écrièrent plusieurs voix à la fois, il sera trop tard pour nous faire raser, ces maudits barbiers ferment leur boutique à midi le dimanche.

— J'arriverai à peine à temps pour mon sermon, s'écria de son côté l'ecclésiastique à barbe rouge. Monsieur Taylor, prêtez-moi votre rasoir, je vous prie, continua-t-il en s'adressant à mon grand-père.

La demande était si pressante, que mon vénérable aïeul ne crut pouvoir s'y refuser. Il alla donc à sa malle, l'ouvrit et en tira son rasoir, son cuir et son savon. Les passagers se pressèrent autour de lui, heureux que la fortune mît enfin à leur disposition les moyens de déblayer leur menton.

— Messieurs, dit alors mon grand-père avec une voix dont la circonstance faisait encore ressortir l'accent solennel, je tiens à vous faire plaisir. J'avais d'abord décidé que je ne prêterais pas mon rasoir; mais puisque nous devons arriver à New-York trop tard pour trouver des barbiers, je consens maintenant à le mettre à votre disposition. Cependant, comme il est impossible que nous ayons le temps de nous barbifier tous avec un seul rasoir jusqu'au moment de notre arrivée, et qu'il serait très-pénible qu'une partie de nous descendît à terre avec la face rasée, tandis que les autres resteraient à bord pour attendre leur tour, j'ai imaginé un plan qui, juste et équitable comme il l'est, me paraît devoir obtenir l'assentiment général.

— Voyons ce plan! dit chacun avec curiosité.

— Rien de plus simple. Que chacun de nous se rase une moitié de la face et passe le rasoir à son voisin ; quand tout le monde se trouvera de la sorte à demi rasé, l'instrument fera de nouveau le tour de la société pour enlever l'autre côté de la barbe.

Tout le monde consentit à cet arrangement, à l'exception de l'ecclésiastique, qui objecta le ridicule qu'il y aurait pour un homme de son caractère à se montrer à moitié rasé pendant le jour consacré au Seigneur. Mais quelques plaisants soutinrent qu'on était toujours ridicule avec des favoris rouges, et insistèrent pour qu'on n'admît l'ecclésiastique à se servir du rasoir qu'à la condition qu'il abattrait du même coup et sa barbe et ses favoris.

Mon grand-père accueillit cette idée, et reprenant la parole :

— Messieurs, dit-il, comme propriétaire du rasoir, je me crois le droit de commencer ; notre révérend ami, vu la circonstance particulière dans laquelle il se trouve, passera immédiatement après moi, mais sous la promesse d'abattre d'abord un de ses favoris, sinon pas de rasoir.

L'ecclésiastique, voyant que tous les pourparlers étaient inutiles, se soumit quoiqu'à contre cœur.

Dix minutes après un des côtés de la figure et du menton de mon grand-père, à partir d'une ligne qui passait par le milieu du nez jusqu'à l'oreille, se trouva aussi net que la paume de la main, tandis que l'autre côté demeurait toujours couvert d'une sorte de brande épaisse.

A la vue de ce visage mi-parti poil et peau, tous les passagers firent entendre de bruyants éclats de rire auxquels l'ecclésiastique, malgré sa mauvaise humeur, ne put s'empêcher de mêler les siens. Le tour de ce dernier était arrivé, mon grand-père lui passa le rasoir.

Le révérend se savonna la moitié du visage et passa le pinceau au suivant. Quelques minutes après il était débarrassé d'un favori et d'une moitié de sa barbe ; de sorte qu'un côté de son visage était aussi nu que celui d'un enfant, tandis que l'autre faisait contraste par la quantité de poils rouges dont il était encore hérissé. Il n'est pas besoin de dire par quels joyeux éclats de rire fut accueillie cette mascarade. Quant au pauvre ecclésiastique, tout honteux de la plaisanterie dans laquelle il jouait un rôle bien malgré lui, il se retira à l'écart pour attendre le moment où il lui serait permis de mettre la seconde partie de sa figure à l'unisson de la première.

Un troisième en fit autant que les deux premiers, et bientôt tous les passagers à la ronde se trouvèrent dans le même état, non sans avoir excité chacun à leur tour l'hilarité de l'assistance. L'opération de la demi-barbe avait duré environ une heure et un quart. Quand elle fut terminée, quelqu'un proposa de monter tous sur le pont, et de boire un coup avant de passer à la seconde coupe. La proposition passa d'acclamation. Quand on fut réuni sur le pont, le spectacle fut encore plus gai, et l'on se mit à se rire au nez les uns des autres avec un merveilleux entrain.

Au bout de quelque temps mon grand-père annonça qu'il allait rentrer dans la cabine pour terminer sa barbe.

— Vous pouvez tous rester sur le pont, ajouta-t-il, quand j'aurai terminé je remettrai les armes à M. le ministre.

— Hâtez-vous, dit le capitaine, si vous tenez à avoir fini avant notre arrivée, car d'ici à deux heures nous serons au quai de Peck-Slip.

Au bout de dix minutes mon grand-père remonta sur le pont avec son rasoir à la main, sa barbe était entièrement faite.

— Maintenant c'est à mon tour, dit l'ecclésiastique.

— Certainement, dit mon grand-père; mais attendez un moment que je passe le rasoir sur le cuir, car il commence à ne plus aller.

En disant ces mots il posa un pied sur la lisse du navire, et, appuyant le cuir contre sa jambe, il se mit en devoir de repasser le rasoir. Mais un instant après l'instrument échappa de ses mains comme par accident, et tomba dans l'eau.

— Bonté du ciel! s'écria mon grand-père avec un air de surprise parfaitement jouée, le rasoir est par-dessus bord!

Peindre la stupeur et la consternation qui se manifestèrent à cette nouvelle sur une moitié de la figure de chacun des passagers, est une tâche au-dessus de mes moyens descriptifs. Dans le premier moment chacun demeura dans le plus profond silence, et pour ainsi dire comme pétrifié; mais bientôt des murmures partirent de tous côtés, et l'on entendit des exclamations telles que celles-ci :

— Infernal gredin! disait l'un.

— Mauvais plaisant! disait un autre.

— Il l'a fait exprès, le scélérat! crièrent plusieurs voix ensemble.

Mais tous venant à se rappeler à temps qu'il y allait de vingt dollars d'amende contre celui qui se mettrait en colère, chacun se tut dans la crainte de perdre cette somme; et tous les yeux, mus comme par un ressort, se tournèrent à la fois vers l'ecclésiastique : son aspect était des plus piteux.

— Cela est affreux! murmurait-il d'un ton qui dénotait assez l'affliction de son cœur.

C'était plus qu'il n'en fallait pour rappeler la gaieté, et les rires recommencèrent plus forts que jamais. Enfin le calme se rétablit. La plaisanterie était forte; mais qu'y faire? Il fallait en passer par là.

Le sloop entra dans le dock, et il fut convenu entre les passagers que mon grand-père, la seule personne à bord qui eût l'air d'un être civilisé, se dirigerait vers Walton-House, dans Franklin-Square, et que les autres suivraient à la file. Mon grand-père consentit à prendre la tête de cette colonne, et les avertit de garder un sérieux imperturbable en dépit des lazzis que la foule, attirée par un spectacle aussi extraordinaire, ne manquerait pas de leur adresser.

Leur aspect ne tarda pas en effet à ameuter les curieux, et une foule compacte se pressait sur leurs pas avant qu'ils eussent tourné l'angle de Pearl street et de Peek-Slip. Mais, fidèles aux recommandations de leur chef de file, ils marchaient avec autant de gravité que s'ils eussent suivi un enterrement. La porte de Walton-House était ouverte; le vieux Backus, le maître d'hôtel, fumait tranquillement son cigare au milieu d'une vingtaine de personnes occupées à lire les journaux. A la vue de cette file d'êtres indéfinissables et de la foule qui leur faisait cortège, M. Backus et ses hôtes se levèrent au comble de la surprise. Quant à mon grand-père, sans paraître rien remarquer, il s'avança solennellement jusqu'au comptoir; puis d'une voix grave :

— Du rhum de Santa-Cruz pour dix-neuf! cria-t-il au maître d'hôtel.

Le débitant de liquides servit les bouteilles et les verres avec un trouble facile à comprendre. Bientôt cependant il reconnut dans les êtres indéfinissables de vieux amis et d'anciens hôtes; sa surprise augmenta encore à cette découverte.

— Bah! s'écria-t-il, que vous est-il arrivé, et comment courez-vous les rues avec la figure à moitié rasée?

— Ce n'est rien, monsieur Backus, répondit mon grand-père avec le plus grand sérieux, ces messieurs s'étaient crus en droit de porter la barbe à la mode de leur pays; et je trouve qu'il est bien dur et bien pénible de se voir insulté par vos Yorkois par la seule raison que notre mode diffère de la leur.

Backus, déjà à moitié convaincu par le sérieux de mon grand-père, le fut bientôt entièrement par l'aspect de ses compagnons, dont la gravité ne se démentit pas un instant.

Après quelques minutes passées dans la salle commune, chacun des passagers se rendit à sa chambre. Bientôt la cloche de l'hôtel sonna le thé, et nos gens vinrent bravement se mettre à table dans l'état où ils étaient descendus du sloop. Les dames étaient au comble de l'étonnement; les domestiques avaient peine à étouffer leurs rires; quant aux passagers eux-mêmes, ils continuaient à demeurer aussi graves que des juges. La soirée se passa au salon avec la même solennité, et ce ne fut qu'à dix heures que chacun se retira dans sa chambre à coucher de l'air le plus solennel du monde. Le lendemain nos passagers eurent la puce à l'oreille de bonne heure et se rendirent de grand matin chez les barbiers du voisinage, qui en quelques coups de rasoir les remirent enfin au niveau du reste de l'espèce humaine.

Il est à peine nécessaire de dire que l'ecclésiastique ne fit point partie de cette singulière procession du dimanche soir. A sa descente du bateau, il mit un mouchoir sur son visage, prit sa valise à la main

et se dirigea à grands pas vers Market street, où il est à présumer qu'il trouva un bon confrère et un bon rasoir, dont il avait encore plus besoin. . . . .
. . . .

Au mois d'août 1825 ma grand'mère maternelle éprouva un accident qu'on regarda d'abord comme peu de chose, et qui pourtant la conduisit au tombeau. En se promenant dans le jardin elle marcha sur un vieux clou rouillé qui lui entra dans le pied. Ce clou en fut extrait immédiatement, mais le pied enfla, et au bout de quelques jours les symptômes les plus alarmants se manifestèrent. Ma grand'-mère ne tarda pas à comprendre qu'elle approchait de sa fin; mais comme elle était bonne chrétienne, cette certitude ne lui causa point de frayeur. La veille de sa mort, elle avait encore toute sa raison et demanda ses petits-enfants pour leur dire adieu. Je n'oublierai jamais l'impression que je ressentis quand ce fut mon tour d'approcher du chevet de la malade. Elle prit mes mains dans les siennes et me parla de sa mort prochaine, des joies de la religion et des espérances que la mort apportait à ceux qui avaient vécu avec l'amour de Dieu et du prochain. Elle m'engagea ensuite à penser sérieusement à la religion, à lire souvent la Bible, à prier notre Père qui est dans le ciel, et à fréquenter régulièrement l'église. Elle me recommanda aussi d'être toujours réservé dans mes actions et dans mes paroles, et me répéta que la meilleure manière d'honorer Dieu était d'aimer son prochain. Pour moi, ce fut avec une voix pleine de larmes que je lui promis de me souvenir de ses conseils. Enfin, je reçus le baiser d'éternel adieu, et je ne saurais dire combien je fus affligé en songeant que je ne verrais plus la pauvre femme vivante. J'ai trop souvent sans doute oublié les conseils que je reçus au chevet de cette chère mourante; mais cette scène n'en est pas moins demeurée constamment présente à ma mémoire, et je crois que ce souvenir m'a été plus d'une fois salutaire. Ma grand'mère expira le lendemain. Je n'ai jamais connu de femme plus sincèrement dévouée que celle dont je pleure encore aujourd'hui la perte. . . . .
. . . .

Le chagrin que je ressentis de cette mort ne demeura pas longtemps sans distraction. Nous avions pour client de notre boutique un Irlandais nommé Peter O'Brien, petit fermier dans un district situé à quelques milles au nord de Bethel. Un Irlandais était à cette époque une véritable curiosité dans l'intérieur du Connecticut. La simplicité de Peter et les nombreuses bévues qu'il commettait journellement lui avaient en outre donné dans notre pays une grande célébrité.

Un certain jour Peter vint faire quelques emplettes à notre boutique; un des plaisants de notre village aperçut un petit chien dans sa charrette, et, pour entrer en conversation avec l'Irlandais, il demanda à O'Brien si ce chien était à vendre.

— Oui, si l'on voulait m'en donner ce qu'il vaut, répondit l'Irlandais.

— Est-il bon pour la garde?

— Ah! je le crois bien! Si on lui montre quelque chose, il le défendra jusqu'à la dernière goutte de son sang.

— Est-il capable de détourner les bestiaux d'un champ?

— Ah! vraiment oui! Il ne laissera pas une pièce de bétail tranquille tant qu'il ne la verra pas remise dans le bon chemin. Si vous l'achetez, vous en ferez tout ce que vous voudrez.

— Garantissez-vous toutes ses bonnes qualités?

— Certainement; et si j'ai dit un seul mensonge, je consens à rendre l'argent.

— Eh bien! quel prix voulez-vous de votre chien?

— Une bagatelle, je me contenterai de deux dollars.

— Là! répliqua l'habitant de Bethel, il vaut tout au plus deux centièmes; mais comme j'ai besoin d'un chien de garde et que vous me garantissez les bonnes qualités de celui-ci, je le prends pour le prix que vous me le faites.

— Bah! je suis sûr, dit Peter, que ce que vous en dites est pour vous moquer de moi, et puis je ne sais vraiment pas ce que deviendrait mistress O'Brien, si je la privais de son chien favori.

— J'avoue, Peter, que j'ai d'abord voulu rire, mais maintenant je parle sérieusement; tenez, voilà votre argent, dit le villageois de Bethel en présentant deux dollars à l'Irlandais.

— Un marché est un marché, répliqua Peter en prenant l'argent et le mettant dans une vieille vessie qui lui servait de bourse, mais je crains bien qu'il n'y en ait pas assez pour consoler mistress O'Brien.

— Ah! bah! vous lui achèterez un peu de tabac pour l'amadouer, répliqua le plaisant.

— Non, répondit Peter, car j'ai là de quoi mettre quelque chose qu'elle aime mieux que le tabac. En disant ces mots, il prit dans sa charrette une dame-jeanne clissée et s'approcha de la boutique.

— Maintenant, mon enfant, dit O'Brien en s'adressant à moi, vous allez me donner une demi-mesure de rhum de la Nouvelle-Angleterre et une autre demi-mesure de mélasse.

— Où est votre autre bouteille? demandai-je.

— Inutile, mon garçon, celle-ci tient mesure entière, reprit Peter avec une naïveté qui évidemment n'était pas jouée.

— Mais vous ne voulez pas, je suppose, mêler ensemble le rhum et la mélasse?

— Non, sans doute, mais quel imbécile je fais! s'écria Peter au comble de la surprise, je n'avais jamais réfléchi à cela, où vais-je prendre une autre bouteille, maintenant?

Peter était sans contredit un garçon aussi spirituel qu'aucun des enfants de la verte Irlande; mais il y avait pourtant des instants où il était aussi stupide qu'une borne. La réponse qui précède en est une preuve suffisante.

A son prochain voyage au village, Peter se vit accoster brusquement par l'acquéreur du chien, et la conversation suivante s'engagea entre le nouveau et l'ancien maître de l'animal :

— Eh! menteur d'Irlandais, reprenez votre misérable roquet, et rendez-moi mes deux dollars.

— Farceur, répondit Peter, vous me plaisanterez donc toujours? Mais pour ce qui est de mentir, ce n'est pas mon affaire, et je laisse cela à mes maîtres. Je ne mens jamais, Monsieur.

— Cela vous arrive quelquefois cependant. Que ne m'avez-vous pas dit sur le compte de votre misérable chien ?

— Je n'ai rien avancé qui ne fût la vérité.

— Comment! ce chien est aussi aveugle que le bouillon du collége, répondit l'acheteur en grand courroux.

— Sans doute, et ce n'est pas la faute du pauvre animal, c'est même assez malencontreux pour lui, répondit Peter d'un ton grave qui excita les rires d'une douzaine d'individus rassemblés dans notre boutique.

— Mais ne m'avez-vous pas dit qu'il était aussi bon pour la garde que pour la conduite des troupeaux ?

— Moi! pas du tout, rappelez-vous mes expressions, je vous ai dit : Il chasse tout ce qu'il *voit*, et garde tout ce qu'on lui *montre*, répondit O'Brien avec une imperturbable gravité.

Cette réplique fit redoubler les éclats de rire, et le plaisant, voyant que les rieurs n'étaient pas de son côté, demanda d'un ton plus doux à Peter s'il n'allait pas lui rendre son argent.

— Votre argent! non pas, dit l'autre, et pour plusieurs raisons, dont la première et la meilleure, c'est que je ne l'ai plus, l'ayant dépensé depuis plus de trois jours.

— Mais, reprit l'habitant de Bethel, qui voulait encore essayer de la plaisanterie, votre femme, qui était si attachée à ce chien, sera enchantée de le voir revenir à la maison.

— Quant à cela, repartit Peter, je lui ai tant répété que je l'avais laissé en bonnes mains, qu'elle a fini par se consoler de sa perte.

Nouveaux éclats de rire de la part de l'assistance.

— Eh bien! dit l'acquéreur, gardez l'argent et reprenez le chien.

— Non pas, non pas, fit Peter, la douleur de madame O'Brien est encore de trop fraîche date : c'est une plaie que je craindrais de faire saigner. . . . .
. . . .

Mon père, menant de front ses affaires de commerce et la direction de son auberge, avait une voiture de charge pour aller à Norwalk et tenait en même temps quelques chevaux de louage. Un jour un jeune homme nommé Nelson Beers vint lui demander un cheval pour aller à Danbury, ville située à trois milles de Bethel. Nelson était un apprenti cordonnier à peu près au bout de son temps, très-peu chargé de cervelle, et qui demeurait à environ un mille et demi de notre village. Le voyage qu'il avait à faire était fort court, et mon père pensait qu'il aurait beaucoup mieux fait d'y aller à pied que de faire la dépense d'un cheval, mais il se garda bien de le lui dire.

Nous avions un vieux cheval nommé Bob, ayant depuis longtemps passé la vingtaine et auquel on avait donné pour invalides la jouissance d'un marais voisin, où il coulait en paix ses derniers jours. C'était un squelette ambulant, un véritable cheval-ombre. Mon père répondit à Nelson que tous ses chevaux de louage étaient sortis, mais qu'il lui restait un cheval de race qu'on entretenait dans un certain état de maigreur pour le rendre plus propre à obtenir un prix pour lequel on avait l'intention de le faire courir.

— Eh bien! confiez-le-moi, oncle Phil (1), j'en aurai le plus grand soin, et je vous promets qu'il ne lui arrivera rien; d'ailleurs, arrivé à Danbury, je le ferai frotter et veillerai à ce qu'il soit bien nourri, dit Nelson Beers.

— C'est un animal d'un trop grand prix pour le risquer entre les mains d'un jeune homme comme vous, répondit mon frère.

Nelson insista. Mon père refusa de nouveau, et le débat dura jusqu'à ce qu'enfin mon père consentit à prêter son cheval, mais à la condition que Nelson s'engagerait à ne le mener qu'au petit trot et à lui faire donner quatre mesures d'avoine à Danbury.

Nelson monta sur cette nouvelle édition de Rossinante. Tous ceux qui le virent durent penser qu'il menait la pauvre bête à l'abattoir; mais quant à lui il se croyait grandi de plusieurs pouces et s'imaginait avoir enfourché le plus beau cheval de course qu'il y eût dans le pays. Une seule chose l'inquiétait, c'était la responsabilité qui pesait sur sa tête, car les derniers mots de mon père avaient été ceux-ci :

(1) Mon père se nommait Philo, et comme c'était la coutume dans le pays d'ajouter devant les noms propres les titres d'oncle, de tante, de diacre, de colonel, de capitaine ou d'esquire, mon père était généralement connu sous le nom de l'oncle Phil.

— Souvenez-vous bien, Nelson, que s'il arrivait un accident à cet animal, le travail de toute votre vie ne pourrait réparer le dommage.

Le vieux Bob fut soigné, nourri et choyé à Danbury. Il y avait longtemps qu'il ne s'était trouvé à pareille fête. Au bout de quelques heures de repos, M. Beers remonta dessus pour revenir à Bethel. Le cavalier résolut, pour être plus tôt de retour, de suivre la grande pâture, route nouvelle qui conduisait chez nous en traversant les prairies. Nelson eut le malheur sans doute d'oublier la lourde responsabilité qu'il avait prise et voulut probablement essayer du galop de son cheval, qui, en moins de rien, fut sur les dents. Ce qu'il y a de certain, c'est qu'à un moment donné les muscles affaiblis de Bob refusèrent le service, et que l'nimal demeura planté comme un terme. Nelson mit pied à terre, le cheval et le cavalier tremblaient affreusement l'un et l'autre : le premier de faiblesse, le second de frayeur. Un petit ruisseau coulait à quelques pas de là, et Beers, supposant que le cheval avait peut-être besoin de boire, le conduisit dans le lit du cours d'eau. Le pauvre vieux Bob enfonça dans la vase, et n'ayant pas la force de lever les pieds, ferma doucement les yeux, se laissa tomber au milieu de l'eau, et rendit le dernier soupir sans une plainte ni un gémissement.

La plume est impuissante à peindre la consternation qui à cette vue s'empara du malheureux Beers. Il ne pouvait en croire ses yeux et s'efforçait, mais en vain, d'ouvrir ceux de son cheval. Il plaça son oreille à la bouche du pauvre vieux Bob; mais, ô désespoir! la respiration avait cessé.

Enfin Nelson, pleurant à l'idée de se trouver en face de mon père et désespérant de pouvoir jamais s'acquitter vis-à-vis de lui, se décida à enlever la bride de la tête du cadavre, puis, défaisant la sangle, il plaça la selle sur ses propres épaules et reprit d'un air piteux le chemin du village.

Mon père, qui épiait le retour de sa victime, vit vers le coucher du soleil poindre le pauvre Nelson la selle sur le dos, la bride au bras et la figure empreinte du plus profond désespoir. Il comprit de suite que le vieux Bob était allé de vie à trépas. En fait, la chose le touchait fort peu, néanmoins il prit à l'instant une contenance sévère. L'infortuné Beers continuait à s'approcher lentement, plus abattu que s'il eût suivi le cortége funèbre de son meilleur ami.

Quand mon père le vit à portée de la voix :

— Comment, Beers, lui dit-il, est-il possible que vous ayez eu assez peu soin de mon cheval pour le laisser échapper?

— Oh! c'est pis que cela, oncle Phil, bien pis que cela, murmura Nelson.

— Pis que cela, qu'est-il donc arrivé? a-t-il été volé par quelqu'un trop bon appréciateur de ses rares qualités? combien j'ai été malavisé de le prêter à cet étourdi! dit mon père avec un courroux simulé.

— Non, oncle Phil, il n'a pas été volé, soupira Nelson.

— Pas volé! Ah! tant mieux! j'ai encore espoir de rattraper ce précieux animal. Mais où est-il? J'ai peur que vous ne l'ayez fait estropier.

— Pis que cela! prononça l'infortuné Nelson d'une voix presque inintelligible.

— Mais qu'y a-t-il? où est-il? que lui est-il arrivé? demanda mon père.

— Oh! je n'oserai jamais vous le dire, non, jamais! répondit Beers avec un gémissement.

— Il le faut, cependant.

— Cela va vous briser le cœur.

— Certainement, si l'accident est grave. Mais où est-il enfin?

— Il est mort! dit Beers d'une voix étouffée.

Au même instant les forces manquèrent au pauvre garçon, il se laissa tomber à terre. Mon père poussa une exclamation si furieuse, qu'à cette voix Nelson se dressa sur ses pieds comme un cadavre qu'on galvanise. Mon père jouait son rôle à merveille et son visage respirait à la fois la fureur et le désespoir.

— O oncle Phil, oncle Phil! ne soyez pas trop sévère envers moi.

— Malheureux! vous ne pourrez jamais m'indemniser de la valeur de ce cheval.

— Je le sais, oncle Phil, je le sais. Je ne puis qu'une chose, travailler pour vous pendant toute ma vie; et aussitôt que mon apprentissage sera terminé, mes services vous seront acquis.

Au bout de quelque temps la fureur de mon père parut se calmer, et, bien qu'il parût encore inconsolable de cette perte, il demanda à Nelson d'un ton moins dur de combien il croyait lui être redevable.

— Je n'en sais rien, répondit le pauvre jeune homme, car je suis un triste connaisseur en chevaux de sang; je sais seulement qu'il y a tel cheval qui vaut une fortune entière.

— Et le mien était une des bêtes les plus parfaites qu'il y eût au monde : tout nerfs et tout muscles.

— Ah! je l'ai bien vu! répondit spontanément Nelson avec une franchise qui excluait toute idée de malice.

— Eh bien! reprit mon père, comme je n'entends pas plaider pour cette affaire, il vaut encore mieux régler à l'amiable la valeur de ce cheval. Vous allez écrire sur une feuille de papier l'estimation que vous lui donnez, j'en ferai autant de mon côté, nous comparerons, et nous tâcherons d'équilibrer les différences.

— Je suis prêt à vous obéir, oncle Phil, mais par pitié ne vous montrez pas trop dur à mon égard.

— Je ferai toutes les concessions possibles, répondit mon père, car j'ai pitié de votre position. Mais, Nelson, je ne puis oublier quelle valeur avait cet animal. Il faut bien que je fixe un prix à peu près équivalent. Cependant je veux prendre en considération votre honnêteté et votre bon vouloir, et pour preuve je m'en rapporte à votre bonne foi. C'est vous-même qui allez fixer le prix. Je n'y ajouterai pas même un centième. Seulement vous me signerez un billet dont vous acquitterez la valeur quand vous le pourrez. N'oubliez pas toutefois que ce n'est qu'à vos sollicitations pressantes que j'ai consenti à vous prêter mon cheval.

Nelson jeta sur mon père un regard de reconnaissance et répondit qu'il était prêt à en passer par toutes ses conditions.

La scène se passait en présence d'une douzaine de voisins, qui y assistaient avec toute la gravité requise par les circonstances. On apporta deux feuilles de papier : mon père écrivit de suite un chiffre sur la première, mais ce ne fut qu'avec beaucoup d'hésitation que Beers se décida à faire courir sa plume sur la seconde.

— Eh bien ! montrez-nous ce que vous venez d'écrire, dit mon père.

— Je crains bien que vous ne trouviez ce chiffre trop bas, répondit Beers en présentant le papier d'un air timide.

— Trois cent soixante-quinze dollars seulement, s'écria mon père en lisant le papier, vous ne vous êtes pas mis en grands frais de générosité.

Nelson, tout tremblant, n'avait pas le courage de demander le chiffre écrit de la main de mon père : ce fut un voisin qui prit ce soin. On lut : le chiffre marqué était six centièmes et un quart. Cette somme avait été énoncée à haute voix par le voisin, et avait excité dans l'assemblée une longue hilarité, à laquelle le pauvre Beers fut quelque temps sans rien comprendre. Il ne concevait pas qu'on eût pu pousser la plaisanterie si loin, et quand il fut bien convaincu à la fin que ce n'était qu'un jeu, il s'estima l'homme le plus heureux du monde.

— Peuh ! s'écria-t-il, il me reste en poche un dollar et trente-sept centièmes et demi. Il faut avouer que j'en reviens d'une belle.

Tout l'argent de Nelson Beers n'y passa pas, et il en avait encore au moins la moitié dans sa poche quand il sortit plus heureux, sinon plus avisé, qu'il n'y était entré.

CHAPITRE CINQUIÈME.

UNE MASSE D'INCIDENTS.

Moyen de faire de l'argent. — Loterie. — Réclame. — Pas de billets blancs. — Petits lots. — La grosse caisse. — Histoire d'un poisson. — Hiéroglyphes. — Un singulier nom. — Moules à boutons. — Marchand d'étain. — Commerce de pierres à aiguiser. — La hache. — La fève merveilleuse. — Plaisanterie arrêtée. — Mort de mon père. — Commerce de bouteilles. — Je fais une loterie. — Bouteilles et écumoires. — Lots d'étain. — Bas mystérieux. — Coïncidence curieuse. — Acte de charité. — Symptômes étrangers. — A bon chat bon rat. — Encore une plaisanterie. — Explication. — Les bouteilles pleines de rhum. — Le vieux pensionnaire. — Le duel.

Parmi les nombreux moyens de gagner de l'argent que je mis en œuvre depuis l'âge de douze ans jusqu'à celui de quinze, les loteries tiennent un rang distingué. Ces loteries étaient organisées de telle sorte qu'un de nos voisins avait cru pouvoir sans inconvénient permettre à son fils d'y participer.

Les lots consistaient en général en bonbons, en oranges, en mélasse et sucre d'orge. J'étais à la fois directeur, propriétaire et trésorier de la loterie. Les plus gros lots montaient ordinairement à cinq dollars; il y en avait beaucoup de moins importants, quelques-uns atteignaient parfois jusqu'à la somme énorme de dix dollars. La totalité des lots gagnants variait depuis douze jusqu'à vingt-quatre dollars. Le prix des billets réunis donnait un bénéfice de vingt à vingt-cinq pour cent sur les lots à gagner. Je trouvais facilement à les placer tous parmi les ouvriers occupés tant dans les manufactures de chapeaux que dans celles de peignes. J'étais redevable de l'idée de cette industrie à un certain Hubbart, espèce de vieux vagabond en cheveux gris qui vivait aux dépens de la charité publique.

Sa méthode pour faire fructifier ses loteries n'était pas toujours des plus honnêtes et frisait souvent l'indélicatesse; on peut en juger par le fait suivant :

Une fois il imagina de faire une loterie, dont le lot principal était de dix dollars ; les billets étaient à douze centièmes et demi pièce. Notre homme plaça ses billets très-facilement et mit l'argent en poche. Quinze jours après, quelques-uns de ceux qui avaient mis à la loterie vinrent s'informer du sort des lots.

— Ah! répondit Hubbart, qu'on désignait dans le pays sous le sobriquet de Général, j'ai pris la chose pour une plaisanterie, et j'ai cru inutile de procéder au tirage des lots.

On rit beaucoup de l'opinion du général et l'on en fut pour ses schellings.

. . . .

Comme Danbury se trouve à une distance de vingt milles de la mer, nous n'avions pas de marché au poisson, mais le besoin ne s'en faisait pas sentir, attendu que de nombreux marchands ambulants venaient de Bridgeport, Norwalk, etc., chargés d'huîtres, de moules et de poisson de toute espèce qu'ils colportaient de maison en maison et vendaient en aussi petites quantités qu'on le désirait. Chacun de ces marchands faisait plusieurs voyages par semaine, de sorte que, bien que nous habitassions l'intérieur du pays, nous étions à même de manger tous les jours du poisson frais. Mon grand-père, qui avait la manie de vouloir surpasser ses voisins en tout, promettait chaque année un dollar à celui qui lui apporterait la première alose de la saison qui paraîtrait dans le village. Or, comme les autres pratiques n'achetaient guère d'aloses avant qu'elles fussent descendues à un quart de dollar, mon grand-père était sûr de recevoir chaque année sa *première alose* une semaine ou deux avant qu'on en vît sur le marché. Un matin un colporteur de poisson, arrivant à Bethel avec une hottée de maquereaux et de morues fraîches, apporta en même temps la primeur maritime et reçut un dollar en échange. Mon grand-père invita quelques voisins à déjeuner pour le lendemain, et déposa l'alose dans un baquet d'eau fraîche qu'on laissa dans la cour. Le capitaine Noah Ferry, mauvais plaisant s'il en fut, s'arrangea pour l'enlever à la tombée de la nuit et l'emporta chez lui. Le même soir, les voisins s'assemblèrent comme de coutume dans notre boutique ; mon grand-père, forcé de retirer ses invitations, se plaignit amèrement du vol dont il avait été victime. Il ne pouvait s'empêcher de penser que le coupable était quelque chien des environs. Les voisins, qui étaient presque tous dans le secret, s'empressèrent de lui adresser des compliments de condoléance.

— Ne vous affectez pas pour si peu, Phin, dit le capitaine, seulement une autre fois ne laissez pas votre poisson à la portée des chiens. En attendant, comme vous n'avez sans doute pas remplacé votre déjeuner volé, je vous engage à prendre votre repas chez moi avec Ben et le docteur Haight. Je vous donnerai un morceau de veau accommodé d'une façon nouvelle et dont vous me direz votre avis.

On se garda bien de refuser; Noah acheta un litre de rhum première qualité, et recommanda à M. Haight d'apporter de la tanaisie fraîche pour faire la liqueur qui devait remplacer l'absinthe.

Les invités arrivèrent de bonne heure, et, après quelques moments de conversation, passèrent dans la salle à manger. Au lieu du morceau de veau annoncé, on voyait au milieu de la table une magnifique alose, grillée à point, bien beurrée et d'un fumet tout à fait appétissant. Mon grand-père, devinant la plaisanterie, attendit que les éclats de rire eussent cessé, et se contenta de dire :

— Voisin Noah, il y a longtemps que je vous soupçonne d'être un fier voleur, et je vois maintenant que j'avais raison.

On rit de plus belle à cette boutade, et on se mit gaiement à table. Le rire ouvre l'appétit, à ce qu'il paraît, car bientôt l'alose se trouva au nombre des choses qui ont été.

Au printemps suivant, l'alose de mon grand-père fut de nouveau volée, mais par un vrai chien cette fois. Cependant on parvint à rattraper le voleur et à sauver un peu plus de la moitié du précieux poisson, qu'on replaça dans une terrine d'eau propre au même endroit que l'année précédente. Comme on le pense bien, Ferry, qui était aux aguets, s'empressa de s'en emparer et invita quelques amis à déjeuner, mais sans leur dire d'avance le menu. Mon grand-père s'arrangea de façon à arriver trop tard pour participer au festin. A son entrée, Ferry se confondit en regrets : car, ajouta-t-il, il avait compté lui faire encore goûter cette année la première alose de la saison.

Mais ce fut au tour de mon grand-père de rire lorsqu'il eut raconté aux convives que, loin de le mystifier, Ferry n'avait fait que tomber dans le piége qu'on lui avait tendu, et n'avait offert à ses amis que les restes d'un chien.

Comme je l'ai déjà dit, mon grand-père avait la manie de vouloir surpasser ses voisins dans tout ce qu'il faisait. Il y avait sur sa ferme un certain pré de dix arpents que chaque année il faisait faucher, sécher et mettre en grange en une seule journée, uniquement afin de pouvoir se vanter d'avoir fait ce que personne n'avait fait avant lui. Il va sans dire que pour arriver à ce résultat, il était obligé d'employer des bras supplémentaires. En 1820, il fut nommé sous-commissaire du cens et chargé en cette qualité de faire le relevé de cette partie du comté. Fidèle à ses antécédents, il voulait s'acquitter de ce devoir en moins de temps que ne l'avait fait aucun de ses prédécesseurs.

Il se levait tous les matins au point du jour, déjeunait en quelques minutes et montait à cheval pour rester en route jusqu'à la nuit. Il s'arrêtait devant chaque maison, et appelait quelqu'un à qui il faisait subir l'interrogatoire obligé sans plus perdre de temps.

— Comment s'appelle-t-on ici? combien d'enfants? leurs âges? leur sexe? combien y en a-t-il qui savent lire et écrire? combien de sourds-muets? etc., etc.

Puis après avoir noté les réponses il serrait son portefeuille, remerciait et partait au galop pour l'habitation la plus rapprochée. L'écriture de mon grand-père était un horrible griffonnage. On eût dit, à voir une page de son manuscrit, qu'une araignée échappée d'un encrier s'était promenée sur la feuille. Lui-même ne réussissait pas la moitié du temps à se relire lorsqu'il avait oublié le sujet qui lui avait fait prendre la plume.

Il eut parcouru en vingt et un jours tout le territoire dont on lui avait confié le cens. Dix années auparavant, lorsque par conséquent la population était beaucoup moins nombreuse, il en avait fallu trente-neuf. C'était là un exploit dont il pouvait à bon droit se vanter, et il se garda bien de laisser échapper l'occasion.

Mais malheureusement ce n'était pas tout d'avoir terminé le relevé, il fallait trouver des gens capables de transcrire, je dirai même de traduire ses notes. A cet effet, il convoqua Moïse Hatch, avocat de Danbury, qui ne manquait pas d'esprit; Benjamin Hoyt, qui avait une jolie écriture, et son fils Edward Taylor.

C'était un curieux spectacle de les voir assis tous les trois à une grande table, essayant de déchiffrer les notes du sous-commissaire, tandis que ce dernier se promenait de long en large, les mains derrière le dos, prêt à répondre aux interpellations qu'on lui adressait à chaque instant à propos d'un nom ou d'un mot, aussi inintelligibles que s'ils eussent été écrits en arabe. Mon grand-père mettait ses lunettes, regardait la note mystérieuse, la tournait et la retournait, se grattait la tête et tâchait de se rappeler quelque circonstance qui pût l'éclairer et lui servir de fil dans ce nouveau labyrinthe. Il avait une très-bonne mémoire et arrivait ordinairement, après une étude approfondie du texte, à deviner ce qu'il avait voulu écrire. Le retard ainsi causé coûta cependant plus de temps qu'il n'en avait gagné par sa façon expéditive de recueillir ses renseignements. Quelquefois il perdait patience et prétendait que son écriture n'était pas aussi indéchiffrable que ses trois secrétaires voulaient bien le dire, et que leur mauvais vouloir causait seul tous ces retards.

— Il est déraisonnable, s'écria-t-il, d'exiger qu'après avoir eu la peine d'écrire tout cela, je vous fournisse par-dessus le marché l'intelligence nécessaire pour lire ce que j'ai écrit!

Moïse Hatch, après avoir en vain cherché pendant près de vingt minutes à déchiffrer des hiéroglyphes qui représentaient un nom de baptême, interpella mon grand-père :

— Tenez, oncle Phin, nous avons ici un homme qui s'appelle Whitlock; mais, que signifie ce grimoire par lequel vous avez voulu indiquer son nom de baptême?

— Ça! c'est Jiabod, c'est clair comme le jour. Le premier imbécile venu verrait cela. Peut-on déranger un homme pour si peu!

— Jiabod! s'écria Hatch. Allons donc! Existe-t-il au monde une mère assez dénaturée pour donner à sa progéniture un nom aussi baroque?

— Baroque ou non, peu importe; mais je mettrais la main au feu que c'est là le nom de baptême de l'individu en question. Je me le rappelle parfaitement.

— Jiabod Whitlock, répéta Hatch, vous vous trompez pour sûr, on ne se nomme pas Jiabod.

— Monsieur Hatch, je soutiens mon dire; continuez à écrire, et ne me cherchez pas chicane quand il n'y a pas d'erreur possible.

— Ah çà, est-ce que le nom ne serait pas Ichabod? hein, Phin? c'est un nom cela, un nom biblique? reprit l'autre après avoir de nouveau examiné le texte.

— En effet, je crois que vous avez raison, répliqua mon grand-père un peu décontenancé.

Les secrétaires éclatèrent de rire comme un seul homme.

— Vous pouvez rire, Messieurs, mais vous oubliez que j'ai été obligé d'écrire tout cela à cheval, sous un ciel brûlant, tandis que mon cheval, piqué par les mouches, lançait une ruade par seconde; le diable lui-même n'écrirait pas lisiblement dans une semblable position.

— C'est vrai, on ne saurait faire de la calligraphie lorsqu'on est sur le dos d'une bête que tourmentent les mouches, et je suis le premier à reconnaître, monsieur Taylor, que vous écrivez comme un professeur quand vous avez toutes vos aises.

Mon grand-père lui-même ne put s'empêcher de rire de ce compliment ironique. Mais bien des années après on lui cornait encore aux oreilles le fameux nom de *Jiabod*.

Le docteur Haight, père de John, était un joyeux compagnon d'une malice inoffensive. Il prenait toujours les choses par le bon côté. Il tenait un magasin de toute espèce de marchandises. Un jour un fermier des environs vint le trouver et lui demanda s'il voulait troquer quelque chose contre des fromages.

— Certainement, dit le docteur, mais voyons les fromages.

— Les voici.

Et le marchand tira d'un sac onze fromages d'un très-petit volume.

— Il n'y en a que onze, fit le médecin après les avoir comptés, cela ne peut pas m'aller.

— Pourquoi donc?

— Que voulez-vous que j'en fasse? la garniture ne serait pas complète.

— Quelle garniture?

— La garniture de boutons donc! Ces fromages sont trop petits pour servir à autre chose qu'à faire des moules à boutons, et il en faudrait au moins une douzaine.

Le fermier, qui avait le caractère bien fait, ne se formalisa pas de cette plaisanterie.

Les *colporteurs de ferblanc*, comme on les appelait alors, formaient une classe assez nombreuse. Il parcouraient le pays dans de grandes voitures couvertes et remplies d'ustensiles de ménage et de menus objets, tels que faux bijoux, aiguilles, épingles, etc. Ces marchands ambulants étaient très-fins, et ne laissaient jamais échapper une occasion de vente ou d'échange; mais, comme en général le sens moral était fort peu développé chez eux, ils trompaient presque toujours ceux à qui ils avaient affaire. Le docteur en avait acquis la coûteuse expérience, et était bien résolu à ne plus faire de commerce avec des gens de cette classe.

Un jour un colporteur arrêta sa voiture devant la porte du médecin, et, sautant à terre, entra chez lui pour lui proposer d'échanger quelques marchandises.

Le docteur refusa l'offre en disant qu'il avait trop souvent été dupé par les colporteurs pour ne pas se méfier d'eux.

— Est-il juste de proscrire toute une classe parce qu'elle renferme quelques fripons? demanda le rusé marchand. Voyons, faites encore un essai. Pour vous tenter, je vous laisserai au prix de fabrique les marchandises que vous choisirez dans ma voiture, et je prendrai celles que vous voudrez bien me donner en échange aux prix auxquels vous les vendez en détail.

— Votre offre me paraît assez raisonnable, dit le docteur, je vais voir si vous avez quelque chose qui m'aille.

Il ne trouva rien à sa convenance qu'un lot de pierres à aiguiser, dont il demanda le prix.

— Elles valent trois dollars la douzaine en gros.

— Eh bien! j'en prends douze douzaines.

On déballa les pierres, on compta le nombre demandé, et on rangea le tout sur un rayon derrière le comptoir.

— Maintenant, dit le colporteur, vous me devez trente-six dollars, en payement desquels je dois accepter au prix de détail telles marchandises que vous me désignerez... Qu'est-ce que vous allez me donner?...

— Moi j'ai toujours vendu mes pierres à aiguiser un demi-dollar pièce, je vais donc vous en donner six douzaines en échange de votre livraison, répondit gravement le docteur, qui rangea sur le comptoir la moitié de sa récente acquisition.

Le colporteur demeura un instant la bouche béante, puis poussa un éclat de rire homérique.

— Je suis refait, archirefait! Tenez, docteur, n'abusez pas de vos avantages. Voilà un dollar, mais résilions le marché.

Le docteur accepta le compromis et ne revit plus cette pratique-là.

. . . .

Il y avait à Bethel un vieux bonhomme qu'on appelait l'oncle Reese. C'était un grand priseur, et il mettait toujours dans sa tabatière une fève de Tonka qui, disait-il, donnait au tabac un arome particulièrement agréable. L'oncle Reese colportait du poisson de Norwalk à Danbury. Un matin mon grand-père, qui prisait aussi, lui emprunta la fève odoriférante en promettant de la lui rendre dans quelques jours. L'emprunteur se dépêcha alors de tailler un morceau de bois et de lui donner la forme exacte de la fève; cela fait, il se rendit chez un chapelier voisin, et trempa son morceau de bois dans le liquide qui servait à teindre la peluche en noir. Il eut ainsi un fac-similé exact de la fève. Lorsque l'oncle Reese vint réclamer son trésor parfumé, mon grand-père retira de sa tabatière la fausse fève, qu'il lui rendit, en le remerciant beaucoup.

L'oncle Reese replaça l'imitation ligneuse dans sa propre tabatière, et s'éloigna sans se douter de rien. Lorsqu'il revint de Norwalk le lendemain, mon grand-père avait raconté l'histoire à presque toute la ville en recommandant le plus grand secret à l'égard de la personne mystifiée. Cette recommandation était inutile, car les habitants de Danbury aimaient trop une bonne plaisanterie pour vouloir la gâter.

Lorsque l'oncle Reese traversa Bethel et Danbury le lendemain, chaque connaissance qu'il rencontra, homme, femme ou enfant, lui demandait une prise, sollicitant comme une grande faveur de la prendre juste au-dessous de la fève parfumée. L'amateur de Tonka dut faire remplir sa tabatière plusieurs fois ce jour-là. Chacun aussi le priait d'expliquer les diverses propriétés de cette fève merveilleuse, et de lui dire d'où elle venait, et quel arbre la produisait, etc. Le bonhomme répétait, à qui voulait l'entendre, et toujours avec un nouveau plaisir, que la fève de Tonka était le produit d'un arbre des Indes orientales; qu'elle répandait une délicieuse senteur qu'elle communiquait aux substances avec lesquelles on la mettait en contact, qualité qui la rendait chère à tout bon priseur. Pour sa part, il en appréciait tellement les bienfaits, qu'il ne comprenait pas qu'un homme consentît à admettre dans ses narines un tabac dans lequel une fève n'eût pas séjourné.

Lorsque la mystification eut duré quelques jours, mon grand-père prépara le dénoûment en invitant une vingtaine de personnes à dîner. L'oncle Reese était au nombre des invités, mais malheureusement un maladroit éventa la mèche avant le jour fixé. La victime étant venue à notre comptoir faire remplir sa tabatière, le docteur Orris Tyler Taylor, individu très-excentrique, qui se trouvait présent, lui demanda la permission d'examiner la fameuse fève. L'oncle Reese affirma de nouveau qu'elle avait poussé sur un arbre des Indes orientales, etc. Le docteur fendit le morceau de bois avec son canif, et montra à l'amateur de parfums deux surfaces blanches comme la neige.

L'oncle Reese fut d'abord prodigieusement étonné; mais un éclat de rire universel lui démontra bientôt qu'on lui avait joué un tour, et que tout le village était dans le secret.

Il ne pardonna jamais cette plaisanterie à mon grand-père, qui, de son côté, en voulut fort longtemps au docteur d'avoir ainsi précipité le dénoûment. Il affirma qu'il eût donné la meilleure vache de son étable pour que le secret n'eût été divulgué que le jour du dîner en question, et je suis persuadé qu'il disait la vérité.

Au mois de mars mon père fut pris d'une fièvre violente qui l'obligea à garder le lit, et à laquelle il devait succomber quelques mois plus tard. En effet, le 7 septembre 1825, il quitta ce monde pour un monde meilleur, j'ose l'espérer, à l'âge de quarante-huit ans.

J'avais quinze ans à cette époque. J'assistai à ses derniers instants. L'avenir me parut bien sombre, lorsque je me vis à jamais privé de mon meilleur ami et de mon protecteur naturel. Je sentis que je n'étais qu'un pauvre enfant sans expérience, et qu'il me faudrait désormais affronter seul les écueils de ce vaste océan qu'on appelle la vie; le découragement s'empara de moi. Mon père laissait cinq enfants à sa veuve. J'étais l'aîné des cinq, et le plus jeune n'avait pas encore atteint sa septième année. Nous suivîmes jusqu'à la dernière demeure les restes mortels d'un époux et d'un père, et en regagnant notre foyer désolé nous nous sentîmes abandonnés du monde entier.

On nomma des administrateurs, et il fut bientôt évident que mon père n'avait pas réussi à amasser la moindre portion des biens de cette terre; car on déclara la succession insolvable, et en effet les créanciers ne reçurent que cinquante pour cent. Ma mère passa par de grandes épreuves, et ne parvint qu'à force de peines et de privations à élever sa petite famille; cependant, comme elle avait beaucoup d'énergie et de persévérance, elle réussit au bout de quelques années à rentrer en possession de la maison de son mari. J'avais prêté à mon père les quelques dollars que j'avais pu économiser, et

6

tenaient au père, et on ne tint pas compte de ma réclamation. Je fus plus tard contraint de gagner, comme commis de magasin, de quoi payer les souliers dans lesquels j'avais suivi jusqu'au cimetière le cercueil de mon pauvre père. Je puis donc dire que je débutai dans la vie sans un sou vaillant.

Je restai encore quelque temps chez M. Weed après la mort de mon père, puis je me rendis à un mille environ de Bethel, à Grassy-Plain, où MM. James S. Keeler et Lewis Whitock m'offrirent la place de commis aux appointements de six dollars par mois. Je commençai bientôt à spéculer pour mon propre compte, et à force d'économie je parvins à mettre une petite somme de côté. Je prenais ma pension chez madame Jerusha Wheeler. Grâce à son amabilité, et à celle de ses deux filles, Jerusha et Mary, je m'y trouvai fort bien. Je choisis mon oncle Alanson Taylor pour en faire mon guide, mon conseiller, et en quelque sorte mon tuteur. Je déployais une grande activité, et montrais une certaine disposition pour le commerce, si bien que j'obtins bientôt la confiance et l'estime de mes patrons. Je me souviendrai toujours avec reconnaissance de leurs bontés, et des facilités qu'ils m'accordèrent de gagner de l'argent.

Un matin un colporteur s'arrêta devant notre magasin avec une charrette remplie de bouteilles de toutes dimensions, depuis le carafon jusqu'au litre; mes deux patrons étaient absents, et j'engageai le colporteur à recevoir, en échange de son chargement de bouteilles, quelques-unes de mes marchandises. Me prenant sans doute pour un imbécile, il accepta, et je me défis en sa faveur d'une foule d'objets invendables que je lui cédai à des prix exorbitants. Il était à peine dehors que M. Keeler rentra, et trouva son petit magasin encombré de bouteilles.

— Qu'avez-vous fait là ? me demanda-t-il.

— J'ai pris ces bouteilles en échange d'autres marchandises, lui répondis-je.

— Eh bien ! vous avez fait une sottise, s'écria Keeler, car vous avez là de quoi fournir des bouteilles à la ville pendant vingt ans.

Je le priai de ne pas s'effrayer, attendu que je me faisais fort de me débarrasser des bouteilles en trois mois.

— Si vous y réussissez vous aurez accompli un miracle, me répondit-il.

Je lui montrai alors la liste des articles que j'avais cédés en échange, et lui démontrai mathématiquement que j'avais obtenu la nouvelle marchandise à un prix inférieur de moitié à celui auquel elle se vendait en gros. Cette démonstration le satisfit, mais il n'en continua pas moins à se demander ce que nous ferions de ces bouteilles. En attendant, nous en emballâmes la plus grande partie dans notre grenier.

Mes patrons tenaient ce qu'on appelle un *magasin d'échanges*. Un grand nombre de fabricants de chapeaux se fournissaient chez nous et nous remboursaient en chapeaux, donnant des bons sur nous à leurs nombreux employés, ouvriers, apprentis, bordeuses, etc., etc. Nous avions donc un grand nombre de pratiques que je connaissais intimement.

Je dois dire ici que lorsque je fis emplette des bouteilles, j'avais déjà en tête un projet qui devait m'aider à les placer avantageusement et à me débarrasser en même temps d'une quantité de *rossignols* d'étain qu'un long séjour dans notre magasin avait ternis. Ce projet était celui de faire du tout l'objet d'une loterie. Je profitai du premier jour de pluie pour faire mes calculs. Ce fut un travail de quelques heures. Le premier lot devait représenter une valeur de vingt-cinq dollars, payables en marchandises dont on laissait le choix au gagnant. Puis il y aurait cinquante lots de cinq dollars chacun en marchandises désignées d'avance. Par exemple, un lot de cinq dollars était représenté par une paire de bas, un mouchoir de coton, deux pots d'étain, quatre litres, trois écumoires, une bouteille, six râpes, onze demi-litres, un canif, etc., etc., les bouteilles et la quincaillerie formant, dans tous les cas, la majeure partie de chaque lot gagnant. Il y avait cent lots gagnants de la valeur d'un dollar chacun, cent lots de la valeur d'un demi-dollar, et trois cents lots de la valeur d'un quart de dollar. Il y avait mille billets à un demi-dollar. Les lots étaient de la même valeur que les billets, c'est-à-dire cinq cents dollars. Je fis de grands écriteaux, où on lisait en majuscules monstrueuses, où j'avais déployé tout mon talent calligraphique : Loterie magnifique! 1,000 billets et plus de 550 lots!!! Les lots sont estimés au prix courant!!! Prenez vos billets!!! etc., etc.

Tout le monde voulut en avoir. Les acheteurs ne songeaient pas à examiner les lots. Les ouvriers chapeliers, les apprentis et les bordeuses de chapeaux en achetèrent. En dix jours tout fut vendu. J'avais fixé d'avance le jour du tirage, et je n'eus aucun motif de le retarder.

Le lendemain et les jours suivants on vint réclamer les lots gagnants. Une jeune fille, qui avait pris pour cinq dollars de billets, se trouvait avoir gagné un morceau de ruban, un écheveau de coton, un paquet d'épingles, une râpe, seize écumoires d'étain, une tasse de faïence et douze bouteilles vides de diverses grandeurs! Elle aurait voulu me laisser la quincaillerie et les bouteilles et choisir quelque autre objet en échange, mais je fus inexorable, et lui annonçai que le règlement s'opposait à des compositions de ce genre.

Un autre découvrait que tous ses lots consistaient en pots d'étain grands et petits. Un troisième, qui avait gagné dix lots, emportait un assortiment de bouteilles vides. Quelques-uns se fâchèrent, mais le plus grand nombre prit la chose en riant. Pendant les premiers jours qui suivirent le tirage, c'était un amusant spectacle de voir mes pratiques emportant dans leurs bras, dans des paniers ou dans des sacs, des quantités de bouteilles et de quincaillerie avariée. En moins d'une semaine toutes les bouteilles avaient disparu, et la vieille quincaillerie dont on m'avait si obligeamment débarrassé était remplacée par un assortiment moins considérable, mais tout neuf et brillant comme de l'argent.

Mon oncle Aaron Nichols, ou plutôt le mari de ma tante Laura, était un des principaux fabricants de chapeaux de Grassy-Plain. Ses employés prirent un très-grand nombre de billets. Lui-même en prit une douzaine. Il eut beaucoup de chance, car il gagna sept lots. Malheureusement tous ces lots consistaient en objets de ferblanc. Il vint les chercher un jour dans sa carriole, et il avait tout l'air, en s'en allant, d'un étameur ambulant. Deux jours après, ma tante Laura me rapporta le tout.

— J'ai passé au moins six heures à vouloir nettoyer quelques-uns de ces objets, mais il n'y a pas moyen de faire briller ce ferblanc-là, me dit-elle, je viens te demander autre chose à la place.

Je lui répondis qu'il m'était impossible d'accéder à son désir.

— Mais que veux-tu que je fasse de tout ce ferblanc qui est devenu noir? demanda-t-elle.

Je lui répondis que je savais trop le respect que je devais à mes grands parents pour me permettre de lui donner un conseil, et que d'ailleurs mon oncle avait trop d'esprit pour ne pas trouver moyen d'utiliser les objets qu'il avait eu le bonheur de gagner.

— Ton oncle est un imbécile, autrement il n'aurait pas pris tant de billets dans une loterie où l'on joue à qui perd gagne.

J'éclatai de rire, ce qui naturellement ne fit qu'accroître la colère de ma tante. Elle m'accabla d'une foule d'épithètes fort désagréables, qui n'eurent d'autre effet que de me faire rire plus fort qu'auparavant. Enfin je lui dis :

— Ah ça, ma tante, pourquoi ne porteriez-vous pas une partie de votre étain à madame Wheeler, en face? Je lui ai entendu demander ce matin où elle pourrait trouver des écumoires d'étain.

— Bon, je lui vendrai les miennes! s'écria ma tante Laura, qui se hâta d'entasser dans son tablier une demi-douzaine d'écumoires et quelques autres articles du même métal, et de se rendre chez ma voisine.

— Madame Wheeler, dit-elle en entrant, je viens vous vendre des écumoires.

— Grand merci, ma chère! s'écria l'autre, j'en ai plus qu'il ne m'en faut!

— Mais Taylor Barnum vient de me dire à l'instant que vous désiriez en acheter.

— Je crains que ce mauvais garnement ne finisse mal, s'écria l'autre en riant; c'est un nouveau tour qu'il a voulu me jouer, car j'ai gagné dix écumoires pour ma part.

Tante Laura s'en revint plus furieuse que jamais. Elle répandit tout son assortiment de ferblanc sur le plancher du magasin, en déclarant que cela ne valait pas la peine d'être emporté, et qu'elle ne voulait pas en encombrer sa maison. Sur ce, elle s'éloigna en grommelant.

J'envoyai immédiatement le tout chez elle par une voiture qui devait passer devant sa porte, de façon que la première chose qu'elle vit en rentrant dans sa maison fut une pyramide de ferblanc qui s'élevait au milieu de sa salle à manger. J'avais attaché un quatrain de ma façon au goulot d'une cafetière bosselée :

> Nichols fait une bonne affaire :
> En échange d'un peu d'argent
> Il gagne un amas de ferblanc ;
> Mais à Laura ça ne plaît guère.

Ma tante me garda rancune assez longtemps. Ce ne fut qu'au bout de quelques semaines qu'elle me pardonna ma plaisanterie. Environ un mois après l'envoi de mon quatrain, elle m'adressa un gâteau enveloppé d'une belle feuille de papier blanc, sur laquelle elle avait écrit : « Un *mince-pie* pour Taylor Barnum. »

J'étais ravi. Je coupai bien vite la ficelle qui entourait le papier, et défis le paquet. Hélas! le gâteau avait été mis au four dans un de mes plats d'étain, qu'on s'était bien gardé de nettoyer.

Il n'était pas mangeable, mais je devinai que ma tante était désarmée, puisqu'elle riait à son tour, et le soir même j'allai prendre le thé chez elle.

Quelquefois il arrivait que lorsqu'un de mes camarades de Bethel venait me voir le soir, il restait à coucher avec moi à ma pension. Or, John Beebe, garçon qui avait à peu près mon âge, vint un soir me demander l'hospitalité. Un de nos plus proches voisins, M. Amos Wheeler, m'avait justement annoncé que lui et sa femme étaient obligés de s'absenter, et m'avait prié de coucher cette nuit-là chez lui, afin que ses enfants ne fussent pas seuls dans la maison. J'emmenai donc mon camarade Jim Beebe avec moi. Quelques jours après

Jim revint me voir et me dit que le lendemain du jour où il avait couché chez M. Wheeler, il avait mis en s'habillant des chaussettes qui ne lui appartenaient pas. Au lieu de prendre les siennes, qui étaient neuves, il avait chaussé de vieux bas appartenant à M. Wheeler, et marqués A. W. Je lui dis qu'il n'avait qu'à rendre les bas à madame Wheeler, en lui expliquant ce qui était arrivé. Il alla faire sa réclamation, mais il ne tarda pas à revenir, apparemment très-irrité, car il disait pis que pendre de madame Wheeler. Celle-ci, bien qu'elle eût examiné les bas en question et vu les initiales dont ils étaient marqués, soutint qu'ils n'appartenaient pas à son mari, et nia par conséquent qu'elle eût en sa possession les chaussettes de Jim.

J'avoue qu'une pareille façon d'agir m'étonna beaucoup. Il était difficile de croire que madame Wheeler eût voulu mentir pour si peu de chose, et néanmoins il était évident que A. W. ne formaient pas les initiales du nom de Jim Beebe. Ce dernier me déclara qu'il s'était aperçu de l'erreur le jour même où il s'était habillé chez M. Amos Wheeler. Je montrai les bas à celui-ci, qui me dit qu'il ne connaissait pas ses effets aussi bien que sa femme, mais que celle-ci ne pouvait s'y tromper. Quant à nous, je veux dire Beebe et moi, nous restâmes convaincus néanmoins qu'elle s'était trompée. Quoi qu'il en soit, Jim fut obligé de garder les vieilles chaussettes. Cette affaire me causa beaucoup d'ennui. Mon camarade était furieux, et déclara que pour rien au monde il ne consentirait à coucher encore à Grassy-Plain, tant il craignait que les femmes de l'endroit ne lui volassent tous ses vêtements.

Je le rencontrai une semaine après cette aventure, à propos de laquelle je me mis à le plaisanter.

— Comment, vous ne savez pas? me dit-il, mais la chose est eclaircie. Voici l'histoire. J'ai couché chez John William le soir avant de coucher chez Amos Wheeler avec vous, et comme tous les jeunes William couchaient dans la même chambre, j'aurai le lendemain matin pris les bas de l'un d'eux pour les miens. John William me rencontrant il y a quelques jours, me dit que son frère Adam avait une paire de bas marquée à mes initiales, et qu'il supposait que nous avions fait un échange involontaire. J'allai trouver Adam, j'appris que les choses s'étaient en effet passées de la sorte.

Ainsi donc A. W. voulait dire Adam William et non pas Amos Wheeler, et, après tout, madame Wheeler avait raison. Cependant la coïncidence était singulière et fit une certaine impression sur moi. J'ai souvent réfléchi depuis que des centaines, peut-être des milliers d'êtres innocents ont été condamnés sur de simples apparences et sur le témoignage de faits moins concluants que ceux qui nous portaient à croire qu'Amos Wheeler était le propriétaire légitime des bas marqués de ses initiales.

Le samedi soir je me rendais presque toujours à Bethel, où je restais jusqu'au lundi avec ma mère, afin de pouvoir l'accompagner le dimanche à l'église. Ma mère continua à tenir pendant quelques années l'unique taverne du village. Un samedi soir, une pluie d'orage commença à tomber au moment où j'allais me mettre en route ; la nuit était des plus noires, et l'averse ne s'arrêtait à de longs intervalles que pour recommencer quelques instants après. Miss Mary Wheeler (qui exerçait la profession de modiste et qui demeurait chez sa mère, en face de mon magasin) m'envoya dire qu'il y avait chez elle une jeune fille qui était venue de Bethel à cheval chercher un chapeau neuf et qui n'osait s'en retourner toute seule par l'orage, et que, si j'avais l'intention d'aller à Bethel, miss Mary me serait obligée de vouloir bien servir de cavalier à sa pratique. J'y consentis, et cinq minutes après mon cheval était devant la porte de ma voisine. J'entrai, et on me présenta à une jolie personne au teint fleuri. Elle s'appelait Chairy Hallett. Il est inutile de dire que *Chairy* n'était qu'un petit nom d'amitié, et que son véritable nom de baptême était Charity, ainsi que je l'appris plus tard.

J'aidai la jeune fille à se mettre en selle, je plaçai moi-même le pied dans l'étrier ; nous partîmes pour Bethel.

J'appris bientôt que ma nouvelle connaissance était tailleuse et travaillait pour M. Zerah Benedict de Bethel. Dès ce moment, je tins en plus grande estime le métier de tailleur. Nous arrivâmes bientôt devant la demeure de miss Hallett, et après avoir souhaité une bonne nuit à ma protégée je me dirigeai vers la maison de ma mère.

MM. Keeler et Whitlock vendirent leur fonds à M. Lewis Taylor vers l'été de 1827. Je restai quelque temps encore chez M. Taylor en qualité de commis. Il y a dans le Connecticut un proverbe qui dit : « Si vous voulez apprendre à votre fils à connaître les hommes, faites-en un colporteur pendant une année ou deux. » Mais je suis convaincu que les dents de sagesse lui pousseront tout aussi rapidement dans une maison de commerce par échange telle que celle où je remplissais les fonctions de commis. Ainsi que je l'ai déjà dit, beaucoup de nos pratiques étaient chapeliers, et nous donnaient des chapeaux en échange de nos marchandises. En général, les gros fabricants mettaient assez de bonne foi dans leurs transactions avec nous ; mais de temps à autre les petits commerçants nous trompaient indignement. Il n'existe peut-être pas de métier où les fripons aient plus beau jeu que dans la chapellerie. Si un chapeau avait été endommagé à la teinture ou au collage, et même s'il avait été coupé, on ne manquait jamais de le rapiécer et de le repasser à notre intention, et de nous le glisser dès qu'on avait une livraison à nous faire. Au nombre des pelleteries dont se servaient à cette époque les fabricants de chapeaux pour faire leur feutre, on comptait la loutre, le castor, la loutre brune, le lapin, le surmulot, etc. La loutre donnait la meilleure peluche, et le lapin la plus mauvaise.

Les chapeliers mélangeaient un peu de bonne fourrure avec beaucoup de mauvaise, et fabriquaient ainsi des chapeaux qu'ils nous donnaient pour de la loutre. De notre côté, nous mélangions nos sucres, nos thés et nos liqueurs, afin de faire passer le tout pour des articles de première qualité. Nous nous trouvions ainsi manche à manche. Nos cotons devenaient de la laine, nos laines et nos cotons se transformaient en soie et en toile ; en un mot, presque rien ne se vendait sous son véritable nom. Nos pratiques nous trompaient sur la qualité de nos marchandises. Chacun, du reste, savait qu'on chercherait à le duper, et se tenait sur ses gardes. Aussi nous nous en rapportions à nos yeux et non pas à nos oreilles. Il ne fallait rien croire de ce qu'on entendait, et la moitié seulement de ce qu'on voyait. Nos calicots étaient tous bon teint à notre dire, et le fait est qu'à la première lessive ils donnaient une assez jolie nuance à l'eau dans laquelle on les avait plongés. Notre café moulu était aussi bon que pouvait l'être un composé de haricots, de blé et de pois brûlés, et notre gingembre eût semblé passable si l'on eût songé au prix élevé des farines. C'était un commerce de roueries. Si un marchand colporteur se présentait pour acheter par voie d'échange un assortiment de chapeaux de castor cotés à soixante dollars, il emportait une douzaine de peaux de lapin qui eussent été chères à quinze dollars; et si nous acceptions en payement des horloges de sa façon, garanties pour deux ans, nous courions grand risque de nous embarrasser de meubles qui n'indiquaient pas mieux l'heure que la première chaise venue, attendu qu'elles étaient fabriquées d'après le même principe que les rasoirs de Peter Pindar : rasoirs qui n'étaient pas faits pour couper, mais pour être vendus. Et nous étions bien heureux si les mouvements renfermaient la moitié des ressorts et des roues nécessaires à la constitution d'une pendule.

Certes, une pareille école était bien propre à faire pousser des dents de sagesse précoces; mais si l'élève n'y perdait pas en même temps tout sens moral et toute honnêteté, c'est qu'il quittait cette école avant d'y avoir terminé son éducation.

Ivre comme un chapelier est une locution passée depuis longtemps à l'état de proverbe. A l'époque dont je parle, il y avait certes quelques chapeliers qu'on ne pouvait accuser d'ivrognerie, mais il y en avait aussi beaucoup qui buvaient outre mesure. Les chapeliers qui habitaient hors de la ville achetaient un baril de rhum à la fois, tandis que ceux qui travaillaient à Grassy-Plain avaient à leurs gages un homme de peine, dont l'unique occupation était d'aller de la fabrique à notre magasin, faire remplir un certain nombre de bouteilles de divers calibres. Durant cette période de mon existence, j'ai dû tirer et mettre en bouteilles plus d'eau-de-vie et de rhum qu'il n'en faudrait pour mettre à flot un vaisseau de guerre.

Comme il n'était pas besoin d'une bien grande dose d'intelligence pour remplir les fonctions de pourvoyeur de rhum, ce poste tombait ordinairement en partage à quelque malheureux qu'un cerveau à moitié fêlé rendait impropre à tout autre service; ou bien on le confiait à un ex-confrère qui avait tellement bu qu'il ne pouvait plus travailler, mais assez honnête pour ne pas entamer en route la précieuse liqueur qu'il avait charge d'acheter. L'homme qui remplissait cette délicate mission à l'époque de mon séjour à Grassy-Plain avait été surnommé *Cœur mou*. Il ne se formalisait pas de ce sobriquet lorsqu'il lui était appliqué par les ouvriers de la fabrique, mais il se fâchait tout rouge lorsque les gamins ou les jeunes gens du village l'interpellaient ainsi. C'était un être inoffensif, ordinairement à moitié ivre, et qui n'avait guère plus d'esprit qu'il n'en fallait pour remplir les conditions de son emploi. Son véritable nom était Jacob, et c'est celui que je lui donnais habituellement; mais un jour qu'il arriva à un moment où j'avais beaucoup de besogne sur les bras, je m'oubliai et je lui criai :

— Eh bien! *Cœur mou*, qu'est-ce qu'il vous faut aujourd'hui?

— Ne m'appelez pas Cœur mou, répondit Jacob blessé de ma familiarité; sachez, Monsieur, que j'ai le cœur aussi dur que qui que ce soit.

Au nombre de nos pratiques se trouvaient quelques vieux invalides qui recevaient une pension pour la part qu'ils avaient prise à la guerre de l'indépendance, et qui très-souvent consommaient d'avance le montant de ladite pension, et nous laissaient leurs papiers en garantie de payement. Cependant, comme il fallait pour toucher le semestre que les invalides se présentassent en personne au bureau du payeur et signassent un reçu, il nous importait de ne pas leur laisser dépenser jusqu'au dernier dollar avant l'échéance; car il était arrivé plus d'une fois qu'un de ces intrépides buveurs, après avoir engagé le montant entier de sa pension, refusait de comparaître devant l'agent comptable et de signer le reçu, à moins que nous ne lui donnassions au préalable une prime assez forte.

Or, au nombre des invalides avec qui nous faisions des affaires se trouvait le sieur Bevans. Son sobriquet était l'*oncle Bibbins*. Il aimait la bouteille et racontait sans cesse des histoires très-apocryphes de la guerre de l'indépendance. On ne pouvait citer une bataille à laquelle il ne se fût trouvé, une forteresse dont il n'eût fait le siége, ni un fait remarquable auquel il n'eût pas pris quelque part.

Or, l'oncle Bibbins avait presque épuisé chez nous le montant de son prochain semestre. Nous avions ses papiers en dépôt, mais la pension n'était exigible que dans trois mois. Nous cherchions un moyen pour l'éloigner pendant ces trois mois. Il avait des parents à Guilford, et nous lui conseillâmes d'aller passer quelques mois avec eux; mais il fit la sourde oreille. Enfin j'avisai à une façon dramatique de le faire partir.

Il y avait un ouvrier chapelier, du nom de Benton, qui travaillait pour mon oncle Nichols, et qui ne reculait jamais devant une plaisanterie. Je lui suggérai l'idée d'un duel pour rire. Il n'avait qu'à accuser l'oncle Bibbins de lâcheté, à lui dire en face qu'il avait été blessé par derrière, etc., etc. Benton n'y manqua pas. Je fis entendre au vétéran qu'une pareille insulte exigeait une réparation éclatante, et on nomma les témoins. Le duel devait avoir lieu au fusil, à une distance de vingt mètres.

J'étais un des témoins de l'oncle Bibbins, qui, me prenant à part le matin de la rencontre, me pria de ne pas mettre de balles dans les fusils. Je lui répondis que c'était bien mon intention et qu'il n'avait rien à craindre. Ma promesse lui inspira un nouveau courage, et sur le terrain il prit des poses de matamore, criant très-haut qu'il n'avait pas assisté en vain à tant de glorieux combats, et qu'au premier signal il logerait une balle dans le cœur de Benton.

On mesura la distance, et on plaça les adversaires. Au mot *Feu!* ils tirèrent tous les deux. L'oncle Bibbins, cela va sans dire, ne fut point touché, mais Benton fit un saut prodigieux et tomba à plat ventre en poussant un cri lamentable. L'oncle Bibbins parut très-effrayé. En ma qualité de témoin je m'empressai de courir vers lui; et je lui dis tout bas que dans ma précipitation j'avais sans doute oublié de retirer la balle de son fusil, tout en enlevant celle de la cartouche de Benton, dont je ne me pardonnerais jamais la mort. Puis je lui conseillai, toujours à voix basse, d'aller au plus vite demander un asile à ses parents de Guilford, et de se tenir tranquille jusqu'au moment où je lui annoncerais qu'il pouvait se montrer sans danger. Il suivit mon avis et s'enfuit à toutes jambes. Il se tint caché chez ses amis jusqu'au jour où nous eûmes besoin de lui pour signer son reçu. Alors je lui écrivis qu'il pouvait enfin reparaître, attendu que son adversaire était maintenant hors de danger et lui avait pardonné.

L'oncle Bibbins revint, signa le reçu, et nous remit la somme qu'il nous devait. A quelques jours de là il rencontra Benton.

— Mon brave ami! s'écria ce dernier, je vous pardonne cette terrible blessure qui a failli me coûter la vie; et je vous prie de me pardonner également, car je vous ai insulté sans provocation aucune.

— Je vous pardonne de tout mon cœur, dit l'oncle Bibbins; mais, dorénavant, regardez-y à deux fois avant de provoquer un tireur de ma force.

Benton lui promit d'être plus circonspect à l'avenir; et l'oncle Bibbins resta convaincu jusqu'à son dernier jour qu'il avait en réalité blessé et presque tué son adversaire.

Peut-être devrais-je m'excuser auprès du lecteur d'avoir raconté avec autant de détails des aventures qui ne me sont pas tout à fait personnelles, mais je suis né et j'ai été élevé dans une atmosphère de gaieté; mon penchant naturel a été développé et fortifié par les relations de ma jeunesse, et si je me suis cru en droit de raconter les faits, les gestes et les excentricités des joyeux compagnons de Bethel, c'est qu'un pareil entourage n'a pas été sans influence sur mon caractère.

CHAPITRE SIXIÈME.

NOUVEAUX ÉVÉNEMENTS.

La ficelle au pied. — Esprit de spéculation. — Fièvre de jeunesse. — Essais fructueux. — Agrandissement. — Visite à un éléphant. — L'arrangement forcé. — Le faiseur. — Le discours interrompu. — Ma première plaidoirie. — Le citoyen déçu. — Le dentiste charlatan. — Plumes d'oie. — Consultation. — Miel et vinaigre. — Remontrance poétique. — Le compromis. — Dépenses folles. — Danger évité. — Renseignement utile. — Faits et chiffres. — La manie des loteries. — Mine et contre-mine. — Mon mariage. — Le porte-balle irlandais. — Dépenses de ménage. — Agitation religieuse. — Politique des diverses sectes. — Le héraut de la liberté. — Procès en diffamation. — Bilan.

Vers l'automne de 1826, M. Oliver Taylor, qui quelques années auparavant avait quitté Danbury pour venir s'établir à Brooklyn dans Long-Island, m'offrit la place de commis dans son magasin d'épicerie. Il avait aussi à cette époque une manufacture de peignes à Brooklyn avec un dépôt à New-York. J'acceptai la proposition de M. Taylor. Le magasin en question formait un des coins des rues Sands et Pearls.

Beaucoup de nos pratiques arrivaient de fort bonne heure, afin de faire leurs provisions pour le repas du matin, et j'étais par conséquent obligé de me lever au point du jour. Cela était si contraire à mes habitudes, que j'éprouvais une grande difficulté à me réveiller assez tôt. Craignant de manquer à l'appel, je fis un arrangement avec un *watchman*, qui, moyennant deux schellings par semaine, s'engagea à tirer chaque matin dès l'aurore une ficelle dont une des extrémités tombait dans la rue par la fenêtre de ma chambre, tandis que l'autre était solidement attachée à mon orteil.

Je dormais tranquillement sur la foi de ce traité, dont je me trouvai fort bien pendant quelque temps; mais M. Taylor eut vent de l'affaire, et un beau matin je sentis qu'on tirait beaucoup plus fort que de coutume. On m'en donnait pour mon argent. Je me levai à la hâte en poussant des cris de douleur, et je courus à la croisée en criant au veilleur de s'arrêter s'il ne voulait m'enlever le doigt du pied. Ne me doutant pas que c'était un vilain tour qu'on me jouait, je m'habillai et je descendis. Je vis alors qu'on m'avait réveillé à minuit et demi ! Ce ne fut que bien longtemps après que je découvris l'auteur de cette mystification; mais je soupçonnai mon patron. A dater de cette aventure, je m'arrangeai de façon à m'éveiller sans l'aide de la ficelle, et je donnai congé au *watchman*.

Je ne tardai pas à être au courant du commerce de M. Taylor, qui me confia bientôt le soin d'acheter en gros les denrées qu'il revendait en détail. Je payais comptant, et je fus ainsi à même d'exercer mon jugement, car je visitais quelquefois tous les quartiers de la basse ville, afin d'obtenir au meilleur marché possible les épiceries dont j'avais besoin. Je suivais aussi les ventes publiques de thé, de sucre, de mélasse, etc., notant les prix et les noms des acquéreurs, de façon à me rendre compte des profits que réalisaient ces derniers et à savoir de combien je pourrais rabattre le chiffre de leurs prétentions en leur rachetant au détail. A ces ventes aux enchères, je rencontrais parfois quelques épiciers qui avaient besoin d'une partie seulement des marchandises dont le crieur faisait l'éloge, et nous nous réunissions fréquemment pour acheter un gros lot, qui, divisé entre nous, donnait à chacun la quantité dont il avait besoin, et cela à un prix bien moins élevé que celui que nous aurions eu à payer si les denrées avaient passé par les mains d'un tiers qui eût prélevé dessus un nouveau profit.

Mon patron me témoignait beaucoup d'intérêt et se montrait plein de bonté pour moi; mais la position ne me convenait pas. Il y a des gens qui ne sauraient se résigner à travailler pour un salaire invariable et fixé d'avance, quelque élevé que soit ce salaire. Je suis de la famille de ces gens-là. Mon tempérament me porte et m'a toujours porté vers la spéculation, et je ne m'engage jamais volontiers dans une affaire à moins qu'elle ne soit de nature à ce que mes profits soient augmentés en raison de l'énergie, de la persévérance, de l'attention et du tact que j'y déploie. Aussi, comme je n'avais aucune occasion de spéculer pour mon propre compte dans ce magasin de Brooklyn, je pensai bientôt à le quitter. Tout jeune que j'étais (et probablement même à cause de ma grande jeunesse), je songeai dès lors à faire des affaires pour mon propre compte, et quoique je n'eusse aucun capital pour commencer, je ne me sentais pas embarrassé, plusieurs personnes ayant offert de s'associer avec moi et de me fournir les fonds nécessaires. J'étais alors arrivé à un âge critique, à cette époque de transition où l'on n'est plus un enfant et où l'on n'est pas encore un homme, âge auquel il est de la plus haute importance de trouver un ami sûr et sage, un Mentor. Mais un garçon de seize à dix-huit ans est rempli de suffisance et de vanité. Il se croit apte à remplir des fonctions que des gens plus âgés que lui n'osent aborder qu'après un surnumérariat de plusieurs années. C'est aussi l'âge où cette maladie qu'on appelle la *fièvre de dix-huit ans* ne se contente pas de nous rendre sots en affaires. Les garçons de cet âge et les jeunes filles de treize à seize ans sont indubitablement les êtres les plus désagréables de la création. On est si étourdi, si volontaire, si suffisant, qu'on fournit toujours mille sujets d'inquiétude à ses parents.

Durant l'été de 1827 j'attrapai la petite vérole, qui, bien que j'eusse été vacciné huit ans auparavant, se développa chez moi avec une grande violence. Je fus obligé de garder la maison pendant plusieurs mois. Les dépenses que nécessita ma maladie firent une brèche considérable à mes économies. Dès que je fus suffisamment rétabli, je me décidai à aller passer quelques semaines au sein de ma famille, afin d'y compléter ma guérison. Je m'embarquai à bord d'un bâtiment qui se rendait à Norwalk. Quand les passagers (vingt en tout, hommes et femmes) m'aperçurent, mon visage leur fit peur, tellement étaient profondes les traces que ma récente maladie y avait laissées. Mon expulsion fut votée à l'unanimité, et le capitaine Munson Hoyt, que je connaissais de longue date pour être venu à son bord chaque semaine acheter du beurre et des œufs, m'annonça qu'il était fort peiné d'avoir à me communiquer le désir des passagers effrayés. Je n'avais qu'un parti à prendre, et je quittai le bâtiment le cœur serré.

Je passai la nuit à l'hôtel Holt, dans Fulton-Street, et le lendemain matin je me rendis à Norwalk à bord du vapeur. J'arrivai à Bethel dans l'après-midi du même jour.

Je passai plusieurs semaines auprès de ma mère, qui me combla de soins et de prévenances. Pendant ma convalescence, je visitai mes camarades de pension et mes voisins en général, et j'eus plusieurs occasions de renouveler connaissance avec Chairy Hallett, la tailleuse que j'avais escortée à cheval depuis Grassy-Plain jusqu'à Bethel sous une pluie d'orage.

Au bout d'un mois environ, je quittai de nouveau le toit maternel pour retourner à Brooklyn. Je ne tardai pas à y ouvrir un débit de bière pour mon propre compte, dans le voisinage de mon ancien magasin. J'avais prévenu M. Taylor que je comptais le quitter et il m'avait trouvé un successeur, de sorte que mon départ ne porta aucun préjudice à ses intérêts. J'étais installé depuis quelques mois seulement, lorsque je trouvai à céder mon établissement à des conditions très-avantageuses, que j'acceptai d'autant plus volontiers qu'on venait de m'offrir une place de commis dans un débit du même genre que celui que je venais de vendre, et qui était tenu par M. David Thorp à New-York. Je cédai donc mon fonds, et je me rendis dans cette dernière ville. La taverne de M. Thorp était le rendez-vous des chapeliers et des fabricants de peignes de Danbury et de Bethel, ce qui me procurait l'agrément de me trouver constamment en pays de connaissance.

Mes mœurs étaient assez régulières. Quoique toujours occupé à débiter des liqueurs fermentées, je ne me rappelle pas avoir bu moi-même une pinte de bière, de vin ou d'eau-de-vie avant d'avoir atteint ma vingt-deuxième année. J'allais très-régulièrement à l'église et j'avais toujours avec moi une Bible, que je lisais le plus fréquemment possible.

En février 1828, mon grand-père m'écrivit que si je voulais retourner à Bethel et y établir, pour mon propre compte, un commerce quelconque, il me laisserait, sans rétribution aucune, occuper une moitié de sa grande remise.

La remise en question était située sur le devant dans la grande rue de Bethel, et je me décidai à y ouvrir une boutique de fruitier-pâtissier. Avant de quitter New-York je consultai plusieurs marchands de fruits que je connaissais, et qui s'engagèrent à m'envoyer ce dont j'aurais besoin. J'allai ensuite à Bethel, j'arrangeai de mon mieux mon magasin, j'achetai les provisions que je comptais débiter, y compris un baril d'ale, et j'inaugurai mon établissement le premier lundi du mois de mai 1828, ce jour-là étant celui où notre milice est appelée à faire l'exercice.

Les alternatives d'espérance et de crainte qui m'agitèrent durant les deux semaines qui précédèrent mon grand début surpassèrent toutes les émotions du même genre que j'ai éprouvées depuis. Je n'avais au monde que cent vingt dollars, et je venais de les risquer d'un coup dans cette entreprise. J'en avais dépensé cinquante à transformer en boutique la portion de la remise que m'avait cédée mon oncle, et les soixante-dix autres à l'achat de mes provisions.

Un lundi je fus sur pied de bonne heure, enchanté de voir que le temps était propice. Dès le matin les gens de la campagne commencèrent à affluer vers le village, et ma petite boutique, que j'avais décorée avec tout le goût dont j'étais capable, attira leur attention. Je ne tardai pas à avoir beaucoup de besogne sur les bras, et avant midi je fus obligé de prier un de mes camarades de m'aider à servir mes nombreuses pratiques. Cela dura pendant toute la journée et une partie de la soirée, lorsque je fermai enfin mon magasin j'eus la satisfaction de voir que la recette de la journée s'élevait à soixante-trois dollars. J'avais, il est vrai, vidé jusqu'à la dernière goutte mon baril d'ale, mais les autres provisions ne paraissaient pas avoir été sérieusement entamées; de sorte que, tout en rentrant dans mon argent à six dollars près, je n'avais vendu qu'une faible partie de mon fonds.

Je n'ai pas besoin de dire combien je fus heureux du résultat de ma première journée. Je vis que mon magasin serait une bonne affaire, et l'expérience a prouvé que je ne m'étais pas trompé. Je m'empressai d'acheter un second baril d'ale et de me rendre à New-York, où je dépensai tout mon argent à me procurer une foule d'articles de fantaisie et d'objets qui me paraissaient devoir s'écouler facilement. Mon assortiment se composait de portefeuilles, de peignes, de perles, de bijoux à bon marché, de couteaux et de quelques jouets d'enfant. Mon commerce continua à prospérer, et vers le commencement de l'automne j'y ajoutai un débit d'huîtres marinées.

Mon grand-père, comme de raison, s'intéressa beaucoup à mes premiers succès. Il me conseilla de tenir un bureau pour la vente des billets de loterie que je placerais pour le compte des entrepreneurs, en touchant une prime sur chaque numéro. A cette époque les loteries n'avaient pas été abolies dans le Connecticut, et on les considérait comme un genre de commerce aussi légal et aussi respectable que tout autre. Je suivis donc l'avis de mon grand-père, et j'obtins l'agence d'une entreprise de ce genre, dont je vendais les billets moyennant une commission de dix pour cent. Cette agence, jointe à mon commerce de fruits, de sucreries, d'huîtres et de joujoux, me procura des bénéfices assez satisfaisants.

Ma petite boutique était devenue le rendez-vous favori des gens du village, et elle fut le théâtre de plus d'une bonne plaisanterie.

Danbury se trouve à environ huit lieues à l'est de la ligne qui sépare l'Etat de Connecticut de celui de New-York. Aussi plusieurs notabilités excentriques de ce dernier Etat traversaient souvent Bethel, entre autres un vieux meunier à la tête grisonnante, que j'appellerai Crofut, et un M. Hackariah Bailey, qu'on nommait Hack Bailey par abréviation. Crofut avait amassé une grande fortune. Il venait souvent à Bethel pour vendre de la farine de blé qu'il amenait avec lui dans des sacs qui s'élevaient comme une pyramide sur un grand camion que traînaient deux magnifiques chevaux. Crofut et Bailey étaient aussi obstinés l'un que l'autre. Quand ils avaient pris une détermination, il était impossible de les en détourner. Hack Bailey était propriétaire d'une ménagerie. Il avait importé le premier éléphant qu'on ait vu dans les Etats-Unis, et ce fut là l'origine de sa fortune. Il fit ensuite voyager pour son compte un grand nombre de ménageries ambulantes et établit avec succès une ligne de bateaux à vapeur sur le North-River. Il bâtit à Somers, près de New-York, un magnifique hôtel, auquel il donna le nom de l'Eléphant, et érigea à l'entrée une colonne de marbre surmontée d'une statuette en or représentant son éléphant favori.

Hack Bailey, après avoir amassé des milliers de dollars à faire voir son éléphant, résolut de se reposer un peu; et afin de n'être pas forcé de voyager de village en village, il s'associa un cornac, qui se chargea de faire voir l'animal et qui devait envoyer à Hack la moitié des recettes.

Quelques semaines après le départ de son associé, Hack commença à s'inquiéter de ne recevoir aucune remise. Il attendit encore, mais comme sœur Anne, il ne vit rien venir. Enfin il écrivit au cornac pour lui demander la cause de son silence, pas de réponse! Impatienté, Hack prit la diligence jusqu'à Boston, et au bout de quelques jours eut rejoint son associé à New-Bedford, Etat de Massachusets. Hack lui demanda pourquoi il n'avait pas reçu sa part des bénéfices : l'autre répondit qu'il n'y avait pas eu de bénéfices, que les frais avaient tout absorbé, etc.

Hack savait parfaitement le contraire, car on lui avait dit que l'éléphant avait partout sur son passage attiré de nombreux spectateurs; et il vit par lui-même que des centaines de personnes visitaient la ménagerie à New-Bedford : il insista donc sur un règlement immédiat.

— Je réglerai au printemps, je suis trop occupé en ce moment, répondit l'associé obstiné.

Cette réponse démontra à Hack que sous la direction actuelle ses chances de profit étaient très-précaires. Il offrit alors à son partenaire de lui céder la part qui lui restait de l'éléphant.

— Merci, une moitié d'éléphant me suffit pour le quart d'heure! répondit l'autre.

— Eh bien! alors, vendez-moi votre part, dit Hack.

— Merci encore, je n'ai pas envie de vendre, je suis satisfait.

— Mais moi je ne le suis pas, répliqua Hack, et je vous ferai changer de ton, vous ne voyagerez plus avec l'éléphant tant que j'en serai copropriétaire.

— Vous ne pouvez pas m'en empêcher, le traité que vous avez signé me donne la garde de l'éléphant, et fixe au printemps prochain le règlement de nos comptes, répliqua l'associé.

— Oui, mais le traité dit clairement que vous devez me remettre la moitié des bénéfices, répondit Hack.

— C'est juste; mais pour cela il faut qu'il y ait des bénéfices, et je soutiens qu'il n'y en a pas! s'écria le cornac.

Tant de mauvaise foi indigna Hack.

— Voulez-vous me revendre votre part de l'éléphant? répéta-t-il.

— Non.

— Voulez-vous acheter ma part?

— Non.

— Alors je vous défends de faire voir l'éléphant!

— Je connais mon code, et je vous défie de m'en empêcher.

— Nous verrons si je ne trouve rien de plus efficace que la loi pour mettre un fripon à la raison! s'écria Hack, qui sentait la colère le gagner.

— Comme vous voudrez, je ne crains rien, répliqua tranquillement l'autre.

Le lendemain, dès le point du jour, le cornac descendit dans la cour dont on avait fait le logement provisoire de l'éléphant, qu'il se disposait à conduire à la ville voisine. Il y trouva Hack Bailey, qui se tenait debout auprès du quadrupède, un fusil chargé à la main.

— N'approchez pas de l'éléphant, je vous le défends! dit tranquillement Hack, qui porta son fusil à son épaule.

— Monsieur Bailey, voulez-vous donc m'assassiner? s'écria le cornac effrayé.

— Je n'ai nullement cette intention, Monsieur; je ne veux rien faire qui soit en contravention avec les lois. Je suis venu réclamer mes droits, vous avez refusé de satisfaire à ma juste réclamation; mais vous me connaissez assez, je crois, pour savoir que je ne consentirai pas à être plus longtemps votre dupe. Vous ne voulez ni acheter ni vendre, dites-vous? C'est fort bien. Vous pouvez faire ce que bon vous semble de votre moitié de l'éléphant; mais quant à moi je suis fermement résolu à *tuer ma moitié.*

Le cornac savait que Hack n'était pas homme à reculer, et il vit qu'en ce moment surtout il n'était pas en train de plaisanter. Hack avait levé son fusil, et ajustait l'animal.

— Arrêtez, arrêtez, j'achète! s'écria le cornac.

— Non, non, vous n'achèterez pas! dit Hack continuant à ajuster.

— Si! reprit l'autre.

Hack abaissa son fusil, et une demi-heure après il avait vendu sa part de l'éléphant et reçu de son ex-associé une somme assez ronde. C'est ainsi que le pauvre animal échappa au danger d'être tué à moitié.

Mon grand-père, étant juge de paix, avait souvent à juger des causes civiles et criminelles. Un jour un homme fut arrêté par ordre du grand jury sous la prévention de coups et blessures graves. La cause devait se plaider devant mon grand-père. Un jeune étudiant en médecine du nom de Newton, qui logeait chez ma mère, entreprit de défendre l'accusé. C'était la première fois qu'il acceptait une pareille charge; mais il crut l'occasion bonne pour étonner les villageois par l'étalage de son talent oratoire. M. Couch, qui présidait le grand jury, vint me trouver et me dit que puisque l'accusé avait un avocat, il lui semblait convenable que l'Etat fût représenté aussi bien que la défense, et qu'il me donnerait un dollar si je voulais remplir le rôle du procureur-général. Je m'empressai d'accepter l'offre, et je touchai d'avance mes honoraires.

Le bruit que deux orateurs éminents devaient plaider la cause en question attira une foule nombreuse; toutes les boutiques du village restèrent vides. La culpabilité du prévenu fut clairement établie par les dépositions irréfutables de sept ou huit témoins, et comme il ne se présenta aucun témoin à décharge, il n'était pas plus besoin de plaider qu'il n'était nécessaire de prouver au jury qu'il fait plus clair à midi qu'à minuit.

Cependant le jeune Newton n'en voulut pas démordre. Il se leva d'un air majestueux et commença par un « *Plaise à l'honorable cour,* » etc., puis il enfila une suite interminable de lieux communs, citant largement Shakspeare, émaillant son discours de vers inédits, faisant de temps à autre allusion à la triste position du prévenu, aux persécutions dont il avait été l'objet, et au caractère vindicatif du plaignant; il lançait de temps à autre un regard dédaigneux à l'adresse du président du jury. Mon grand-père demeura impassible pendant une demi-heure; mais enfin, lorsque vers le milieu de ce que l'orateur regardait comme une brillante péroraison ce dernier désigna pour la vingtième fois M. Couch, en le qualifiant de plaignant, la cour interrompit l'avocat. Newton fut désolé de se voir arrêté juste au moment où il allait donner la plus haute idée de son talent oratoire.

— Que désire l'honorable cour? demanda d'un air vexé l'avocat improvisé.

— La cour désire que vous sachiez que la personne que vous désignez n'est nullement le plaignant dans cette affaire, répondit mon grand-père.

— Si monsieur n'est point le plaignant, oserais-je demander a l'honorable cour *quel est* le plaignant? reprit Newton avec une intonation sardonique.

— Si je n'avais que votre plaidoyer pour me guider, votre question ne laisserait pas de m'embarrasser, et je crains que si l'on vous permet de poursuivre votre poétique discours, aucun de nous ne soit capable de distinguer l'accusé de l'accusateur; mais, si je ne me trompe, j'ai entendu dire au président du jury que le plaignant est représenté par l'Etat de Connecticut, répondit mon grand-père d'une voix doucereuse.

Le pauvre Newton retomba sur sa chaise aussi subitement que s'il eût été renversé par un boulet de canon. Sa déconfiture souleva dans l'assemblée des murmures railleurs. Pendant le discours de la partie adverse, je m'étais occupé à prendre des notes. Je me levai plein de confiance, et après avoir salué la cour je commençai par accabler mon adversaire sous une pluie de compliments ironiques; puis je passai de suite à l'examen des dépositions des témoins, où je trouvais cent preuves irrécusables de la culpabilité du prévenu. J'appuyai sur le fait que tous les témoins étaient des témoins oculaires, et qu'aucune contradiction n'était venue soulever des doutes sur la bonne foi desdits témoins. L'interrogatoire avait-il fourni une seule réponse contradictoire? Non. La défense n'avait que des phrases à nous opposer. Il ne pouvait exister l'ombre d'un doute quant à la culpabilité de l'accusé. J'étais étonné du manque de discrétion, je dirais même de l'audace du prisonnier et de l'avocat qui osait prendre sa défense. M'échauffant au bruit de mes propres paroles, je m'élançai dans les nuages de la rhétorique, où je m'élevai à une hauteur si vertigineuse que je commençai à craindre d'être obligé de faire une chute trop rapide. Mais tout à coup mon grand-père me tira d'embarras en me coupant la parole.

— Jeune homme, dit-il, soyez assez bon pour dire à l'honorable cour pour qui vous plaidez... Pour le prévenu ou pour le plaignant?

Je tombai de mon haut, au milieu des éclats de rire de toute l'assemblée. Newton était resté dans son coin la tête baissée, depuis le moment de sa déconfiture; mais mon malheur le consola, et il se mit à rire comme les autres. Quant à moi, je goûtai très-médiocrement la plaisanterie; je reprochai à mon grand-père d'avoir manqué au respect qu'on doit à une cour de justice, mais il ne daigna pas me répondre. Dès que l'ordre fut rétabli, l'accusé fut renvoyé en prison pour comparaître devant les prochaines assises. Quant aux deux nouveaux membres du barreau, qui avaient ce jour-là prononcé leur premier discours, ils disparurent aussi rapidement qu'ils le purent sans compromettre leur dignité.

. . . .

Mes affaires prospéraient au-delà de ce que j'avais osé espérer. Quoique je fusse de toutes les réunions où l'on voyait des jeunes gens, de toutes les soirées, de tous les piqueniques, de toutes les promenades à pied ou en traîneau, etc., Chairy n'en continua pas moins à occuper la première place dans mon estime, — elle gagnait à être connue.

La façon dont je m'y pris pour briller à une de nos courses en traîneau mérite peut-être d'être racontée.

Mon grand-père, qui avait un certain nombre de chevaux et de véhicules, les mettait presque tous à ma disposition. Je dis presque tous, car il avait un cheval favori qu'il avait nommé l'Arabe, et qu'il réservait pour son usage personnel. Il avait aussi acheté tout récemment un superbe traîneau qui faisait l'admiration de tout le village : malheureusement il m'était défendu de m'en servir. L'autre traîneau, dont la jouissance m'était laissée, ne me déplaisait pas ; mais je brûlais d'essayer la nouvelle acquisition de mon grand-père, et d'y atteler l'Arabe. Je savais bien qu'avec un pareil équipage j'éclipserais tout le village. Mais, quelque indulgent que fût mon grand-père à mon égard, je n'avais nulle raison d'espérer qu'il céderait à mon caprice. Cependant je pensai qu'il n'y aurait pas de mal à essayer, et je me rendis chez lui.

— Grand-père, lui dis-je, je voudrais un cheval et un traîneau pour une partie de campagne qu'on a projetée pour mardi prochain.

— Très-bien, tu pourras les prendre.

— Pourrai-je prendre l'Arabe et le traîneau rouge ? continuai-je après un moment d'hésitation.

— Oui, si tu as vingt dollars dans ta poche ! répliqua mon grand-père, assez surpris de ma demande.

Je tirai ma bourse, et lui ayant montré qu'elle contenait la somme qu'il venait de désigner, je la remis dans ma poche, et j'ajoutai en riant :

— Là, vous voyez que j'ai les vingt dollars. Je vous remercie de votre permission, et je viendrai mardi atteler l'Arabe au traîneau neuf.

Il va sans dire que mon excellent parent avait voulu me donner à entendre que si je tenais à me pavaner dans son équipage favori, il me faudrait payer ce plaisir vingt dollars : ce qui dans sa pensée équivalait à un refus. Mais ma façon d'interpréter sa réponse lui parut une bonne plaisanterie, et il accéda à mon désir.

— Seulement, ajouta-t-il, sois prudent et ne m'abîme rien.

Je promis d'avoir égard à sa recommandation, et le lendemain nous traversions le village dans le plus beau traîneau de l'endroit.

Un de nos voisins, génie universel, qui réussissait dans tout ce qu'il entreprenait, acheta une boîte d'instruments de chirurgie et ajouta la profession d'arracheur de dents à ses autres métiers déjà fort nombreux. Il arbora une affiche et lança des prospectus où il annonça qu'il extirperait les dents du public moyennant vingt sous pièce, et qu'il opérerait gratis sur les mâchoires de ses parents. Un de ses cousins s'empressa de lui envoyer une tête d'âne en le priant par lettre de vouloir bien y enlever vingt dents.

Le dentiste en herbe se mit à l'ouvrage, et grâce au marteau, aux pinces et aux tenailles, il parvint à accomplir sa tâche; puis il les renvoya, ainsi que la tête de l'animal, à son cousin, en les accompagnant d'une note qui s'élevait à la somme de cinq dollars.

Le cousin refusa de payer, se basant sur sa qualité de parent; mais le dentiste répondit :

— Je suis votre cousin, c'est vrai, mais je ne suis pas celui de votre âne, — donc vous devez me payer.

Or, à Bethel on ne lâchait jamais une plaisanterie sans l'user jusqu'à la corde; le dentiste cita son cousin devant le juge de paix, qui condamna ce dernier à payer tant pour la dette que pour les frais environ sept dollars et demi.

Une après-midi que plusieurs de mes pratiques se trouvaient réunies dans mon magasin, un des farceurs du voisinage demanda à un fermier qui venait d'entrer s'il avait des plumes d'oie à vendre.

— Je plumerai mes oies dans un mois environ, et alors j'en aurai une masse, répondit ce dernier.

— A quel prix ?

— Cinquante sous la livre.

— C'est trop bon marché, je m'engage à vous donner vingt-cinq dollars pour autant de livres de véritables plumes d'oie à livrer ici même dans le délai d'un mois.

Le fermier, qui était assez malin, vit bien qu'il y avait quelque anguille sous roche, mais il accepta néanmoins le marché qu'on lui proposait.

— Signons une convention, dit mon voisin.

On rédigea séance tenante un contrat où il fut stipulé que sous peine d'un dédit de vingt-cinq dollars, le fermier s'engageait à livrer vingt-cinq livres de véritables plumes d'oie, lesquelles plumes l'autre signataire s'engageait de son côté à payer un dollar la livre.

Au jour dit, le fermier arriva avec la quantité de plumes voulue. L'acheteur, qui désirait qu'une plaisanterie où tous les rieurs devaient être de son côté ne se passât pas à huis clos, avait prévenu quelques amis, qui s'étaient empressés de se rendre à l'appel.

— Eh bien! voilà vos plumes! dit le fermier.

— Voyons-les.

— On ouvrit un des sacs et l'acheteur en retira une poignée de plumes, qu'il parut examiner attentivement.

— Ah ça! mon ami, vous n'êtes pas resté dans les termes de la convention. Vous deviez me livrer vingt-cinq livres de véritables plumes d'oie, et il y a là une bonne moitié de plumes de jars. Vous aurez à payer le dédit.

— C'est ce qui vous trompe, répondit le fermier en montrant toutes ses dents. Vous avez cru me prendre sans vert; mais j'ai deviné où vous vouliez en venir, et je n'ai plumé que des oies à votre intention. Voici une attestation en règle signée par trois de mes voisins.

Le citadin était pris dans le piége qu'il avait cru tendre à un naïf villageois. Il fallut s'exécuter et accepter la livraison au prix convenu. Mais l'acheteur eut la satisfaction de savoir que les sacs qu'on déposa chez lui renfermaient des plumes d'oie pures de tout mélange.

Vers cette époque je me disposai à me rendre à Pittsburgh avec M. Samuel Sherwood de Bridgeport. C'était un voyage d'exploration, car on nous avait dit qu'on pouvait faire fortune en ouvrant un bureau de loterie dans cette première ville; et nous résolûmes de voir par nous-mêmes si l'on nous avait dit vrai. Nous visitâmes d'abord le bureau central de loterie à New-York, où nous fûmes reçus par le directeur, M. Dudley S. Gregory, qui ne parla pas très-favorablement de Pittsburgh. Après une heure de conversation, il m'offrit l'agence entière de la loterie pour l'Etat de Tennesse si je consentais à aller ouvrir un bureau à Nashville. L'offre était séduisante ; mais je craignis que la distance ne fût trop grande pour ne pas déplaire à une certaine tailleuse de Bethel, dont je me croyais tenu de consulter les volontés. Je demandai donc un délai de quinze jours. En attendant, Sherwood et moi, après avoir abandonné le projet d'aller à Pittsburgh, nous nous décidâmes à pousser jusqu'à Philadelphie. Le lendemain matin nous prîmes place à bord d'un vapeur qui nous débarqua à New-Brunswick, où nous trouvâmes une voiture dans laquelle nous fîmes à peu près trente milles à travers les sables, pour nous embarquer à Bordentown sur un autre bateau à vapeur, qui arriva à Philadelphie vers la tombée de la nuit. Nous descendîmes à l'hôtel du Congrès dans Chesnut-Street, où nous adoptâmes un genre de vie auprès duquel celui que nous avions mené jusqu'alors nous parut bien mesquin. Ce régiment de garçons, ce luxe de linge, d'argenterie et de porcelaine, ces plats succulents se succédant avec une rapidité merveilleuse, étaient quelque chose de tout nouveau pour nous ; mais nous usâmes de tout en gens habitués à une pareille chère. Pendant huit jours nous vécûmes comme des coqs en pâte, ne sortant jamais qu'en voiture. Le dimanche matin nous écoutâmes avec beaucoup de plaisir le carillon de Christ-Church, car c'était une musique que nous n'avions jamais entendue auparavant. Enfin nous nous décidâmes à regagner nos pénates. La note qu'on nous présenta nous causa un étonnement difficile à décrire, et nous commençâmes à nous demander s'il nous restait assez d'argent pour retourner chez nous. Rassemblant nos finances, nous nous aperçûmes que nos craintes n'étaient que trop fondées ; nous avions si follement dépensé notre pécule, qu'après avoir acquitté notre note à l'hôtel et pris nos billets pour New-York, il nous restait moins de deux schellings.

Nous vîmes que nous aurions de la peine à arriver. Fort heureusement notre position embarrassante nous fut dévoilée pendant que nous étions à déjeuner ; et comme ce repas était compris dans la note, nous profitâmes de l'occasion pour glisser quelques biscuits dans nos poches tout en sirotant notre café. Ces bribes escamotées du dessert devaient remplacer le dîner que nous n'avions pas de quoi payer.

Au moment où nous quittions l'hôtel, le garçon décrotteur nous pria, casquette en main, de ne pas l'oublier. Sherwood joua l'indignation et déclara que partout où il avait voyagé, le décrottage s'était trouvé compris dans la note. Je voulus prendre également un air indigné, mais je ne pus y réussir. Je mis la main à la poche, et j'en tirai un quart de dollar que je remis au serviteur qui avait donné à nos chaussures un lustre inusité. Cet acte de générosité réduisit notre capital social à la somme de deux *cents*. Ainsi appauvris, nous nous mîmes en route, disant au commissionnaire de l'hôtel que nous porterions nous-même nos malles, attendu que le médecin nous avait recommandé les exercices violents.

Ce jour-là nous dînâmes de biscuits et d'eau fraîche; et lorsque nous arrivâmes à New-York nous portâmes nous-mêmes notre bagage jusqu'à Fulton-Street, où se trouvait notre hôtel. Le lendemain matin Sherwood emprunta deux dollars à un camarade de Bridgeport rencontré par hasard, puis se rendit à Newark, où son cousin le docteur Sherwood lui prêta cinquante dollars. Il me remit la moitié de ce prêt, et après avoir passé un ou deux jours à New-York, nous nous séparâmes pour retourner chacun chez nous. J'ignore quels étaient les sentiments de Sherwood à la suite de cette équipée; mais, pour ma part, je m'en revins bien penaud, méditant comme j'ai souvent eu l'occasion de le faire depuis ce vieux proverbe : *Un sot et ses écus ne font pas longue route ensemble.*

Néanmoins ma visite au directeur de la loterie à New-York m'ouvrit les yeux sur les profits de ce genre de spéculation. J'avais vendu beaucoup de billets pour Washington Yale, l'éditeur-imprimeur de Danbury, et pour O. W. Sherwood, à une prime de dix à quinze pour cent. J'appris de M. Gregory que les entrepreneurs, se réservant la prime de quinze pour cent invariablement prélevée sur les lots gagnants, fournissaient les billets à leurs agents à un prix qui laissait à ces derniers un profit de vingt-cinq à trente pour cent. Le public n'ayant en général aucune idée du nombre de billets émis, les organisateurs d'une loterie pouvaient s'arranger de façon que le prix total des billets dépassât de vingt à vingt-cinq pour cent le chiffre des lots gagnants.

Je suis constamment accablé, même aujourd'hui que la loterie est abolie dans presque tous les Etats de l'Amérique, de prospectus que m'adressent les agents des divers comités du Sud.

Voici les chiffres qui résultent de l'examen d'un programme que l'on m'a adressé au sujet d'une loterie qui a dû être tirée le 27 septembre 1854 à Baltimore, *au profit du canal de Susquehanna et d'autres projets utiles :*

Il y a 76,076 billets à 10 dollars, soit. . . .	760,760 00
Et 32,396 lots gagnants, s'élevant ensemble à. .	570,570 00
Et laissant par conséquent un profit de. . . .	190,190 00
Auquel il faut ajouter celui qui résulte des 15 pour cent prélevés sur les lots gagnants, soit. . .	85,585 50
Ce qui donne un bénéfice total de dollars. . .	275,775 50

Un autre projet de loterie, annoncé dans le même prospectus, émet des billets à deux dollars chacun ; les agents reçoivent une remise de quarante-deux pour cent, ce qui, avec les quinze pour cent accaparés par les entrepreneurs, fait un total de cinquante-sept pour cent prélevé sur les fonds fournis par les joueurs.

Au moment même où j'écris, des milliers d'individus vont engloutir dans un bureau de loterie l'argent dont leur famille a besoin. Si l'exposé que je viens de faire avait pour résultat de les guérir de leur manie, je n'aurai pas perdu mon temps.

Je m'empressai de profiter des renseignements que j'avais obtenus. Je me rendis chez les directeurs de la loterie du Connecticut, et je me fis délivrer des billets à ce qu'on appelle le *taux de spéculation*. J'établis à mon tour des agences de tous les côtés, et mes profits furent immenses. Quelquefois je vendais pour cent dollars de billets en une seule journée. Mon oncle Alanson Taylor s'associa bientôt à moi dans cette affaire et contribua beaucoup à augmenter la vente des billets. Ma tante Laura Nichols et une de ses voisines s'associèrent pour m'acheter un paquet de *quarts de billet*. Il y en avait pour vingt-cinq dollars. Avant le tirage, la voisine se repentit de cet achat et vint, du consentement de ma tante, me prier de vouloir bien reprendre le paquet. Lorsque la malle apporta de Hartford la liste des numéros gagnants, il était encore entre leurs mains. Ne voulant pas risquer une aussi forte somme, j'engageai huit de mes pratiques à se joindre à moi pour acheter le paquet. Alors nous ouvrîmes la lettre qui annonçait le résultat du tirage, et nous vîmes que nous avions gagné le quart du gros lot, qui était de quinze mille dollars. Notre huitième nous donna à chacun trois cent cinquante dollars.

La nouvelle de notre bonne fortune s'ébruita bientôt, et ma tante ne cessa jamais de gronder sa timide voisine ni de déplorer sa mauvaise étoile.

Les trompettes de la renommée allaient grossissant notre gain, et à plusieurs milles à l'entour le pays était en émoi. Nos ventes augmentèrent immensément. En une journée notre commis vendit pour mille dollars de billets, et j'en plaçai pour la même somme dans les manufactures et dans les villages que je parcourus à cheval.

Appréciant comme je l'ai toujours fait la puissance de la presse (à laquelle je reconnais devoir tous mes succès), je ne manquai pas de l'appeler à mon aide. Je lançai par dizaines de mille les circulaires et les prospectus, illustrés de dessins, de figures grotesques, de points d'exclamation, etc. Les journaux du voisinage étaient inondés de mes annonces. D'immenses affiches imprimées de toutes les couleurs couvraient les murs de ma maison. Comme le fameux Joe Strickland était très-populaire à cette époque, je mis mon bureau sous la protection du docteur Pierre Strickland, cousin germain de ce même Joe Strickland. Sur mes affiches et dans mes annonces je citais à tout propos ce nom fameux. *Prenez vos billets chez l'heureux docteur Strickland! — Le docteur Strickland a encore vendu cinq numéros gagnants!...* etc. Je mis aussi en réquisition la muse familière, afin de rendre plus irrésistibles les appels que je faisais au public. Quant aux nombreuses pratiques qui se plaignaient d'avoir inutilement dépensé leur argent, loin de les décourager, je leur conseillais de chercher leur argent là où ils l'avaient perdu, attendu que la fortune ne pouvait manquer de leur sourire à la fin.

A mon instigation, les heureux joueurs qui avaient gagné le grand lot en question donnèrent un souper qui eut lieu dans la taverne de ma mère. Les convives étaient au nombre de soixante; et comme on m'avait chargé des invitations, je m'étais empressé de choisir mes meilleures pratiques. A la fin du repas, je remis à chaque gagnant l'argent qui lui revenait. Ce coup de théâtre produisit un tel effet sur les invités, qu'un paquet de billets s'élevant ensemble à mille dollars fut acheté par cinquante souscripteurs et scellé sur-le-champ.

Je vendais un trop grand nombre de billets pour ne pas faire gagner quelques lots de un ou deux mille dollars et un grand nombre de lots moins considérables. Je ne manquai pas ces occasions d'emboucher la trompette de la réclame, et je fis tant que mon bureau passa bientôt pour être spécialement favorisé du sort. Il m'arrivait des demandes de billets des Etats les plus éloignés, et j'envoyais quelquefois des commis à cheval à de très-grandes distances. Parmi mes pratiques personnelles, il y avait un certain nombre de *clergymen* (1) et quelques membres de la secte des trembleurs (2) qui venaient à Bethel vendre des fleurs et qui me prenaient des billets en cachette.

Chaque fois que je visitais Brookfield, je me rendais chez un laïque qui affectait des principes d'une rigidité plus que cléricale, et pérorait sans cesse sur la vanité des choses d'ici-bas. C'était un professeur de piété qui prenait la parole à tous les *meetings* religieux. Je dînais presque toujours chez lui quand je passais par Brookfield, et il ne manquait jamais de me prendre un billet ou deux en me recommandant de n'en rien dire à sa femme. Mais tandis que le mari sortait pour faire seller mon cheval, ou qu'il était appelé au-dehors par quelque autre motif, la femme, qui était également citée comme un exemple de détachement des choses mondaines, profitait invariable-

---

(1) Membres des églises protestantes. — (2) *Trembleurs*, secte des quakers.

ment de l'occasion pour m'acheter un billet, en me priant de n'en souffler mot à qui que ce fût. Son époux, me disait-elle, avait horreur des loteries, et il ne lui pardonnerait jamais s'il apprenait qu'elle s'était laissé tenter.

Je continuais, malgré mes occupations, à faire tout doucement ma cour à Charity Hallett. Bien que ma mère et plusieurs de mes parents prétendissent que je pourrais trouver un meilleur parti, ceux qui connaissaient la jeune personne disaient que c'était une excellente fille, industrieuse, raisonnable, et d'une conduite irréprochable. Quelques-uns même ajoutaient que Taylor Barnum ne méritait pas d'avoir une aussi bonne femme. Je partageais l'avis de ces derniers, et je le prouvai en lui demandant sa main. Ma demande fut agréée, et on fixa le jour. En attendant, je ne négligeais pas mes affaires, et personne ne se doutait que le grand événement dût avoir lieu sitôt. Au mois d'octobre 1829, ma prétendue se rendit à New-York sous prétexte d'aller faire une visite à un de ses oncles, nommé Nathan Beer, qui demeurait n° 3, Orchard-street. De mon côté, je m'aperçus que j'avais un grand nombre d'articles à acheter pour le magasin, et je me dirigeai vers la même ville le samedi 7 novembre. Le lendemain soir, grâce au révérend docteur Mac Auley et en présence des amis et des parents de ma future, la tailleuse changea son nom contre celui de madame Charity Barnum, et je devins le mari d'une des meilleures femmes qui soient au monde.

Je n'avais alors guère plus de dix-neuf ans. Je suis convaincu que si j'avais attendu vingt ans encore je n'aurais pas trouvé une femme qui me convînt davantage, une meilleure mère ou une meilleure amie. Néanmoins je ne conseillerais à personne de suivre mon exemple, c'est-à-dire de se marier aussi jeune. Il faut laisser à l'esprit le temps de mûrir avant de prendre une des décisions les plus importantes de la vie. On a dit du mariage que c'était une loterie, un saut périlleux qu'on est obligé de faire avec un bandeau sur les yeux. Dans tous les cas, c'est une institution sérieuse et qui exige beaucoup de réflexions, et les unions précoces, les mariages d'enfants, comme il s'en fait trop souvent en Amérique, ont voué à la misère des milliers d'individus, quoi qu'en dise le philosophe Benjamin Franklin.

Nous revînmes à Bethel quelques jours après la cérémonie, et nous nous mîmes en pension chez la famille avec laquelle ma femme avait vécu précédemment. Ma mère me reçut sans paraître se douter de rien, et ne fit aucune allusion à mon mariage. Cependant il était facile de voir qu'elle était chagrinée de la façon presque clandestine dont cette union avait été célébrée. Cela ne m'empêcha pas de lui faire, comme par le passé, ma visite journalière, et au bout d'un mois elle m'engagea à mener ma femme passer le dimanche avec elle. Je l'amenai, et, à dater de ce jour, je suis certain qu'elle commença à apprécier la compagne dont j'avais fait choix.

Durant l'hiver de 1829-30, j'établis un bureau de loterie à Danbury, sans cependant abandonner celui de Bethel ni les succursales que j'avais ouvertes à Norwalk, à Stamford, à Middletown, etc., et une foule de petits bureaux semés à trente milles à la ronde. Au mois de juin 1830, j'achetai à mon grand-père trois arpents de terre à Bethel, au sud du village. Sur ce terrain, Lewis Osborne me construisit une maison de deux étages et demi pour la somme de deux cent cinquante dollars. Au printemps suivant je m'installai avec ma femme dans notre nouvelle demeure, et nous eûmes un ménage à nous.

J'avais en quelque sorte limité la vente de mes billets à quelques pratiques qui achetaient largement et à qui je faisais crédit. Abandonnant ces excellentes pratiques à un commis qui avait toute ma confiance, je m'embarquai dans une spéculation littéraire. J'achetai des livres aux ventes publiques et chez les bouquinistes de New-York, et je les colportai par tout le pays; puis faisant insérer des annonces dans les journaux, je les adjugeais au plus offrant et dernier enchérisseur dans des ventes où j'étais mon propre commissaire-priseur. Je réussis assez bien à deux exceptions près. J'avais annoncé une vente qui devait avoir lieu à Lichfield, Etat de Connecticut, où se trouvait à cette époque une école de droit; parmi mes pratiques il y avait beaucoup d'étudiants, et ils s'arrangèrent pour me voler un grand nombre de mes volumes les plus précieux; la même chose m'arriva à Newburgh, et ces deux faits suffirent pour me dégoûter à jamais de mon nouveau métier.

La même année je fis bâtir à Bethel même une maison qui fut connue sous le nom du *Magasin jaune.* Je louai le second et le troisième étages, et au mois de juillet mon oncle Alanson et moi nous ouvrîmes au rez-de-chaussée un magasin d'épicerie, de quincaillerie, de mercerie et autres denrées. Comme la plupart des gens qui s'engagent dans un commerce auquel ils n'entendent rien, nous fîmes d'assez mauvaises affaires. Le 17 octobre, je désintéressai mon oncle, et je restai seul propriétaire du fonds, ainsi qu'on le verra par l'avis suivant extrait d'un journal daté du 20 du même mois :

« Société dissoute. — La société connue sous la raison sociale Taylor et Barnum est aujourd'hui dissoute du consentement des deux associés.

» Alanson Taylor.

» Phinéas-T. Barnum.

» *P.-S. Barnum continuera seul le commerce. Il offre au public ses merceries, épiceries, quincailleries, etc., etc., à vingt-cinq pour cent meilleur marché qu'aucun de ses voisins.*

» *Bethel, 17 octobre 1831.* »

Vers cette époque, une grande agitation se manifesta dans le monde religieux, non-seulement dans la partie de l'Amérique que j'habitais, mais sur tout le territoire des Etats-Unis. Des meetings religieux d'une longueur interminable eurent lieu dans bon nombre d'églises. Grâce à des efforts inouïs, chaque secte fit de nombreux prosélytes, surtout parmi les jeunes gens. Telle fut même la terreur inspirée par certains prédicateurs fanatiques, que plusieurs des nouveaux convertis devinrent fous; le nombre des suicides et des meurtres augmenta sensiblement. Je pourrais citer plusieurs cas navrants, entre autres le meurtre de deux jeunes enfants de New-Canaan égorgés par leur propre père; mais je m'abstiens : si je fais allusion à ces circonstances, c'est qu'elles font partie des motifs qui m'engagèrent a publier un journal.

J'y étais poussé en outre par l'imprudence de certains zélateurs malavisés, qui, mêlant le profane et le sacré, prêchaient la formation d'un parti *politico-religieux*.

J'adressai au journal de Danbury plusieurs articles où je formulai mes craintes et où je déplorai en termes vifs les maux qui résultent nécessairement d'une agitation religieuse. Le journal de Danbury refusa d'insérer mes articles. Ce refus m'indigna.

J'annonçai que j'achèterais une presse et des caractères, et que dans quelques jours je ferais paraître le premier numéro d'un journal destiné à combattre toutes les ligues formées contre les libertés américaines. Ce premier numéro parut le 19 octobre 1831. La feuille s'appelait LE HÉRAUT DE LA LIBERTÉ.

La hardiesse et la vigueur que je déployai dans la rédaction de ce journal, le rendirent bientôt populaire, non-seulement dans le voisinage de la ville où il était imprimé, mais dans tous les Etats de l'Union, où j'expédiais un grand nombre d'exemplaires.

Emporté par la fougue de la jeunesse, dépourvu de cette prudence que l'expérience peut seule donner, je m'exposai fréquemment à avoir des démêlés avec la justice pour infraction à la loi sur la diffamation. Pendant les trois ans que j'exerçai le métier de journaliste, je fus poursuivi trois fois. Une des poursuites fut dirigée contre moi sur la plainte d'un boucher de Danbury, politiqueur zélé que j'avais accusé d'être un espion aux gages des ennemis du parti démocratique. Je fus condamné à une amende de plusieurs centaines de dollars. Les deux autres poursuites furent dirigées contre moi au nom du gouvernement; la première fut abandonnée, la seconde me valut une amende de cent dollars et deux mois de prison.

Je fus parfaitement bien traité dans la prison de Danbury. Je fis tapisser et meubler ma chambre avant d'en devenir locataire pour l'espace de soixante jours. Je vivais fort bien; mes amis m'accablaient de leurs visites de condoléance. Mon journal continua à paraître, et ma liste de souscripteurs s'accrut de plusieurs centaines de noms pendant ces deux mois de captivité.

Lorsque l'heure de la liberté sonna pour moi, cet événement fut fêté par une foule assez considérable accourue de tous les environs. On célébra ma délivrance dans la salle même où avait été prononcé mon arrêt. Quelques centaines de convives se réunirent ensuite autour d'une table somptueusement servie ; il y eut de nombreux toasts et des discours dans lesquels les orateurs, tout en s'occupant de la politique du jour, firent principalement allusion aux circonstances qui avaient amené ce banquet.

Ensuite vint la partie la plus importante de la cérémonie, pour laquelle je me réfère à la description que je retrouve dans mon journal du 12 décembre 1832 :

« P.-T. Barnum et les musiciens prirent place dans une voiture traînée par six chevaux et décorée pour l'occasion. Quarante cavaliers précédaient la voiture, ayant à leur tête un maître des cérémonies portant la bannière nationale. Immédiatement après venait l'équipage du héros du jour, suivi du comité chargé d'organiser la fête, et de soixante voitures appartenant à d'honorables citoyens qui avaient voulu servir d'escorte à notre éditeur.

» Lorsque la procession se mit en marche au bruit du canon, trois cents citoyens qui regrettaient de ne pouvoir l'accompagner poussèrent des hourras frénétiques. La musique ne cessa de jouer une foule d'airs nationaux jusqu'à l'entrée de Bethel, et elle finit alors par la romance pleine d'à-propos : *Où peut-on être mieux qu'au sein de sa famille*. Une harmonie et une entente parfaites ont régné durant cette mémorable journée parmi les assistants, et nous sommes heureux de pouvoir ajouter qu'aucun accident n'est venu les attrister. »

Il n'est pas étonnant que j'aie considéré ce retour comme une marche triomphale : c'était en effet une sorte de réhabilitation pour moi, en même temps que la condamnation de la loi sur la diffamation et de ceux qui s'en étaient servis contre moi.

Ma carrière de journaliste fut une lutte perpétuelle et pourrait fournir plus d'une page intéressante à ce volume, mais je passe à une autre partie de mon histoire.

Mon commerce, que la publication du *Héraut de la liberté* ne m'avait pas fait négliger, ne prospéra pas, pour plusieurs raisons. Je n'étais pas dans ma sphère naturelle; je voulais faire des affaires plus vite que ne le permettent les transactions commerciales; j'achetais donc largement, et, afin de vendre de même, j'étais forcé de donner un crédit illimité; ce qui produisit bientôt une accumulation de mauvaises créances. Mes livres, que je conserve encore, contiennent quelques centaines de comptes courants qui se sont clos par la mort, la fuite ou la faillite des créanciers. Au bas d'un petit compte de quelques dollars que restait me devoir un homme fort riche de Danbury, je retrouve la note suivante : *Trop riche pour payer*.

J'ai oublié de dire que dans l'été de 1831, je pris pour associé Horace Fairchild, et qu'en janvier 1833, je vendis mon fonds à un M. Toucey, frère du sénateur, losquels continuèrent le commerce sous la raison *Fairchild et Cie*.

Le numéro 160 du *Héraut de la liberté* fut publié à Danbury le 5 novembre 1834. Le journal fut alors transféré à Norwalk, Etat de Connecticut, où il fut publié pour moi par mon beau-frère John W. Amerman, jusqu'au moment où je le vendis à M. Georges Taylor.

CHAPITRE SEPTIÈME.

DÉBOIRES. — JOICE HEITH. — VIVALLA.

Résidence à New-York.— Annonce tentante. — A la recherche d'une position. — Darrow et la chemise. — Joico Heith. — Ma première entrevue. — Achat de Joice. — Contrat de vente. — La salle Niblo. — Opinion des journaux. — Hymnes. — Joice à Boston. — Maelzel. — Découverte importante. — Incident comique. — Il signor Vivalla. — Second phénomène. — Washington.— Séance du Sénat.—La montre en gage. — Défi. — Entrevue secrète. — Agitation. — Morale. — Mort de Joice. — Autopsie. — Déclaration. — Lyman mystificateur. — Controverse des journaux. — Comment on écrit l'histoire.

Dans l'hiver 1834-35, je conduisis ma famille à New-York, où j'avais loué une maison dans Hudson street. S'il faut parler franchement, je venais chercher fortune dans cette grande ville; car la loi avait prohibé les loteries dans le Connecticut. J'avais d'ailleurs perdu beaucoup d'argent avec mes clients, les uns ayant été ruinés par la loterie, les autres ayant mis de la mauvaise foi dans leurs payements. J'avais aussi fait des pertes considérables dans le commerce, et justifié en quelque sorte ce vieux proverbe : *Ce qui vient au son de la flûte s'en retourne au son du tambour.* Je m'étais vu en voie de gagner facilement des sommes considérables, et pensant que cela n'aurait pas de fin, je n'avais jamais hésité à faire une dépense quelque extravagante qu'elle pût être d'ailleurs. De la sorte, je n'avais rien réalisé; et bien que j'eusse dans l'avenir une confiance illimitée et que je me crusse destiné plus tard à une grande fortune, je me trouvais presque sans argent quand je partis pour New-York, n'ayant pour toute ressource que quelques vieilles créances dont je chargeai un agent d'opérer le recouvrement à Bethel.

J'avais espéré qu'il me serait facile d'entrer en relation avec quelque maison de commerce de New-York, qui me donnerait un intérêt en récompense de mes services; car de travailler pour un salaire déterminé, je ne voulais pas en entendre parler, ayant toujours refusé d'accepter une position semblable. Je me mis donc à chercher un emploi où mon énergie et mes facultés pourraient se déployer, et dans lequel, par suite, la rémunération de mon travail serait en raison de mon tact, de mon aptitude et de mon habileté dans les affaires. Mes ressources commençaient à diminuer, ma famille était mal portante, et j'éprouvais déjà des difficultés à subvenir à son existence. De guerre lasse, je finis par accepter la position de courtier et d'agent de recouvrement; et ce fut en cette qualité que je fus employé par M. Chapman de Chatham street et plusieurs autres négociants, qui m'accordaient une petite remise sur chaque vente qui se faisait par mon intermédiaire.

Je n'avais accepté cette position que temporairement et ne continuais pas moins à chercher de tous côtés quelque chose de mieux. Chaque matin mon premier soin quand je m'éveillais était de parcourir le *Sun* de New-York à la colonne des demandes et offres, dans l'espoir d'y trouver quelque chose à ma convenance; mais combien j'étais sot de placer mes espérances sur les annonces de journaux! A lire ces pompeuses réclames, il semblait qu'il n'y eût qu'à se baisser pour en prendre. Les fortunes de Crésus y étaient prodiguées comme les grains de sable sur le bord de la mer. Pour les obtenir, le lecteur n'avait qu'à se rendre, ainsi que l'avis l'y invitait, à la chambre n.º 16 d'un mauvais hôtel meublé situé dans une rue sale et déserte; mais quand on avait couru toute la ville pour découvrir cette rue presque inconnue et qu'on avait traversé les quartiers les plus infects de la cité, on se trouvait dans un mauvais bureau, devant un monsieur plus ou moins convenablement vêtu, qui, pour commencer la fortune de son client, exigeait d'abord de lui le dépôt d'une somme d'argent, puis lui proposait une magnifique invention brevetée consistant en quelques pilules de longue vie, une souricière d'un nouveau genre, ou toute autre de la même importance.

Je me rappelle à ce sujet que je crus un jour avoir mis la main sur un trésor. C'était une annonce commençant par ces mots : *Immense spéculation avec un petit capital. Dix mille dollars à gagner en une année. S'adresser au professeur ***, au Muséum américain de Scudder.*

Je m'étais toujours imaginé que le succès ne pouvait me faillir si je trouvais l'occasion d'une exposition en public. Aussi, après la lecture de cet avis, je me mis sans plus tarder à la recherche du fameux professeur qui faisait de si belles promesses. Je me rendis au Muséum et pénétrai dans la salle du cours encore tout essoufflé de la rapidité avec laquelle j'avais gravi les escaliers. Je ne fus pas peu désappointé de voir que j'avais été précédé par une douzaine d'individus. Aussi je me hâtai d'aborder le professeur, et le tirant à part je lui demandai s'il n'avait point encore disposé de sa spéculation.

— Pas tout à fait, me répondit le savant; mais je suis en pourparlers très-sérieux avec un grand nombre d'acquéreurs.

— Ah! Monsieur, je vous demande la préférence, car je suis l'homme qu'il vous faut! répondis-je avec inquiétude.

— Monsieur, votre empressement me plaît, vous êtes jeune, vous me paraissez avoir de l'énergie, cela me va, et je vous accorde la préférence.

— Ah! Monsieur, que de bonté!

Et je lui demandai de quel genre était son entreprise.

— Je suis propriétaire, me répondit-il, du grand microscope à gaz hydro-oxygène, l'instrument sans contredit le plus merveilleux qu'il y ait au monde. L'exhibition publique de ce microscope ne peut manquer d'intéresser vivement et d'assurer bien vite une position indépendante à son propriétaire. Hélas! ma santé trop faible ne me permet pas d'utiliser moi-même mon instrument, et je le céderai pour rien : deux cents dollars payables comptant, ou même à deux ou trois mois de terme avec de bonnes garanties.

A cette révélation mes rêves dorés s'évanouirent, et je dis au professeur qu'il pouvait chercher un autre acquéreur.

Un autre fois je lus un avis qui ne promettait pas moins de vingt dollars par jour sans mise dehors d'aucun capital : c'était mon affaire. Je me rendis immédiatement à l'adresse indiquée par le journal.

Je trouvai une petite vieille femme d'assez chétive apparence qu'entouraient au moins une vingtaine d'auditeurs. La langue de la nouvelle sibylle allait avec une rapidité effrayante : elle informait son auditoire qu'elle était sur le point de publier une brochure intitulée *le Guide du locataire,* contenant une description exacte et complète de tous les logements à louer à New-York.

— Maintenant, Messieurs, disait-elle, voici un grand nombre de carnets avec crayons : vous allez en prendre chacun un, en me laissant un schelling en garantie de sa restitution. Munis de ce carnet indispensable, vous vous diviserez entre vous la ville de New-York, vous en parcourrez les rues les unes après les autres, et sitôt qu'un écriteau viendra frapper vos yeux et vous indiquer qu'une maison est à louer, vous frapperez et aurez soin de vous informer scrupuleusement du prix de location, du nombre des chambres, et de tous les renseignements qui peuvent être utiles en pareilles circonstances. Vous aurez soin aussi de marquer le tout au fur et à mesure sur vos calepins, et sitôt que cela sera fait vous passerez au prochain écriteau, où vous recommencerez la même opération. J'espère qu'avec un certain nombre d'employés, qui ne peuvent me manquer, j'aurai complété mes renseignements dans l'espace de huit jours, et que je pourrai dans les dix jours suivants faire imprimer et répandre mon livre.

Les profits de cette opération, qui ne sauraient être calculés qu'apres le payement des dépenses d'impression, de publication et d'annonce, seront répartis de la manière suivante, savoir : une moitié pour moi en qualité d'inventeur, et l'autre moitié divisée entre vous, messieurs les agents, proportionnellement au nombre de maisons à louer sur lesquelles vous m'aurez rapporté les indications exigées. Je ne doute pas que de la sorte on ne réalise plusieurs milliers de dollars, qui seront plus que suffisants pour vous payer de vos peines. J'ai toujours été pour la maxime : A chacun selon sa capacité, à chaque capacité selon ses œuvres, — ou, en d'autres termes, je ne désire rien tant que d'aider les gens qui s'aident eux-mêmes. Je dois vous avertir cependant que le nombre des maisons signalées à l'administration centrale ne sera pas la seule base de la rémunération, et que je donnerai une attention toute particulière à l'importance de chaque maison aussi bien qu'à l'exactitude et aux soins avec lesquels auront été rédigés ces différentes indications.

La plupart de ceux qui se trouvaient là quittèrent la salle avant que la vieille dame eût terminé son speech ; mais comme il arrivait à chaque instant de nouveaux visiteurs, l'orateur en jupons avait à peine fini son discours qu'elle se mettait à le recommencer.

On s'imaginera facilement que je fus peu tenté par cette grande spéculation ; mais comme j'ai toujours été fort curieux d'étudier la nature humaine surtout sous ses côtés les plus excentriques, je restai dans la salle jusqu'à ce que la vieille eut répété trois ou quatre fois son petit discours, dans le seul but de juger de l'effet que son éloquence produirait sur les auditeurs. Je ne vis personne faire l'acquisition d'un des calepins et remarquai seulement que le nombre de ceux qui sortaient était à peu près compensé par le nombre de ceux qui entraient ; de telle sorte qu'il y avait sur l'escalier deux courants, l'un ascendant et l'autre descendant.

Un matin je lus dans le *Sun* l'annonce d'une place de commis pour laquelle il fallait s'adresser à William Niblo. Je me rendis donc au jardin Niblo, et ce fut là que pour la première fois de ma vie j'eus occasion de voir le propriétaire de cet établissement renommé à si bon droit pour l'élégance de ses décorations. J'exposai le but de ma visite ; M. Niblo me dit alors qu'il lui fallait un homme de bonne conduite et de bonnes manières, capable de remplir l'emploi vacant, qui pût justifier de sa moralité, et qui s'engageât avec lui pour deux ans. Cette dernière condition était tout à fait incompatible avec mes projets ; car, comme je l'ai déjà dit, je ne cherchais dans ce moment qu'une position transitoire, qui n'engageât point ma liberté pour l'avenir, et qui me permît d'accepter la première place qui se trouverait plus à ma convenance.

Je n'en finirais pas si je voulais dire toutes les démarches que je fis sur la foi des annonces de journaux. Qu'il suffise au lecteur de savoir que tout cela n'aboutit à rien, et que la fin de l'hiver arriva sans que j'eusse pu obtenir aucun emploi.

Le printemps vint à son tour, et fort heureusement vinrent avec lui quelques centaines de dollars envoyés pas mon agent de Bethel. Ne voyant rien de mieux à faire, j'employai mon petit capital à fonder une pension bourgeoise au n° 52 de la rue de Francfort. Je comptais surtout, pour faire prospérer mon établissement, sur mes connaissances du Connecticut que leurs affaires amenaient à New-York. Je n'avais point compté sans mes hôtes, et j'eus bientôt une assez nombreuse clientèle. Mais, comme une semblable occupation était loin d'employer tout mon temps, je m'associai encore avec M. John Moody dans l'exploitation d'un magasin d'épicerie situé n° 156 de la rue du Sud.

Dans le cours de cette même année j'eus l'occasion d'aller plusieurs fois à Bridge-Port et d'y rencontrer à l'hôtel un plaisant nommé Darrow. Ce monsieur n'épargnait dans ses plaisanteries ni ses amis ni ses ennemis. Il avait presque établi sa résidence dans la principale salle de l'hôtel, et chaque fois qu'il s'y présentait un étranger Darrow ne manquait pas d'engager quelque pari dont le résultat ordinaire était de faire payer au nouveau venu une régalade pour toute la société. Un jour il fit tous ses efforts pour me faire donner dans le piége : mais j'étais en garde, et il ne put en venir à ses fins. Poussé à bout, Darrow vint à moi, me regarda quelque temps dans le blanc des yeux; puis, avec un bégayement qui lui était particulier :

— Allons, Barnum, dit-il, je vais vous faire une p-pr-poposition. Je fais un pari, c'est que vous n'avez pas une chemise entière sur votre dos.

Le sel de cette plaisanterie consiste en ce qu'ordinairement on n'a sur le dos qu'une partie de la chemise. Mais comme c'était moi qui sous main avais engagé un M. Hough à pousser Darrow à ce pari, j'avais pris mes précautions à l'avance, et tirant une chemise de ma valise, je l'avais mise tout entière sur mon dos, où je l'avais fixée à l'aide de mes bretelles, que j'avais passées par-dessus.

La salle de l'hôtel était pleine de monde, et personne, excepté Hough, n'était dans le secret. Chacun, en me voyant accepter la proposition, regarda le pari comme perdu d'avance pour moi. Désirant exciter un peu Darrow et donner plus d'éclat et de retentissement au pari, j'eus l'air de faire des difficultés.

— C'est une folie qu'un pareil pari, lui dis-je, je suis bien sûr que ma chemise est entière, car elle est presque neuve. Je vous volerais votre argent, et ne veux point parier à coup sûr.

— Bah! bah! mauvaise défaite, dit Darrow; je vous sauve le scrupule, et je vous parie une tournée pour tout le monde ici présent que vous n'avez pas une chemise tout entière sur votre dos.

— Non, j'aime mieux parier autre chose. Parions que ma chemise est plus propre que la vôtre.

— Cela n'est pas l-l-l-l'affaire. Votre chemise n'est pas tout entière sur votre dos, voilà ce que je soutiens.

— Mais je sais bien qu'elle n'est pas déchirée, répondis-je avec un dépit simulé qui fit beaucoup rire l'assistance.

— Bah! bah! j'en suis fâché pour vous, mon cher; mais je soutiens que vous êtes à la guenille apparemment, et que vous êtes venu en cet état de Dan-Dan-Danbury.

— Mais si je parie et que vous perdiez, vous ne payerez pas! fis-je observer.

— Voi-voi-voi-voilà cinq dollars, dit aussitôt Darrow en tirant de sa poche les pièces de monnaie et les remettant entre les mains du capitaine Hinnman notre hôte; et maintenant pa-pa-pa-pariez, si vous l'osez, déguenillé que vous êtes.

Il n'y avait plus à hésiter; je remis à mon tour mes cinq dollars entre les mains du capitaine Hinnman, en lui disant que si je perdais, cette somme était destinée à régaler la société.

— Ra-ra-ra-rappelez-vous que les termes du pa-pa-pari sont ceux-ci : Je soutiens que vous n'avez pas une chemise entière sur le dos.

— C'est convenu, répondis-je en ôtant mon habit et commençant déjà à déboutonner mon gilet. On était si habitué à voir Darrow gagner ces sortes de paris, qu'on me considérait déjà comme ayant perdu, et qu'on commençait à rire à mes dépens. Quant à Darrow, il était au comble du bonheur. Il s'avança vers moi et me dit d'un ton goguenard au moment où j'étais en train d'enlever mon gilet :

— Inutile, mon cher, de vous dés-dés-déshabiller ; car, demandez plutôt à tous ces mes-mes-mes-messieurs, vous avez perdu, votre chemise n'est pas tout entière sur votre dos.

— Et si par hasard elle y était tout entière, c'est vous qui auriez perdu ! dis-je en achevant d'enlever mon gilet.

A la vue de la chemise que j'avais à l'avance préparée comme je l'ai dit, des rires s'élevèrent de tous côtés ; Darrow fut le seul à faire une mine d'autant plus piteuse qu'il s'était moins attendu au résultat. Puis se rappelant tout à coup que Hough l'avait excité à cette plaisanterie, évidemment concertée à l'avance, il s'avança vers celui-ci, et lui mettant le poing sous le nez, il lui dit avec un accent que la colère rendait encore plus bégayant :

— H-H-Hough, misérable co-co-co-coquin, vous vous mettez avec un homme de Dan-Dan-Dan-Danbury contre un voisin, mais vous me le pay-pay-pay-payerez !

Toutes les mains s'agitèrent pour faire signe au maître d'hôtel. Celui-ci arriva avec des bouteilles et des verres, et l'on but à ma santé avec d'autant plus d'entrain qu'on n'était pas fâché de voir une fois par hasard Darrow pris dans ses propres filets. Quant à celui-ci, on m'a assuré qu'il n'avait jamais été tenté de renouveler la plaisanterie de la chemise entière.

Dans la dernière quinzaine de juillet, M. Coley Bertram, domicilié dans l'Etat de Reading, se présenta à notre boutique, et entra en conversation avec M. Moody et moi. Il nous conta qu'il avait pris un intérêt dans une négresse extraordinaire nommée JOICE HETH, qu'on croyait âgée de cent soixante-un ans, et qui passait pour avoir été la nourrice du général Washington. Cette négresse se trouvait alors, nous dit-il, entre les mains de M. R.-W. Lindsey, du canton de Jefferson, Etat de Kentucky, son associé, qui était en train de la montrer à Philadelphie. Mais il ajouta que cet associé manquant d'habileté et de tact, il craignait que la spéculation n'eût un assez triste sort entre ses mains. Tout en parlant ainsi, M. Bertram me remit un numéro d'un journal de Pensylvanie en date du 15 juillet 1835, et appela mon attention sur un article ainsi conçu :

« Curiosités. — Les habitants de la ville et des environs de Philadelphie sont avertis que l'occasion se présente pour eux de visiter à la *Salle maçonnique* un des phénomènes les plus rares qui aient jamais existé : c'est une négresse, âgée de cent soixante-un ans, qui a autrefois appartenu au père du général Washington. Elle fait partie de l'Eglise anabaptiste depuis cent soixante ans, connaît plusieurs hymnes particulières à cette secte religieuse, et les chante suivant l'ancien mode. Elle est née près des bords du fleuve Potomac, dans la Virginie, et a vécu pendant quatre-vingt-dix ou cent ans tant à Paris qu'au Kentucky, avec la famille Bowling. Tous ceux qui ont été à même de visiter cette femme extraordinaire ont eu sous les yeux des preuves qui ne leur permettent pas de mettre en doute le grand nombre de ses années. On a d'abord en effet le témoignage de toute la famille Bowling, digne de toute créance; mais on possède en outre un acte de vente écrit et signé de la main même d'Augustin Washington, ainsi que plusieurs autres pièces de nature à convaincre les plus incrédules. Les dames qui voudraient visiter cet intéressant phénomène, et se rencontrer avec la plus vieille personne de leur sexe, la trouveront tous les jours à la *Salle maçonnique* dans l'après-midi et dans la soirée. »

Les journaux de New-York s'étaient aussi occupés à plusieurs reprises de ce merveilleux personnage, tout ce que j'en entendais dire excitait vivement ma curiosité, et je me rendis à Philadelphie, où j'eus une entrevue avec Lindsey à la Salle maçonnique.

Je fus fort satisfait de l'air de vétusté de la négresse. Le fait est qu'à la voir on aurait pu lui donner mille ans aussi bien que tout autre âge. Elle était couchée sur une sorte de canapé au milieu de la chambre, les pieds en bas et les genoux élevés au niveau de sa poitrine. Elle paraissait jouir d'une bonne santé, mais une maladie précédente et la vieillesse ou peut-être ces deux causes réunies l'avaient rendue incapable de changer de position : il n'y avait qu'un bras dont elle pouvait agir, le reste de son corps, et principalement les jambes, étaient privés de mouvement. Elle paraissait totalement aveugle, et ses yeux étaient si profondément enfoncés dans leur orbite qu'on eût dit qu'ils avaient entièrement disparu. Elle ne possédait pas une seule dent, mais en revanche sa tête était couverte d'une épaisse chevelure grise. Son bras gauche demeurait appuyé contre sa poitrine, sans qu'elle eût la force de le faire remuer. Les doigts de cette main étaient crochus et sans mouvement; les ongles avaient plusieurs pouces de long et venaient en se recourbant joindre le poignet. Les ongles de ses gros orteils avaient aussi des dimensions extraordinaires en longueur comme en largeur. L'un d'eux-même avait un quart de pouce d'épaisseur. Elle était d'un naturel très-sociable et causait volontiers avec les personnes qui venaient la voir. Elle chantait plusieurs espèces de cantiques et devenait même très-loquace chaque fois qu'on la mettait sur le sujet de son *cher Georges*, ainsi qu'elle appelait l'illustre régénérateur de l'Amérique. Elle déclarait qu'elle avait asisté à sa naissance, qu'elle avait été anciennement l'esclave d'Augustin Washington, le père de Georges, et que c'était elle qui lui avait passé ses premiers vêtements; en un mot, elle aimait à répéter que c'était elle qui l'avait élevé. Elle savait aussi une foule d'anecdotes sur le compte de son *cher petit Georges*, comme elle disait, qui, jointes à de nombreux détails sur l'ancienne secte des anabaptistes, rendaient sa conversation pleine de charme et d'intérêt. Je priai M. Lindsey de me faire voir les pièces justificatives du grand âge de la négresse, et il me montra ce qu'il prétendait être l'acte de vente d'Augustin Washington, du comté de Westmoreland dans la Virginie, à Elisabeth Atwood. Cet acte faisait mention d'une négresse nommée Joice Heith, âgée de cinquante-quatre ans et vendue pour la somme et prix de trente-trois livres monnaie de Virginie. Ce document portait la date du 5 février 1727 : il avait été scellé et délivré en présence de Richard Buckner et de William Washington.

D'après le récit de Lindsey, d'accord avec celui de Joice, mistress Elisabeth Atwood était une belle-sœur d'Augustin Washington. Le mari de Joice appartenait à mistress Atwood, et c'était la raison principale qui avait déterminé la vente de la négresse. Mistress

Atwood se trouvait la plus proche voisine de M. Washington, et cette circonstance avait permis à Joice d'assister à la naissance du petit Georges. Sa qualité d'ancienne nourrice de la famille l'avait fait appeler la première pour emmaillotter le nouveau-né.

Ce récit était d'autant plus acceptable, que l'acte de vente avait toutes les apparences d'une respectable antiquité. Il était encadré et mis sous verre; sa couleur jaune témoignait de son âge avancé, et il était demeuré si longtemps dans les mêmes plis, que non-seulement la marque en était restée, mais qu'il était déchiré en plusieurs endroits.

Je demandai comment on avait découvert l'existence de cet être si extraordinaire, on me répondit que cette négresse avait vécu ignorée pendant longtemps dans une plantation écartée appartenant à John S.-Bowling, du Kentucky; que là, personne n'étant son contemporain, on s'était mis fort peu en peine de son âge et que cette circonstance n'avait été révélée que depuis peu de temps et par la découverte de l'ancien acte dans le bureau des archives de Virginie; que cette découverte avait été faite par M. Bowling, qui, pendant qu'il était occupé à rechercher quelques papiers de famille, trouva sous sa main l'acte concernant Joice Heith. Sa curiosité, excitée au plus haut point, le porta à faire des investigations dont le résultat fut que cet acte s'appliquait parfaitement à l'ancienne esclave de son père, qui vivait encore et n'avait pas moins de cent soixante et un ans. M. Bowling avait alors emporté le papier chez lui et s'était encore assuré de l'identité de la personne en question en comparant sa vieille négresse avec le signalement porté sur l'acte de vente.

La négresse étant à vendre et les renseignements obtenus me satisfaisant, je demandai le prix. On me la fit trois mille dollars; mais avant mon départ de Philadelphie M. Lindsey me fit des concessions et arriva finalement à me dire que pour mille dollars il consentirait à se démunir de son phénomène vivant.

Je partis pour New-York bien déterminé à faire, s'il était possible, l'acquisition de Joice Heith. Il y avait une difficulté, je ne pouvais disposer que de cinq cents dollars. Mais heureusement je trouvai un ami à qui je parlai si chaleureusement de l'affaire et des bénéfices que j'espérais retirer de l'exposition publique de mon phénomène, qu'il consentit à me prêter les cinq cents dollars qui me manquaient. En peu de jours je liquidai ma position commerciale, et cédai à mon associé Moody toute ma part dans la maison d'épicerie; après quoi je repartis en toute hâte avec mon argent pour Philadelphie, où je me trouvai bientôt propriétaire de la vieille négresse, ainsi qu'il résulte du document que je transcris ci-après :

« ATTENDU que par convention du 10 juin 1835 John-S. Bowling, propriétaire d'une femme de race africaine, nommée Joice Heith, e R.-W. Lindsey, du comté de Jefferson, Etat de Kentucky, ont arrêté et convenu entre eux de s'associer pendant un an pour les gains et pertes résultant de l'exhibition de la femme africaine sus-nommée dans toute l'étendue des Etats-Unis;

» Attendu encore que R.-W. Lindsey affirme que John-S. Bowling a transféré tous ses droits, titres, intérêts et prétentions résultant de ladite association à Coley Bertram, et que par écrit en date à Philadelphie du 24 juillet 1835, ledit Coley Bertram a transféré au sieur R.-W. Lindsey soussigné tous ses droits sur la femme de couleur Joice Heith, âgée de cent soixante et un ans, à lui précédemment cédés par John-S. Bowling du Kentucky, par acte du 15 juin 1835;

» On fait savoir par ces présentes à tous ceux qu'il appartiendra que le soussigé R.-W. Lindsey, en considération de la somme de mille dollars à la charge de Phinéas T. Barnum, payables avant la signature de ces présentes, a cédé, vendu, transféré et délivré par ces mêmes présentes audit Phinéas T. Barnum, ses fondés de pouvoir ou ayants cause, l'usufruit de la négresse Joice Heith et le droit de la montrer et faire voir en public, seul et sans concurrence pendant tout le temps qui reste encore à courir de l'association d'un an résultant de l'acte du 10 juin 1835 sus-relaté; par suite, ledit vendeur renonce à la possession de ladite Joice Heith, ainsi qu'aux droits qui lui compétaient de la montrer et faire voir dans toute l'étendue des Etats-Unis. Il est également stipulé que ledit Lindsey, ses fondés de pouvoir, héritiers ou ayants cause seront tenus et obligés, en vertu des présentes, de laisser audit Phinéas-T. Barnum, à ses héritiers et ayants cause la possession paisible de ladite Joice Heith et l'exercice du droit de la montrer seul et de la faire voir dans toutes les villes des Etats-Unis durant le temps qui reste encore à courir de l'année commencée au 10 juin 1835.

» Par suite, ledit cédant s'engage à remettre ladite Joice Heith entre les mains dudit Phinéas-T. Barnum, ainsi que tous les titres constatant ses droits à l'exhibition publique de ladite négresse, s'obligeant en outre, ledit Lindsey, ses héritiers ou ayants cause, à garantir ledit Phinéas-T. Barnum, ses héritiers et ayants cause, de toutes réclamations qui pourraient survenir par la suite, soit de la part de Coley Bertram, soit de celle de John-S. Bowling, de leurs héritiers ou ayants cause ou de toute autre personne quelconque.

» Il demeure bien entendu que les présentes conventions prendront fin au 10 juin 1836, et que R.-W. Lindsey rentrera à dater de ce jour dans la possession de Joice Heith et dans le droit de la montrer et faire voir comme bon lui semblera.

» En foi de quoi ledit Lindsey a apposé sa signature et son sceau sur les présentes, le 6 août 1835.

» R.-W. Lindsey.

» Scellé et délivré en présence de :

» Salm. H. Traquair,
» W. Delant.

» Reçu de Phinéas-T. Barnum mille dollars en exécution des conventions ci-dessus mentionnées.

» Le 6 août 1835.

» *Signé* R.-W. Lindsey. »

J'engageai Lindsey à continuer l'exhibition à Philadelphie pendant une semaine encore, afin de me laisser le temps de prendre des arrangements indispensables pour l'installation de la négresse à New-York.

Je vins trouver M. William Niblo, qui, je crois, avait déjà vu la vieille négresse à Philadelphie; il ne reconnut point en moi l'individu qui s'était présenté, il y avait déjà quelque temps, pour demander une place de commis chez lui, et bientôt nous entrâmes en marché pour la location d'un appartement destiné à l'exhibition de la tante Joice. J'obtins un grand appartement dans le voisinage de son salon, qui était à cette époque un grand établissement vaste et aéré où l'on donnait des concerts et autres genres de délassements. Pendant les entr'actes, on servait aux convives des glaces et autres rafraîchissements sur de petites tables placées dans des bosquets disposés eux-mêmes tout autour du jardin.

Ces bosquets étaient décorés avec goût et ornés à l'extérieur de guirlandes en verres de couleur. La grande avenue située au milieu du jardin était également illuminée à l'aide de magnifiques transparents qui n'avaient pas moins de sept pieds de haut sur deux pieds de large et étaient surmontés d'un grand globe de lampe. Ces transparents étaient alors tout nouveaux à New-York et y obtenaient le plus grand succès. Ils y avaient été apportés par W. J. et H. Hannington, devenus depuis si célèbres dans l'illumination et la peinture décorative. M. H. Hannington me prépara plusieurs transparents de deux à trois pieds carrés, qu'on encadra richement et sur lesquels se détachait en blanc l'inscription suivante peinte sur un fond de couleur :

JOICE HEITH

AGÉE DE

161 ANS.

Mon engagement avec M. Niblo portait qu'il fournirait la salle et l'éclairage, payerait les frais d'affiches, d'annonces et de placement des billets, et qu'il prélèverait la moitié de la recette brute. Le résultat fut pour sa part d'environ quinze cents dollars par semaine.

Je pris pour m'assister dans l'exhibition de la tante Joice M. Levy Lyman, ancien avocat. C'était un Yankee, malin, agréable à vivre, mais un peu indolent. Il connaissait parfaitement le monde, était poli, aimable, pouvait converser sur toute espèce de sujet, et était surtout admirablement propre aux fonctions que je lui destinais.

Je commençais ma carrière de directeur de spectacle, et j'étais résolu de ne rien épargner pour la rendre aussi fructueuse que possible. Je connaissais l'influence de la presse sur l'esprit public; aussi ce fut à ce moyen que je m'adressai tout d'abord. Lyman fit un mémoire historique sur Joice, et le fit imprimer sous forme de brochure avec le portrait de la négresse. Il le vendait aux visiteurs pour son propre compte à raison de six centièmes l'exemplaire. Je fis tirer le même portrait à un nombre infini de copies, et j'inondai la ville de distributeurs chargés d'offrir à tout le monde des annonces qui signalaient à l'attention publique les mérites de la nourrice de Washington.

Voici quelques spécimens qui feront connaître la nature des prospectus que je lançai dans le public :

« Jardin Niblo. — Le phénomène le plus intéressant qui existe dans le monde entier vient d'être exposé au salon de Broadway dans l'édifice nouvellement construit pour le diorama. Ce prodige, plus attachant encore pour les Américains que pour tout autre peuple, n'est autre que la fameuse Joice Heith, nourrice du général Georges Washington, l'illustre père de notre pays. Cette femme étonnante, qui ne compte pas moins de cent soixante-un ans, ainsi que le prouvent des documents authentiques et irrécusables, jouit néanmoins de toutes ses facultés intellectuelles. Elle est pleine de santé et même de gaieté, bien que son poids total n'excède pas quarante-neuf livres. Elle raconte avec agrément plusieurs anecdotes de son jeune maître, et sait aussi nombre de choses concernant les faits et gestes des *Habits Rouges* pendant la guerre de l'indépendance; elle ne paraît pas, du reste, les tenir en une très-haute estime.

» Elle a été honorée de la visite d'une multitude de dames et de messieurs de tous les âges et de toutes conditions. Elle a même été l'objet d'un examen tout particulier de la part de plusieurs ecclésiastiques et médecins, qui tous ont déclaré qu'elle offrait le cas le plus extraordinaire de longévité qui se fût encore présenté de mémoire d'homme, et sont tombés d'accord que cette femme constituait un des phénomènes les plus intéressants comme les plus curieux.

» Elle fait partie depuis une centaine d'années de l'église anabaptiste, et paraît prendre un grand plaisir à la conversation des ecclésiastiques. De ses anciennes habitudes religieuses elle a retenu plusieurs cantiques et psaumes qu'on peut lui entendre chanter. »

Voici encore une autre réclame à l'aide de laquelle je stimulai le patriotisme et la curiosité publics :

« Joice Heith est incontestablement le phénomène le plus intéressant et le plus surprenant qui existe. Elle était esclave d'Augustin Washington, père de Georges Washington; et c'est elle qui a eu l'honneur insigne d'emmaillotter la première le faible enfant auquel l'avenir réservait de conduire nos héroïques aïeux à la gloire, à la victoire et à la liberté, et, pour nous servir de l'expression de la vieille négresse elle-même, c'est elle qui a élevé Georges Washington. »

Les articles ne furent pas non plus épargnés tant dans les journaux que dans les revues politiques, littéraires et religieux. En voici quelques-uns qui suffiront, je pense, aux lecteurs :

« Joice Heith. — L'arrivée au jardin Niblo de cette ancienne relique, miraculeusement découverte au milieu des débris d'un autre âge, a produit une véritable sensation chez tous les amateurs des merveilles de la nature. Il faut le reconnaître, il n'a jamais peut-être rien existé qui fût plus digne d'exciter cet intérêt. D'après la longueur des membres de cette femme extraordinaire et la conformation de sa charpente osseuse, il est probable qu'elle dut être dans sa jeunesse grande et forte. Mais les modifications apportées par les ans ont fait de cette étonnante créature une véritable momie vivante. On assure que son poids ne va pas jusqu'à cinquante livres. Ses pieds décharnés n'ont plus littéralement que la peau et les os, et ses doigts, allongés par la maigreur, ressemblent bien moins à des membres humains qu'à des griffes d'oiseau de proie. Malgré le poids des années et des infirmités, elle est encore pleine de gaieté et possède tout son bon sens. L'ouïe a conservé chez cette créature extraordinaire toute la finesse et la précision de la jeunesse. » (Extrait du *New-York Sun*).

« La vieille femme est arrivée. Elle a déjà été visitée au jardin Niblo par une foule de curieux de tout âge et de tout sexe. Elle est très-gaie, et répond avec précision aux questions qui lui sont adressées. L'acte de vente de cette vieille femme, consenti par le père du général Washington, ne permet pas de douter qu'elle ait moins de cent soixante-un ans. A la voir on la croirait plus vieille encore, car elle ressemble à s'y méprendre à une momie du temps des Pharaons sortie de son sarcophage égyptien. » (Extrait du *New-York Evening Star*.)

« Nous nous croyons en droit d'assurer que depuis l'époque antédiluvienne, il ne s'était présenté aucun fait aussi merveilleux que celui qui dans ces derniers jours vient de se révéler au monde. Les temps anciens et modernes ne fournissent pour la femme aucun exemple de longévité qu'on puisse comparer à celui de Joice Heith. Mathusalem mourut à l'âge de neuf cent soixante-neuf ans; mais l'Ecriture ne dit rien de l'âge de sa vertueuse épouse. Adam aussi avait presque atteint l'âge de son illustre descendant; mais notre mère Eve ne nous a laissé sur son âge aucun renseignement précis. A ces époques reculées les femmes et les filles avaient déjà sans doute la coquetterie si commune à celles de notre époque qui les empêche de dire leur âge. Joice Heith est une exception sous tous les rapports : elle a cent soixante-un ans et le courage de l'avouer. » (Extrait du *New-York Daily-Advertiser*.)

« Cette vieille femme a, dit-on, cent soixante-un ans, et nous ne voyons pas de raison qui puisse faire mettre cet âge en doute; tous ceux qui l'ont vue conviennent qu'on pourrait tout aussi bien lui donner cinq cents ans, car les momies égyptiennes qui figurent au musée américain paraissent à peine dignes d'être ses contemporaines. » (Extrait du *New-York Courrier*.)

« Cette vieille femme, après avoir engagé une lutte avec la mort, paraît avoir triomphé définitivement de cet adversaire encore invaincu du genre humain. Le vieux Saturne est détrôné, et nous espérons dorénavant voir le Temps représenté partout sous la figure de Joice Heith. De la même race probablement que le Juif errant, cette femme extraordinaire paraît destinée à traverser tous les âges et à arriver vivante comme lui dans la vallée de Josaphat. » (Extrait du *New-York Spirit of the Times*.)

Joice avait un goût déterminé pour la pipe, et Grant Thorburn, plus connu sous le nom de Lawrie Todd, fit la fortune de plusieurs marchands de tabac par la publication d'un article dont nous extrayons le passage suivant :

« Je viens de visiter Joice Heith. A toutes ses inappréciables qualités, elle joint celle d'être un fumeur intrépide. Ce goût est si vif chez elle, qu'on est obligé de le réprimer un peu, sans quoi elle aurait toujours la pipe à la bouche. Je lui ai demandé depuis combien de temps elle fumait. Elle m'a répondu : « Depuis cent vingt ans. » Si le tabac est un poison, comme le prétendent certains médecins, l'exemple de Joice prouve au moins que c'est un poison très-lent. »

Nous commencions ordinairement en ouvrant la séance par raconter la manière dont l'âge de Joice Heith avait été découvert; puis nous faisions un précis de son existence dans la Virginie, et nous passions à la lecture de son acte de vente. Suivaient quelques questions relatives à la naissance et à la jeunesse du général Washington, auxquelles elle répondait à la satisfaction générale. Il se trouvait toujours des visiteurs qui l'interrogeaient à leur tour et cherchaient à l'embarrasser par des questions captieuses; mais elle avait réponse à tout, et les incrédules ne pouvaient jamais la prendre en défaut.

Nous avons dit que Joice était très-amateur de musique religieuse; elle chantait souvent des cantiques qu'elle accompagnait d'un mouvement régulier de son long bras décharné. Un jour, à New-York, il se trouva parmi les visiteurs un ministre anabaptiste fort âgé qui se mit à faire chorus avec elle et à accompagner les versets qu'elle chantait. Cette circonstance parut plaire infiniment à Joice, et son ardeur musicale en fut en quelque sorte doublée. Le premier cantique terminé, le ministre en commença un autre. Joice dit aussitôt qu'elle le connaissait, et se mit en effet à le chanter avec lui. Le ministre entonne encore plusieurs cantiques qui m'étaient entièrement inconnus, mais non pas à Joice, qui rétablissait le texte des versets chaque fois qu'il arrivait aux souvenirs du ministre de se fourvoyer et de faire défaut. Au surplus, Joice aimait beaucoup à s'occuper de sujets religieux et n'était jamais plus joyeuse que quand quelques ecclésiastiques voulaient bien en causer avec elle.

La question qui se posait d'elle-même était celle-ci : Joice n'était-elle point un imposteur à laquelle on faisait jouer un rôle? On demandait aussi comment il se faisait qu'elle fût aussi familière, non-seulement avec tous les anciens chants religieux, mais encore avec les détails les plus minutieux relatifs à la famille Washington. Des explications m'étaient journellement demandées à cet égard. A tout cela je ne répondais qu'une chose, c'est que je n'en savais pas plus long, que je n'avais point donné un rôle à la vieille négresse, que lorsque je l'avais connue elle en savait tout autant que depuis cette époque, et que loin de lui avoir rien enseigné, c'était elle au contraire qui m'avait appris beaucoup de choses sur le compte de Washington et de sa famille.

De Providence, où nous nous rendîmes en quittant New-York, et où notre phénomène obtint le plus grand succès, nous nous dirigeâmes vers Boston. C'était la première fois que je visitais cette moderne Athènes, et j'y vis beaucoup de choses qui m'intéressèrent vivement. J'allai visiter plusieurs églises, et je fus charmé de voir avec quel religieux respect ou observait le jour du dimanche. Les théâtres étaient même fermés tous les samedis soir, circonstance qui reporta mes souvenirs aux usages du Connecticut, pays où, comme j'ai déjà eu occasion de le dire, la nuit du samedi était considérée par les puritains comme le commencement du dimanche, et où par suite on s'interdisait tout plaisir et toute affaire depuis le samedi au coucher du soleil jusqu'au dimanche à la même heure.

Nous ouvrîmes notre spectacle dans une petite salle du palais des Concerts, à l'angle des rues de Court et de Hanovre. La réputation de Joice nous avait précédés; la ville avait été inondée à l'avance d'affiches et de prospectus, les journaux aussi avaient annoncé notre arrivée avec tant de bruit et d'apparat, que la curiosité publique était montée à son comble. Je me souviens même qu'une de ces feuilles, après avoir donné une description sommaire de Joice Heith, et raconté la sensation qu'elle avait produite à New-York, ajoutait : « Que grâce à cet être privilégié les habitants de Boston auraient l'avantage de voir paraître dans leurs murs les patriarches de l'ancien temps. »

Le célèbre Maelzel se trouvait en même temps que nous à Boston, avec son fameux automate joueur d'échecs. Il avait loué pour son spectacle une des plus grandes salles du palais des Concerts; mais notre voisinage lui faisait tort, les visiteurs se portaient tous de préférence auprès de Joice, si bien que M. Maelzel, voyant son automate délaissé, ferma son spectacle, et offrit de me céder sa grande salle : j'acceptai. J'eus occasion d'avoir avec lui de fréquentes entrevues et de longues conversations. Je le considérais avec raison comme un des hommes qui s'entendaient le mieux à amuser le public, et je ne fus pas peu flatté de lui entendre dire que j'avais devant moi, comme directeur de spectacle, le plus brillant avenir.

— Je vois, me dit-il un jour, que vous appréciez l'influence de la presse à sa juste valeur. C'est une grande puissance, en effet, et rien n'est aussi utile aux directeurs de théâtres que l'encre et les caractères d'imprimerie. Quand votre vieille femme sera morte, ajouta-t-il, venez me trouver, et je ferai votre fortune. Je vous donnerai mon polichinelle, mon automate joueur de trompette, et plusieurs autres choses curieuses, dont vous ne sauriez manquer de tirer beaucoup d'argent.

Je le remerciai de ses offres généreuses, et l'assurai que quand les circonstances le permettraient je viendrais m'adresser à lui. Notre spectacle continuait toujours à attirer un grand nombre de curieux, et pendant quelques semaines je ne m'aperçus pas qu'il y eût aucune diminution dans l'affluence des visiteurs. Je ne m'endormais cependant pas sur mes succès, et je persévérais à entretenir la curiosité publique par des annonces et des réclames dont je ne cessais de faire retentir les journaux.

Au moment où le nombre des spectateurs commençait à diminuer visiblement, on vit paraître dans les papiers publics un article, signé

Un visiteur, dans lequel l'auteur prétendait avoir fait une découverte importante. Il soutenait que Joice Heith n'était qu'un *puff*, un *canard*, et que cette prétendue vieille femme n'était pas un être humain, que c'était tout bonnement un remarquable automate fait de baleine, de caoutchouc et de ressort assez habilement combinés pour que la pièce pût se mouvoir au moindre attouchement du démonstrateur, qui, au dire de l'article, était ventriloque et tenait tous les propos qu'on avait jusqu'à présent si follement prêtés à la vieille femme. Il n'y avait pas à s'y méprendre, ajoutait-on, car la voix était, à n'en pas douter, celle d'un ventriloque.

Les ingénieuses mécaniques de Maelzel avaient préparé le succès de cette réclame, et des milliers de gens qui n'avaient point encore visité Joice Heith voulurent voir le fameux automate; tandis que ceux qui nous avaient déjà honorés de leur présence tenaient à s'assurer s'ils avaient été ou non trompés par un habile mécanicien. Le résultat de tout cela fut un redoublement dans la foule des spectateurs.

Un jour un ex-membre du congrès vint avec sa femme, ses enfants et sa mère, dame fort âgée, rendre visite à notre phénomène; c'était un des hommes les mieux placés et les plus estimés de Boston. Lorsqu'il s'approcha du lit sur lequel Joice était assise, les autres spectateurs s'éloignèrent pour lui faire place. Il engagea bientôt la conversation avec moi, et j'eus à répondre à plusieurs questions qu'il m'adressait, conjointement avec sa femme, tandis que sa vieille mère examinait très-attentivement Joice sous la conduite de mon associé Lyman.

Au bout d'un certain temps, j'entendis la vieille dame prononcer quelques paroles d'un air de satisfaction.

— Après tout, disait-elle, elle est vivante et bien vivante

J'aurais été fâché que son fils entendît cette observation, et je m'engageai immédiatement dans une conversation animée avec lui dans le but de l'empêcher d'entendre ce que sa mère disait à mon associé. Pendant ce temps, néanmoins, je prêtais moi-même une oreille attentive aux paroles de la vieille dame.

— Qui vous porte à croire qu'elle est vivante? demanda tranquillement Lyman.

— Parce que son pouls bat aussi régulièrement que le mien, répondit la vieille dame.

— Oh! c'est la chose la plus simple en mécanique; nous employons pour produire cet effet un pendule d'horloge.

— Est-il possible! répondit la dame, qui, évidemment, était contrariée que Joice fût un automate; puis se tournant vers son fils :

— Georges, dit-elle, ce n'est pas une créature vivante, c'est un automate.

— Comment, ma mère! dit le fils avec un certain embarras, êtes-vous bien sûre de ce que vous dites?

A ces mots un rire à demi-étouffé courut dans l'assemblée, et bientôt après l'ancien membre du congrès et sa famille quittèrent la salle. Quant à Lyman il avait conservé une gravité imperturbable, et l'observateur le plus fin n'aurait pu découvrir sur son visage aucun signe qui trahît la plaisanterie qu'il venait de faire à la vieille dame.

De Boston nous nous rendîmes à Hingham, et nous visitâmes successivement Lowell, Worcester, Springfield et Hartford. Le succès nous accompagna. Les incrédules furent partout confondus, et nous eûmes la satisfaction de ne laisser derrière nous aucun doute sur la longévité de notre négresse.

J'avais hâte de retourner à New-York, où j'avais fait un second engagement avec M. Niblo. L'institut américain tenait ses séances annuelles au jardin, et mon engagement commençait à la même époque. La grande affluence de visiteurs que la foire amenait contribuait beaucoup à remplir notre salle, et l'affluence était telle, que nous étions même forcés parfois de renvoyer des spectateurs. Dans ces circonstances nous tronquions un peu les explications, nous ne faisions chanter qu'un cantique très-court ou deux tout au plus, et nous mettions nos gens le plus poliment possible à la porte pour faire place à de nouveaux arrivants.

De Niblo nous nous rendîmes à New-Haven, où nous ne demeurâmes que trois jours. Nos succès furent aussi grands là que partout ailleurs. Au bout de ce temps nous retournâmes à New-York, pour aller ensuite à Newark, où l'affluence des spectateurs ne nous fit pas plus défaut qu'ailleurs. De cette dernière ville, nous revînmes encore à New-York; puis de là nous allâmes passer une semaine à Albany, où nous avions un engagement avec M. Meech, le propriétaire du Muséum.

Pendant que nous étions à Albany, il y avait chaque soir des représentations au théâtre du Muséum. La partie la plus remarquable de ces représentations consistait en tours d'escamotage, d'équilibre, de jongleries et autres exercices du même genre par le signor Antonio. Les tours d'équilibre et de jonglerie étaient alors chose tout à fait inconnue dans le pays; je n'en avais moi-même jamais vu. Aussi cela paraissait-il à tout le monde aussi surprenant que nouveau. Les exercices d'Antonio sur les échasses, les fusils qu'il tenait en équilibre, la pointe des baïonnettes posées sur son nez, et plusieurs autres tours à moi complètement inconnus, attirèrent toute mon attention. Je demandai à M. Meech ce que c'était qu'Antonio. Il m'apprit que ce jeune homme était Italien et qu'il était venu d'Angleterre au Canada, où il avait commencé à se produire à Albany; les autres villes de l'Amérique ne le connaissaient point encore. En apprenant que M. Meech n'avait pas l'intention de garder ce jeune homme près de lui plus d'une semaine, j'allai trouver Antonio, et au bout de dix minutes je l'avais engagé pour un an. Nous devions parcourir ensemble une partie des Etats-Unis, et je lui donnais pour ses exercices douze dollars par semaine, sans y comprendre les frais de nourriture et de voyage, dont je l'indemnisais entièrement. Je ne savais pas trop encore ce que je ferais au juste de mon nouvel acteur; mais j'avais flairé en lui une mine à exploiter, et je n'hésitai pas à me lancer dans cette seconde entreprise théâtrale.

Antonio, Joice Heith, Lyman et moi ne tardâmes pas à quitter Albany pour revenir à New-York, où j'installai mon Italien et ma négresse à mon ancienne pension de la rue de Francfort, que j'avais vendue presque aussitôt après que j'eus engagé la vieille femme. Quant à moi, je ne logeai pas dans cette pension, et j'allai rejoindre ma femme et ma fille, qui vivaient chez un M. Knapps dans Cherry-street. La première chose que je demandai à Antonio fut de se laver des pieds à la tête, opération à laquelle il était demeuré étranger depuis plusieurs années au moins. La seconde fut de changer de nom. Je ne trouvais pas qu'Antonio eût un air suffisamment étranger, et de mon autorité privée je le baptisai du nom de Vivalla. Antonio se soumit d'assez bonne grâce à ces exigences. Immédiatement j'écrivis une réclame, où je fis un étalage pompeux des qualités du signor Vivalla, tout nouvellement arrivé d'Italie exprès pour faire, par sa force et son adresse, l'agrément de la société américaine. Cet article fut placé sous la rubrique *Nouvelles diverses* dans un des journaux de la ville, dont j'eus soin d'envoyer quelques numéros aux directeurs des théâtres de New-York et des autres principales villes d'Amérique.

Je m'adressai d'abord à William Dinneford, esquire, directeur du théâtre de Franklin; mais il se refusa à engager mon intéressant Italien, sous prétexte qu'il avait vu dans ce genre des choses si extraordinaires que le signor Vivalla ne pouvait se flatter de les surpasser ni même de les égaler.

— Pardon, monsieur Dinneford, lui répondis-je, mais permettez-moi de vous dire que vous vous méprenez. Vous avez vu sans doute dans le cours de votre vie des choses bien extraordinaires, mais aucune, mon cher monsieur, ne se rapproche de ce que sait faire le signor Vivalla, originaire d'Italie, car j'ai la certitude qu'il est le seul artiste de son genre qui ait jamais quitté sa patrie pour faire jouir les pays étrangers du bénéfice de ses talents.

— Voyons, quelles sont vos prétentions? demanda M. Dinneford, qui, comme nos belles dames et bon nombre aussi de nos républicains du premier ordre, se laissait facilement influencer par toute personne ou tout objet de provenance étrangère.

— Essayez-le pendant une soirée pour rien, répliquai-je. Si cette première épreuve vous convient, vous payerez pour le reste de la semaine la modique somme de cinquante dollars. Mais comprenez bien que ceci n'est que pour mettre le public à même d'apprécier les talents de mon jeune homme. Passé ce terme, j'entends traiter à raison de cinquante dollars par soirée.

On accepta une première soirée d'épreuve. Je mis tout en œuvre pour la faire réussir, et trois jours avant la représentation je couvris les murs de la ville d'affiches monstres avec illustrations annonçant et représentant le fameux et extraordinaire signor Vivalla, artiste italien du premier mérite. Mes démarches eurent tout le succès que je pouvais en attendre; la salle fut comble. Je me tenais sur le théâtre pour aider et assister Vivalla dans ses différents arrangements. C'était moi qui lui passais les assiettes, le poignard, le fusil à baïonnette, qui lui attachais ses échasses; en un mot, qui lui servais d'assistant dans cette circonstance mémorable.

Et voilà comment je parus pour la première fois sur un théâtre.

Les applaudissements qui accueillirent chacun des exercices de l'Italien furent frénétiques. Le directeur Dinneford fut enchanté du succès, et ne me laissa pas quitter le théâtre sans avoir engagé Vivalla pour huit jours. A la fin de ses exercices, le jongleur fut demandé par le public. Il s'avança sur le devant de la scène; mais comme je ne croyais pas qu'il fût politique de sa part de s'exprimer en anglais, bien qu'il parlât cette langue assez couramment, puisqu'il avait passé plusieurs années en Angleterre, je parus à côté de lui, et ce fut moi qui, en son nom, remerciai le public de son accueil bienveillant, et lui annonçai une suite à cette première représentation.

Les soins que je donnais à Vivalla ne m'empêchaient pas de continuer à m'occuper activement de Joice Heith, que j'installai dans une grande salle à l'angle de Bowery and division street. Mais comme j'entrevis de suite le brillant avenir réservé à Vivalla, et que je compris qu'il dépendait surtout de la manière de soigner ses succès, je laissai Joice Heith entre les mains de Lyman, pour m'occuper exclusivement de mon Italien. Mon associé, après avoir montré la vieille négresse pendant quelque temps à New-York, quitta cette ville et fut faire une tournée dans le Connecticut et les pays circonvoisins.

Vivalla fit un nouvel engagement de huit jours avec le théâtre de Franklin; je reçus cent cinquante dollars pour prix de ce nouvel engagement, et pareille somme pour huit jours que nous passâmes à Boston : après quoi je me rendis à Washington, où j'avais passé avec Wemmyss un traité qui m'assurait une part dans les bénéfices.

Le théâtre de Washington étant fort petit et fort mal situé, le 16 janvier 1836 nous louâmes une maison plus convenable à notre opération. Cela nous coûta trente dollars, et il m'en fallut dépenser environ une cinquantaine avant de toucher un sou.

Je n'étais jamais venu à Washington avant cette époque, et j'eus beaucoup de plaisir à visiter la capitale des Etats-Unis et les autres édifices consacrés au gouvernement. Je me rendis au congrès, où l'on me montra sur leurs bancs Clay, Calhoun, Benton, Webster, J.-Q. Adams, Polk, Richard, M. Johnson et autres illustrations.

M. Polk était alors orateur de la chambre des représentants, et M. Van Buren, qui avait été vice-président des Etats-Unis, se trouvait à la tête du Sénat.

Pendant toute la durée de l'engagement de Vivalla, il tomba à Washington tant de neige, que chacun se vit en quelque sorte confiné chez soi ; le théâtre fut fort peu suivi, et l'opération fut pour moi si désastreuse, que je me trouvai sans argent au moment de retourner à Philadelphie. Il fallait cependant en trouver, et je me vis contraint, non sans quelque honte, à mettre ma montre et ma chaîne en gage pour la somme de trente-cinq dollars. Heureusement que le samedi matin je vis arriver M. Wemmyss accompagné de Lucius Junius Booz et de miss Waring, auxquels vint bientôt se joindre mistress Sefton. M. Wemmyss me prêta trente-cinq dollars, avec lesquels je retirai ma montre. Elle n'était restée engagée que quelques heures, mais je n'en fus pas moins contraint de payer un dollar d'intérêt.

Je pus donc partir de Washington et gagner avec le seigneur Vivalla la ville de Philadelphie, où j'ouvris, le 26, un petit théâtre rue de Walnut. Le voyage fut heureux, et nos préliminaires bientôt terminés. Ce fut à Philadelphie que je rencontrai Hadaway, l'acteur aujourd'hui si populaire, que j'ai engagé à mon Muséum. C'était alors un petit comédien fort peu connu, mais dans lequel je sus déviner des qualités de premier ordre. L'avenir, comme on sait, n'a pas démenti mes prévisions. Hadaway est en effet comique par excellence. Il l'est parfois en dépit de lui-même; c'est dans sa nature, et il lui est, je crois, impossible de parler, de marcher ou de regarder, sans exciter le rire autour de lui. Les accents et les modulations de sa voix sont aussi d'un comique achevé. Sa gaieté et sa verve ne tombent, cependant, jamais dans le trivial; il a du tact et du jugement tout au moins autant que d'esprit, et il possède au suprême degré les qualités qui font l'acteur. Aussi est-il à bon droit un des artistes les plus célèbres et les plus populaires de notre époque.

Les exercices du seigneur Vivalla furent parfaitement accueillis. Dans la seconde soirée, cependant, deux ou trois coups de sifflet partis du parterre arrivèrent à mon oreille. C'était la première fois depuis que je l'avais engagé que mon Italien recevait la plus légère marque de désapprobation. Depuis qu'il était avec moi, il avait pris sa profession à cœur; aussi se montra-t-il très-sensible à cet affront. Je me dirigeai du côté d'où partaient les sifflets, et je n'eus pas de peine à découvrir qu'ils étaient le fait d'un écuyer de cirque, nommé Roberts, et de quelques-uns de ses amis. Roberts soutenait à qui voulait l'entendre que Vivalla n'était qu'un saltimbanque et un jongleur, et qu'il était capable d'en faire tout autant que lui. J'étais certain du contraire, et ne me cachai pas pour le lui dire. Une discussion assez vive eut lieu entre nous; ce que voyant, je me dirigeai vers le bureau de distribution, et là je rédigeai séance tenante une annonce que je courus aussitôt faire mettre dans les journaux pour le lendemain matin. Cette annonce portait : « Mille dollars de récompense à tout homme capable de battre Vivalla dans les exercices que celui-ci offre d'exécuter dans quelque lieu public qu'on voudra lui désigner. »

Roberts vint nous trouver le lendemain suivant avec une de mes annonces à la main : il dit qu'il acceptait le défi de Vivalla, et qu'il le sommait de déposer les mille dollars en désignant le lieu et le jour de l'épreuve; il ajouta que quant à lui on pourrait toujours le trouver à un certain hôtel près du cirque de Green, dont il était membre.

J'empruntai de suite mille dollars à mon ami Olivier Taylor et je demandai en même temps au trésorier de Walnut de mettre à ma disposition un local où je pourrais donner un spectacle de nature à faire quatre ou cinq cents dollars de recette par soirée (mes plus hautes recettes n'étant pas montées jusque-là au-delà de soixante-dix dollars) Le trésorier, nommé M. Warren, me répondit qu'il avait mon affaire, à la condition d'un tiers dans les recettes. Je lui demandai une heure de réflexion et fus du même pas trouver Roberts, auquel je montrai mes mille dollars.

— Voilà, lui dis-je, une somme que je suis prêt à déposer en mains sûres, pour vous être comptée lorsque vous aurez accompli les exercices du signor Vivalla.

— Très-bien, répondit Roberts avec un air de bravade, vous pouvez remettre l'argent entre les mains de M. Green, propriétaire du cirque. J'acceptai cette poposition. Ensuite de quoi je lui présentai une pancarte, sur laquelle je le priai d'apposer sa signature, afin qu'on pût avoir le lendemain l'annonce du défi, tant dans les programmes que dans les journaux. Cette réclame annonçait que le signor Vivalla avait déposé mille dollars en mains tierces, pour être payés à Roberts dans le cas où celui-ci accomplirait tous les exercices dudit Vivalla dans l'épreuve publique qui aurait lieu sur le théâtre de Walnut-Street dans la soirée du 30 courant.

— Vous ne vous attendez pas, j'espère, dit Roberts après avoir lu l'avis, que je vais faire tous les exercices de Vivalla?

— Non : à vous parler franchement, j'espère bien que vous ne pourrez pas les accomplir tous; mais si vous ne le faites pas, ce sur quoi je compte, vous ne toucherez pas les mille dollars.

— Par exemple, ajouta Roberts, je déclare que je ne sais pas marcher sur des échasses, et je ne veux pas courir risque de me rompre le cou dans cet exercice.

Nombre d'individus, écuyers du cirque et autres, faisaient cercle en ce moment autour de nous, et ne laissèrent pas de témoigner un certain étonnement aux paroles de Roberts.

J'avais toujours mes mille dollors dans la main. Cependant, je voyais que Roberts cherchait à se dégager; et comme cela eût vivement contrarié mes plans, je lui dis que nous pouvions très-bien traiter nos affaires à nous deux et que j'avais besoin de lui parler en secret. Il ne se fit pas prier et me conduisit chez lui. Quand nous fûmes enfermés dans sa chambre :

— Maintenant, Roberts, lui dis-je, vous avez signé l'engagement de surpasser dans le public les exercices de Vivalla. Savez-vous à quoi vous vous êtes engagé, et ce qu'il vous faut faire pour gagner les mille dollars? Vous croyez peut-être qu'il s'agit de jongler avec trois assiettes? Mais Vivalla jongle avec dix, et vous n'êtes pas capable d'en faire autant. D'un autre côté, vous avez avoué que vous ne saviez pas marcher sur des échasses. Donc vous ne pouvez surpasser Vivalla dans tous ses exercices, comme le porte le défi, et vous avez perdu d'avance la récompense dont il s'agit.

— Mais je sais jouer avec des balles et faire beaucoup de tours, dont Vivalla ne se doute même pas.

— Cela est possible, mais ce n'est pas ce dont il s'agit. Pouvez-vous, oui ou non, surpasser tous les exercices de Vivalla? Telle est la question, il n'en faut point sortir.

— Ah! je vois bien ce que c'est. Vous m'avez fait signer un écrit captieux pour vous mettre en relief et me laisser dans l'embarras.

— Non, monsieur Roberts, j'ai fait une offre, vous l'avez acceptée en connaissance de cause, et ce n'est pas à moi qu'il faut rien reprocher. Mais ne vous faites pas de mauvais sang, car je vous assure que, loin d'avoir un ennemi en moi, c'est un ami que vous y trouverez au contraire. Etes-vous présentement engagé avec M. Green?

— Non pas quant à présent, car le cirque est fermé.

— Alors nous pouvons nous entendre. Il est évident que vous ne pouvez pas gagner les mille dollars, et mon intention n'est pas de vous les donner. Mais je vous offre trente dollars, si vous voulez travailler sous ma direction pendant une seule soirée au théâtre de la rue de Walnut, et donner votre consentement par écrit.

Roberts accepta ma proposition, et signa séance tenante l'engagement que je lui demandais.

C'était tout ce que je voulais de lui. Et, sans plus tarder, j'allai donner mes annonces à l'imprimerie, et terminer avec M. Warren pour la location du théâtre de Walnut. Le lendemain je mis Roberts et Vivalla en rapport, et, grâce à mes instructions, chacun d'eux eut promptement compris le rôle qu'il devait jouer dans la petite comédie dont je comptais régaler le public.

Pendant ce temps la réclame allait son train; des avis insérés dans tous les journaux annonçaient le défi engagé entre le célèbre Italien Vivalla et l'Américain Roberts; celui-ci, de son côté, annonçait dans tous les journaux que s'il était assez heureux pour gagner les mille dollars, il en destinait une grande partie à des œuvres de charité; en un mot, pendant quelques jours la ville de Philadelphie retentit de nos avis et de nos annonces, si bien que la curiosité publique était excitée au plus haut point, et qu'avant d'ouvrir les portes de la salle j'étais en droit de compter sur une fournée complète.

Je ne fus point désappointé. Le parterre et les loges supérieures se trouvèrent si pleins qu'on y étouffait, et qu'on fut obligé faute de places d'arrêter au bureau la distribution des billets. Les premières loges furent un peu moins remplies, quoiqu'il s'y rencontrât, cependant, beaucoup plus de monde qu'à l'ordinaire.

La lutte fut des plus intéressantes. Le sort de la bataille était réglé à l'avance, et Roberts devait être vaincu. Mais pour rendre le combat plus long et plus intéressant, il fut décidé que Vivalla commencerait par ses exercices les moins difficiles. Roberts exécuta d'abord les uns après les autres tous les exercices de Vivalla, au grand contentement d'une partie de la salle et au grand désappointement de l'autre; car les spectateurs étaient divisés en deux camps, dont l'un sifflait impitoyablement ce que l'autre approuvait. Les Robertistes surtout étaient endiablés et ne cessaient d'encourager l'écuyer par des paroles aussi flatteuses pour les Américains que désagréables pour des étrangers. La lutte dura quarante minutes. Enfin, Roberts fut obligé de confesser sa défaite. Il s'agissait de jongler avec quatre assiettes; il déclara qu'il y renonçait. Ses amis l'encouragèrent à tenter l'aventure; mais, voyant qu'il persistait dans son refus, ils se bornèrent à insister pour qu'il donnât au public une représentation de ses tours particuliers, qui consistaient en exercices de jonglerie avec des balles de cuivre, en tours d'équilibre et autres choses de ce genre. Roberts ne crut pas devoir refuser de se rendre à ces sollicitations, et se livra pendant vingt minutes à des exercices d'adresse qui lui valurent les applaudissements généraux.

Aussitôt que le rideau fut baissé, on rappela les deux concurrents; mais pendant ce temps j'avais déjà pris mes arrangements et engagé Roberts pour un mois. Aussi, quand il s'avança sur le théâtre pour saluer et remercier le public, il se reconnut vaincu, en déclarant toutefois que Vivalla avait eu plus de bonheur que de talent, et qu'il s'engageait à donner au public des exercices plus variés que ne pouvait le faire Vivalla, si celui-ci voulait soutenir le pari, indiquer une heure et un lieu, et déposer cinq cents dollars.

Vivalla, à qui j'avais fait la leçon, n'eut garde de refuser le défi.

— J'accepte, dit-il d'une voix forte, et je fixe le jour à mardi soir, et le lieu ici même, à ce théâtre.

— Bravo! bravo! crièrent à la fois les amis de Robert et ceux de Vivalla.

Toute l'assistance applaudit, et les deux adversaires se retirèrent de chaque côté du théâtre, non sans s'être lancé un regard provocateur. Le rideau se baissa de nouveau, et les applaudissements n'avaient pas encore cessé que les deux adversaires s'embrassaient sur le théâtre dans une joyeuse étreinte, et que Vivalla s'amusait à adresser au public de derrière la toile ce geste familier qui consiste à mettre ses deux mains au bout de son nez et à les agiter comme un télégraphe. Ce jour-là les recettes du théâtre montèrent à cinq cent quatre-vingt-treize dollars vingt-cinq centièmes.

La lutte du mardi soir nous fut presque aussi profitable, et pendant tout le mois de l'engagement de Roberts je gagnai beaucoup d'argent par l'exhibition de mes deux engagés.

Ces détails n'auront peut-être pour la généralité des lecteurs qu'un intérêt assez minime. Ils ont cependant leur portée en ce qu'ils mettent le public en garde contre les tromperies des directeurs de théâtres, et lui font voir comment on se moque souvent de lui. Le public s'enthousiasme presque toujours avec une facilité merveilleuse. Il suffit d'un peu d'habileté pour exciter sa curiosité. C'est ce que j'ai toujours essayé de faire. Les directeurs de théâtre, mes confrères, me reprocheront peut-être de livrer le secret du corps; mais qu'ils se rassurent, le public, quoique averti, n'en sera pas moins facile à duper, et pourvu qu'on l'amuse il ne demandera pas compte des moyens qu'on emploiera.

Pendant que je me livrais à ces spéculations, la pauvre vieille Joice était tombée malade; je l'avais installée à Bethel dans la maison de mon frère, où elle était traitée avec tous les égards et tous les soins que méritait sa position : j'avais même porté l'attention jusqu'à louer à Boston une brave négresse qui lui servait de garde-malade.

Le 21 février 1836 les chevaux et le traîneau de mon frère s'arrêtèrent à New-York devant la porte de ma maison. Le conducteur me remit une lettre. Elle était de mon frère Philo et m'apprenait que la pauvre Joice n'existait plus; elle était morte chez lui dans la nuit du vendredi 19, et il avait cru devoir faire charger son corps sur le traîneau pour me l'envoyer, afin que j'en fisse ce que bon me semblerait. Ma première idée fut de renvoyer le corps à Bethel pour le faire enterrer dans le cimetière du village. Je le fis provisoirement déposer dans une petite chambre dont je pris la clef.

Le lendemain matin je me ravisai et j'allai voir un chirurgien très-distingué qui, après avoir examiné Joice au jardin Niblo, m'avait exprimé le désir de la voir après sa mort si cet événement arrivait dans le pays. Je lui avais promis de lui procurer cette satisfaction si la négresse décédait pendant qu'elle se trouverait en ma possession. En conséquence, je lui fis part de la mort de Joice. Il me rappela ma promesse, et nous convînmes ensemble que l'autopsie du cadavre aurait lieu le lendemain.

J'eus soin de faire placer un cercueil d'acajou et quelques vases dans la salle où l'opération devait avoir lieu. Nombre de médecins, d'étudiants, d'ecclésiastiques et de propriétaires de journaux vinrent assister à cette triste cérémonie. Parmi les éditeurs se trouvait

Richard-Adams Locke, auteur célèbre, qui était alors éditeur du *New-York Sun*.

On constata l'absence totale d'ossification des artères dans la région voisine du cœur, ce qui donna aux opérateurs, ainsi qu'aux assistants, une présomption très-grave contre l'âge de Joice.

Quand tout le monde eut quitté la salle, à l'exception du chirurgien, de Locke son ami particulier, de Lyman et de moi, le chirurgien fit observer qu'il y avait erreur évidente dans le chiffre de l âge de Joice, et que cette négresse, au lieu d'avoir cent soixante et un ans, devait en compter au plus quatre-vingts.

Je lui répondis que ses observations pouvaient être fort vraies, mais que j'avais été de très-bonne foi dans le traité que j'avais fait au sujet de Joice; d'autant plus que l'apparence de l'individu et les preuves qu'on apportait à l'appui de sa naissance donnaient à toute cette histoire un caractère d'authenticité. Le chirurgien, qui, comme je l'ai dit, avait eu occasion d'examiner la négresse à l'époque où elle vivait encore, m'assura qu'il n'avait jamais douté de ma bonne foi, et convint que les apparences indiquaient en effet un âge extraordinaire, mais qu'il fallait que les documents eussent été forgés exprès ou tout au moins appliqués à une personne à laquelle ils n'appartenaient point.

Lyman, naturellement porté à la plaisanterie, et qui ne savait pas toujours retenir sa langue, se permit quelques brocards sur l'infaillibilité de la Faculté. Ses observations malencontreuses piquèrent la susceptibilité du chirurgien, qui prit le bras de son ami Locke et nous quitta brusquement d'un air d'assez mauvaise humeur.

Le lendemain le *Sun* contenait un article de Locke, commençant par ces mots :

« Dissection de Joice Heith. — Mystification découverte. — L'autopsie du corps de Joice Heith, qui a eu lieu hier, a révélé une des mystifications les plus complètes dont le public ait été dupe depuis longtemps. »

M. Locke continuait par des observations scientifiques, à l'aide desquelles il s'efforçait de prouver que Joice était loin d'être aussi âgée qu'on l'avait cru pendant longtemps.

Ici j'éprouve le besoin de me disculper du reproche qu'on pourrait m'adresser de m'être montré trop crédule en acceptant à la légère l'histoire de la négresse Joice. Si je me trompai, ce fut avec tout le monde; car je puis assurer qu'à l'époque où Joice vivait encore, sur les milliers de personnes qui vinrent la visiter, je n'en trouvai pas six qui missent en doute et son âge et son histoire. Des centaines de médecins m'assurèrent au contraire que tous les indices extérieurs justifiaient parfaitement l'âge de cette femme, et le fameux docteur Roger lui-même, dans la conversation dont j'ai rendu compte plus haut, m'assura que dans la dissection il faudrait ébrécher plus d'un scalpel à cause de l'ossification de la poitrine et de la région du cœur.

A la lecture de l'article du *Sun*, qui n'accordait pas à Joice plus de soixante-quinze à quatre-vingts ans, l'étonnement fut grand parmi ceux qui avaient vu la négresse de son vivant.

— Ce doit être une méprise, disait l'un, car il suffisait de la voir pour assurer qu'elle avait au moins cent vingt ans.

— Il est évident, disait un autre, qu'elle ne pouvait avoir moins de cent ans, et la majorité s'obstinait même à vouloir qu'elle eût ses cent soixante et un ans bien révolus.

Les choses en cet état et l'esprit public assez préoccupé, Lyman résolut de tenter une plaisanterie par l'entremise du *Herald*. En conséquence, il alla trouver James-Gordon Bennett, propriétaire de ce journal, le mit au courant de l'opinion du docteur Roger, et lui assura que Joice Heith n'était pas morte; qu'on la faisait voir dans le Connecticut, et que le corps dont on avait fait l'autopsie était celui d'une autre vieille négresse morte récemment à Harlem. Bennett prit la chose au sérieux et déclara en se tenant les côtés que c'était la meilleure plaisanterie qu'on eût jamais faite, et, sous l'impulsion de Lyman, il fit paraître immédiatement dans le *Herald* un article dont voici les premières phrases :

« NOUVEAU CANARD. — Le compte rendu par le *Sun* d'hier n'est qu'une ingénieuse invention depuis le commencement jusqu'à la fin.

Joice Heith n'est pas morte. Vendredi dernier nous avons appris d'une source authentique qu'elle était parfaitement vivante à Hebron, dans le Connecticut; ainsi ce n'est pas sur son cadavre, mais bien sur celui d'une vieille négresse nommée Nelly, appartenant à M. Clarke et vivant depuis plusieurs années à Harlem, que le docteur Roger et son ami ont exercé à la fois la lame et leur scalpel et la précision de leur jugement. Comme ces messieurs l'ont si ingénieusement découvert, la négresse en question n'avait pas plus de quatre-vingts ans; ce qui ne l'empêchait pas depuis longtemps de se plaindre de douleurs et d'infirmités. »

Après cette espèce d'introduction, le *Herald* rendait compte à son tour de l'autopsie et terminait en assurant que l'âge de Joice Heith était si loin d'être une mystification pour le public, que lui Bennett assurait avoir entre ses mains les pièces et documents à l'appui.

En lisant l'article du *Herald*, beaucoup de gens furent enchantés d'y trouver la défense de leurs propres opinions, et ne manquèrent pas de dire que le *Sun* était dans l'erreur et que l'autre journal l'avait parfaitement relevé.

Locke insista en assurant qu'on ne s'était point moqué de lui; Bennett, de son côté, soutint son dire, et offrit de parier plusieurs centaines de dollars que Joice était encore vivante, et qu'on la faisait voir dans le Connecticut. La polémique continua, et l'écrivain du *Herald*, blessé par le ton et les manières de Locke, alla jusqu'à avancer dans son journal qu'il avait reçu des certificats datés de Harlem et signés de plusieurs personnes de cette résidence qui attestaient la vérité de l'histoire de la pauvre Nelly.

En septembre de la même année, pendant que j'étais occupé dans le sud, Bennett rencontra Lyman sur la rue et lui donna un léger soufflet en lui reprochant de l'avoir trompé. Lyman se prit à rire et offrit à Bennett de lui faire une continuation et une fin à la plaisanterie sur Joice Heith.

Bennett fut enchanté : lui et Lyman se rendirent immédiatement au bureau du journal, et le rédacteur écrivit sous la dictée de mon associé les documents principaux qui devaient servir de base à l'histoire de Joice. C'était une prétendue rencontre entre elle et moi sur une plantation du Kentucky, ses dents que je lui avais toutes arrachées, l'histoire de Washington, la constatation de sa cent dixième année accomplie à Louisville et de sa cent vingt et unième à Cincinnati, son séjour vingt ans plus tard à Pittsburgh, et enfin sa résidence à Philadelphie à cent soixante et un ans.

Cette ridicule histoire constituait à elle seule un puff dix fois plus fort que tout ce qui avait été dit jusqu'alors sur Joice Heith; mais Bennett, qui tenait à confondre Locke, soigna cet article d'une manière toute particulière. Dans deux numéros du *Sun* des 8 et 13 septembre 1836 parurent deux longs articles donnant les détails les plus circonstanciés sur Joice depuis le moment de sa découverte au Kentucky jusqu'à son arrivée à Philadelphie. Le 17 du même mois parut un nouvel article sur le même sujet, orné du portrait sur bois de la vieille négresse.

Grâce à toute cette publicité, l'histoire de Lyman fut généralement accréditée et Joice Heith avec ses cent soixante-un ans passa dans tous les esprits pour une vérité incontestable. Le résultat avantageux pour moi de toute cette longue plaisanterie fut d'avoir mon nom répété dans les journaux à plusieurs reprises et de me voir posé devant le public comme un entrepreneur de spectacles aussi actif qu'habile.

Pour finir l'histoire de la pauvre Joice, je dirai que ses restes furent transportés à Bethel et ensevelis convenablement dans le cimetière de cette paroisse.

CHAPITRE HUITIÈME.

LE CIRQUE EN VOYAGE.

Notre première représentation. — Incident au temple. — Le vieux Turner. — Mauvaise plaisanterie. — Trois repas en une heure et demie. — Problèmes d'arithmétique. — Un enfant aussi vieux que son père. — Je fais un sermon. — Un homme blanc et noir. — Un shérif mystifié. — Voyage périlleux. — Vivalla et l'Indien. — Une poule qui pond à volonté. — Les bottes mystérieuses. — Les momies vivantes. — Nouveaux incidents. — Je demande un associé. — Singulières propositions. — Je redeviens directeur de spectacle. — Récit d'une nouvelle tournée.

Mon Italien, le signor Vivalla, continuait sous ma direction ses différents exercices tant au théâtre que dans les cirques, et même au muséum Peale à New-York. Je le conduisis successivement à Danbury, Bridgeport, New-Haven, Norwalk, et dans plusieurs autres villes du Connecticut ; nous visitâmes aussi ensemble Newark, Elizabethtown, Rahway et New-Brunswick. Mais je dois convenir que nous n'obtînmes dans ces divers endroits qu'un succès très-médiocre, et que c'est à peine si nos recettes couvrirent nos dépenses.

En avril 1836 je pris des arrangements avec Aaron Turner, propriétaire de cirque et père des deux célèbres écuyers N.-B. et T.-V. Turner, pour faire voyager Vivalla avec sa troupe pendant la campagne d'été qui allait s'ouvrir. D'après ces arrangements, je devais recevoir pour Vivalla la somme de cinquante dollars par mois, et avoir deux bénéfices à moitié recette. Je recevais de plus comme allocation personnelle la somme de trente dollars par mois. En considération de Vivalla et des services que je pouvais rendre moi-même à la société, on m'avait encore alloué un cinquième des bénéfices nets de l'entreprise. Je donnais à cette époque quatre-vingts dollars par mois à Vivalla. Cet engagement m'assurait par conséquent le remboursement mensuel de cette somme et me laissait la chance d'une part dans les bénéfices de la troupe. Les trente dollars qui m'étaient alloués personnellement étaient la rémunération des services que je devais rendre, car j'étais tout à la fois secrétaire, trésorier et agent préposé au placement des billets.

M. Turner était depuis longtemps directeur de spectacle, mais quant à moi cette existence nomade était quelque chose de tout nouveau ; aussi je partis sans ma femme et ma petite fille Caroline, que je laissai à Bethel.

Le mardi 26 avril toute la bande équestre, avec ses charrettes, ses voitures, ses tentes, ses poneys et une troupe de musiciens, le tout se montant à trente-cinq hommes ou enfants, quitta Danbury pour se rendre à West-Springfield, où nous étions attendus le jeudi pour donner une représentation. Le premier jour, au lieu de faire halte sur la route pour dîner, comme j'en avais l'espérance, M. Turner s'arrêta à une ferme écartée, où il acheta quelques pains de seigle avec une livre de beurre ; puis, empruntant un couteau à la fermière, il se mit à couper des tranches de pain, qu'il recouvrit d'une couche très-légère de beurre, et les distribua à chacun des membres de la troupe. Le pain et le beurre furent dévorés en un clin d'œil. Turner paya la dépense, qui se montait à cinquante centièmes, fit abreuver les chevaux, puis donna le signal du départ. Nous avions pris tout au plus un quart d'heure de repos.

Je trouvai la chère un peu maigre ; mais mon petit Italien s'en plaignit encore plus que moi, et je me vis forcé de l'apaiser en lui promettant que nous serions mieux traités quand nous aurions commencé le cours de nos exercices.

L'occasion de voir si ma prophétie était vraie ne devait pas se faire longtemps attendre, car nous arrivâmes à Springfield le 28, et nous nous mîmes immédiatement en mesure de commencer nos exercices.

La troupe de musiciens que nous attendions de Providence n'était point encore arrivée ; mais, sur l'avis de Turner, il fut décidé qu'on passerait outre, et je fus chargé de rédiger une annonce par laquelle, tout en faisant part au public de notre désappointement, nous promettions de redoubler de zèle et d'activité pour suppléer à l'absence de la musique.

Les deux fils Turner étaient d'admirables écuyers ; Joe Pentland le clown était et est encore aujourd'hui un des hommes les plus étonnants et les plus originaux dans son genre. Il fit tant de tours de dislocation et fut si bien secondé par Vivalla et les autres acteurs, que le public de Springfield fut enchanté de la représentation.

Notre musique arriva deux jours après, et nous continuâmes à donner une ou deux représentations par semaine. Plus la belle saison se faisait, et mieux nos affaires allaient.

Nous visitâmes de la sorte plusieurs villes, bourgs et villages de la Nouvelle-Angleterre, du New-Jersey, de la Pensylvanie, de la Delaware, du Maryland, du district de Colombia, de la Virginie et de la Caroline du Nord. Je trouve relatés sur mon livre de notes une masse d'incidents arrivés pendant ce voyage; mais l'espace me presse, et je n'en raconterai que quelques-uns.

Nous étions à l'hôtel à Cabotville, Etat de Massachusets, logés quatre dans la même chambre, Turner, moi et deux autres personnes. En se couchant, un de nos compagnons de chambre jeta un bout de cigare dans un crachoir rempli de sciure de bois très-sèche. Malheureusement le bout de cigare était encore allumé, et bientôt le feu prit à la sciure de bois. Turner se réveilla vers une heure de la nuit et vit que la chambre était remplie de fumée. Il sauta à bas du lit et voulut courir à la fenêtre pour l'ouvrir, mais il tomba en route, à moitié asphyxié par la fumée. Il parvint pourtant à gagner la fenêtre en rampant, il l'ouvrit et donna ainsi passage à l'air libre. Aussitôt qu'il se sentit un peu soulagé, son premier soin fut de nous réveiller. Qu'on juge de notre effroi en découvrant que sans l'heureux réveil de Turner nous eussions pu périr asphyxiés pendant notre sommeil.

J'avais l'habitude d'aller tous les dimanches à l'église (1). Un dimanche donc j'assistai au prône dans le temple de Lenox, Etat de Massachusets. Le ministre prit occasion de ma présence pour déclamer avec violence contre notre cirque. A l'entendre, tous ceux employés à cette industrie étaient sans moralité aucune et indubitable-

(1) Nous livrons, sans les apprécier, ces lignes sur les mœurs américaines; toutefois, le lecteur sera heureux de voir que rien de semblable ne se produit dans les églises catholiques. (*Note des Editeurs.*)

ment destinés au feu éternel. Ces accusations me parurent si injustes et les invectives furent si violentes, que j'écrivis une requête tendant à obtenir la permission de lui répondre, et à ce qu'il consentît à donner du haut de la chaire lecture de cette réponse. Cette requête, datée du 5 juin 1837, était signée P.-T. Barnum, associé du cirque. Aussitôt que le ministre eut terminé la lecture, je m'avançai vers la chaire et lui tendis ma requête. Sachant ce dont il s'agissait, il refusa de la prendre. Mais je ne me tins pas pour battu; et, aussitôt que la bénédiction eut été prononcée, j'apostrophai vivement le ministre, lui reprochant de ne pas me donner le moyen de me justifier des calomnies dont il m'avait si gratuitement chargé, etc.

Comme on peut croire, cet incident mit tout le village en rumeur. Plusieurs individus cherchèrent à excuser la conduite de leur ministre. Ils avouèrent qu'il était un peu exagéré, que c'était là chez lui une idée fixe, et qu'il avait été jusqu'à reprocher à ses paroissiens d'avoir permis à leurs enfants de jouer une petite pièce à l'occasion d'une distribution de prix; mais ils me prièrent en même temps de ne pas les rendre responsables du zèle exagéré de leur chef spirituel. Je me montrai satisfait de ces raisons, et la paix fut rétablie.

Pareille scène eut lieu plus tard à Port-Deposite, bien que dans ce dernier cas j'insistasse pour qu'il me fût permis d'adresser moi-même à l'assistance les arguments que je croyais devoir faire valoir pour notre défense. Je parlai pendant au moins une demi-heure et fus écouté fort attentivement par la foule, en dépit des efforts que fit le ministre pour la disperser. Au surplus, j'étais dans cette circonstance de la meilleure foi du monde; et si je défendais nos gens contre les accusations d'impiété, d'un autre côté j'avais soin de les réunir le dimanche pour leur lire la Bible, et leur faire quelques exhortations pieuses. Je réussis même quelquefois à les conduire au service divin; et je puis dire que si nous n'étions pas des saints, nous n'étions pas non plus des réprouvés et que nous savions mettre en pratique les préceptes de l'Evangile tout aussi bien parfois que ceux qui tonnaient si injustement contre nous.

Aaron Turner, propriétaire du cirque, était un homme qui ne

manquait pas d'une certaine originalité; on peut même dire qu'il y avait à gagner dans sa société, car il connaissait bien les hommes et était doué d'un excellent jugement. Par son travail et son industrie il était venu à bout d'amasser une belle fortune, et il tenait beaucoup à faire savoir qu'il avait commencé sans un schelling.

— Tout homme qui jouit d'une bonne santé et qui possède le sens commun, lui ai-je entendu répéter bien souvent, est capable de faire fortune, et pour cela il n'a qu'à vouloir. Pour preuve, ajoutait-il, regardez-moi. Qui suis-je? Je n'en sais rien. J'ai toujours ignoré d'où je sortais. Je n'ai connu ni mon père ni ma mère. Tout ce que je sais c'est que je dois, par ma naissance, appartenir à la classe la plus infime de la société, car je n'ai reçu aucune éducation; j'ai commencé par être apprenti savetier. Si je sais lire un peu, c'est pour l'avoir appris moi-même, à l'âge de dix-huit ans, et je n'ai jamais pris d'autres leçons d'écriture que celles que je me donnais à moi-même en signant de mon nom les notes dont j'avais à toucher le montant. C'est comme cela seulement que j'ai appris. Vous savez d'où je suis parti, vous voyez où je suis arrivé. Le travail, la persévérance, l'économie m'ont conduit où je suis, et avec de l'énergie tout homme peut réussir aussi bien que moi. Qu'on ne dise pas : C'est impossible! car le mot impossible ne doit appartenir à aucune langue humaine.

Voici un événement qui nous arriva dans la Virginie. Nous étions à Nanover, une pluie affreuse nous empêchait de donner aucune représentation, et nous résolûmes de partir pour Richmond aussitôt après dîner. Notre hôte nous fit observer que notre agent ayant fait prix avec lui pour trois repas et pour le logement de notre troupe, notre note serait absolument la même que nous partions le soir même ou que nous ne quittions l'hôtel que le lendemain après déjeuner. Nous essayâmes d'entrer en composition, et nous proposâmes à l'aubergiste de lui donner, indépendamment du prix de notre dîner, une indemnité pour les provisions qu'on avait faites à l'avance; mais il nous fut impossible d'obtenir de lui la moindre réduction de prix.

Il était environ onze heures du matin, M. Turner, très-contrarié des prétentions du maître d'hôtel, qu'il considérait comme déraisonnables, lui répéta encore qu'il était très-important pour lui de se rendre de suite à Richmond.

— Ce n'est pas moi qui vous en empêcherai, répondit l'aubergiste obstiné, mais vous payerez le dîner, le souper, le logement et le déjeuner. Mes provisions ont été faites en conséquence et sur vos ordres, il faut que je sois remboursé de mes frais.

— Et à quelle heure ces provisions seront-elles à notre disposition? demanda Turner.

— A l'heure qu'il vous plaira.

— Très-bien, Monsieur. Voyons, il est onze heures : nous dînerons à midi et nous souperons à midi et demi. Nous prendrons possession de nos logements à une heure, et surtout que le déjeuner soit prêt à une heure et demie

L'aubergiste parut fort étonné à l'audition de ce programme.

— Vous n'entendez pas, je suppose, dit-il, faire trois repas à la fois?

— Non, répondit Turner, nous ferons chaque chose l'une après l'autre. Vous allez d'abord dresser les tables et nous y servir un bon dîner. Nous le mangerons : alors vous enlèverez la nappe, puis vous la remettrez et vous nous servirez à souper. Nous nous mettrons à table et nous aurons expédié ce nouveau repas à une heure. Cela fait, nous irons nous mettre au lit. Vous, pendant ce temps, vous enlèverez les restes du souper, vous nous préparerez un bon déjeuner et vous aurez grand soin de ne pas oublier le café. Surtout, que tout soit prêt quand nous nous lèverons, c'est-à-dire à une heure et demie. Et n'allez pas vous imaginer de nous donner de la drogue, ou de nous fournir une chose pour une autre. Nous payons pour avoir ce qu'il y a de mieux, et nous entendons qu'on nous serve en conséquence.

Le maître d'hôtel convint que rien n'était plus juste, et s'éloigna pour aller préparer le dîner. Je le suivis dans le but d'essayer encore d'un compromis, mais il ne voulut entendre à rien.

A midi précis, un excellent dîner se trouvait sur la table; nous lui rendîmes toute la justice qui lui était due, après quoi Turner ordonna de desservir le dîner pour penser au souper. Ses ordres furent ponctuellement exécutés; à midi et demi le dîner était sur la table, nous lui fîmes encore honneur. A une heure, c'était une affaire réglée. Alors Turner demanda qu'on nous conduisît à nos lits. Le maître d'hôtel s'empressa de nous montrer nos chambres, et en un clin d'œil toute la troupe, composée de trente-six individus, se trouva déshabillée et couchée.

— Faites bien attention, Monsieur, cria Turner du haut de l'escalier avant de se mettre au lit, qu'il y ait sur la table un déjeuner chaud dans une demi-heure d'ici.

L'hôte ne répondit point, et Turner fut se mettre au lit sans avoir un seul instant perdu de sa gravité. Le maître d'hôtel n'était pas moins sérieux, tous deux s'étaient piqués au jeu; mais quant à moi, je ne pouvais m'empêcher de rire aux éclats de l'absurdité de leur conduite mutuelle. Toute la troupe était d'une gaieté folle, nous avions tous blâmé les prétentions ridicules du maître d'hôtel, et chacun de nous aurait donné jusqu'à son dernier penny pour que Turner n'eût pas le dessous. Aussi, bien que nous ne fussions restés qu'un quart d'heure dans nos lits, nous eûmes soin de les mettre dans un désordre aussi grand que si nous y eussions couché une nuit entière.

Il était une heure et demie, nous descendîmes pour déjeuner. Tout était prêt et nous attendait dans le meilleur ordre. Nous nous mîmes à table, et un étranger aurait pu croire en nous voyant officier que nous n'avions pas mangé depuis douze heures au moins. Quant à moi, je ne me suis jamais rendu compte comment nous avions pu absorber trois repas en moins d'une heure et demie; mais le courage supplée à tout. J'avais bien vu mon père empâter des dindons pour les engraisser dans le cours d'une semaine, mais je n'avais jamais entendu parler d'une troupe équestre traitée de la même façon.

Ainsi lestés nous quittâmes l'hôtel pour nous rendre à Richmond, où nous restâmes plusieurs jours.

Un soir, après la représentation, Turner et moi nous nous trouvions dans une des salles de l'hôtel en compagnie de quelques joyeux amis devant quelques bouteilles de bon vin et une boîte de purs havanes. La séance était fort animée, on parlait, on buvait, on chantait, on fumait, on causait... Bref, quelqu'un proposa quelques problèmes d'arithmétique amusante qui furent promptement résolus par ceux qui se trouvaient présents. Le vieux Turner, qui n'était jamais en reste, proposa un problème qui avait, selon lui, embarrassé plus d'un savant.

— Un étranger, dit-il, se présenta dans la boutique d'un bottier, et demanda le prix d'une paire de bottes. On la lui fit cinq dollars. L'étranger prit la paire de bottes et remit au cordonnier un billet de cinquante dollars. Le bottier n'avait pas chez lui de quoi changer cette valeur, mais il la porta à un voisin qui lui donna dix billets de cinq dollars chacun. Rentré chez lui, il remit à l'étranger quarante-cinq dollars et une paire de bottes. L'étranger partit, et on ne l'a jamais revu depuis. Quelques heures après son départ, le voisin, qui avait changé le billet de cinquante dollars, le rapporta au cordonnier en lui disant qu'il était faux. Le pauvre cordonnier se vit obligé d'emprunter d'un autre voisin de quoi payer en bon argent le montant du billet faux. Maintenant voici la question : Qu'est-ce que le cordonnier aura perdu sur toute cette opération ?

Plusieurs réponses furent faites à cette question. L'un dit qu'il avait perdu quatre-vingts dollars et les bottes, l'autre soutint qu'il avait perdu cinquante dollars et les bottes, un troisième émit une autre opinion, enfin pourtant on parvint à trouver la véritable solution.

Je désirais vivement faire poser Turner, et pendant qu'il était à s'occuper des réponses qu'on donnait à son problème je me plaçai derrière lui, et faisant un clignement d'yeux au reste de la société, je proposai gravement la question suivante :

— Un homme, dis-je, est âgé de trente ans, il a un fils d'un an, c'est-à-dire que le père est trente fois plus âgé que le fils. Quand le fils a atteint ses trente ans, le père en a soixante et n'a plus que deux fois l'âge de son fils. Quand le fils arrive à soixante, le père atteint quatre-vingt-dix, c'est-à-dire que son âge n'excède plus que d'un tiers celui de son fils. Lorsque l'enfant atteint quatre-vingt-dix, le père arrive à cent vingt, et la différence se trouve réduite à un quart. Ainsi donc, vous voyez, Messieurs, que l'âge du fils se rapproche graduellement de l'âge du père. En continuant de la sorte, il est évident que, puisque la différence devient de moins en moins sensible, il doit arriver un moment où le père aura le même âge que le fils. La question est donc de savoir, en supposant que l'un et l'autre puissent vivre assez longtemps pour cela, au bout de combien d'années le fils aura rattrapé le père et se trouvera être du même âge que lui.

Tout le monde, excepté Turner, vit parfaitement la plaisanterie, et comme on s'aperçut qu'elle était dirigée contre mon associé, chacun se fit un devoir de me servir de compère.

— C'est un calcul trop long et trop difficile pour qu'on puisse le faire séance tenante, dit quelqu'un, et il vaut beaucoup mieux que vous nous donniez vous-même la solution de ce problème.

Après m'être fait prier quelque temps :

— Je crois, répondis-je, que le fils et le père seront du même âge au bout de neuf cent quatre-vingt-dix-neuf ans, cependant je ne voudrais pas l'affirmer ; car il y a si longtemps que je ne me suis occupé de cette question, que je pourrais bien commettre quelque erreur.

Turner paraissait prendre le plus grand intérêt à ce problème.

— Bah! dit-il, je n'avais jamais entendu poser cette question, et au premier abord je n'aurais pas cru que cela fût possible ; mais il est évident cependant que la chose ne peut être autrement, puisque le fils gagne à chaque pas sur son père, et sans avoir beaucoup d'arithmétique, j'en ai assez cependant pour savoir que si l'on fait partir du même point, suivant la même route et à des heures différentes, deux chevaux dont le dernier gagne à chaque pas sur le premier, le second devra rattraper le premier au bout d'un temps donné.

Turner paraissait si convaincu de ce qu'il disait, qu'un vieux monsieur de la société n'hésita pas à proposer une gageure.

— Je ne suis pas bien savant, dit-il, en matière de chiffres, mais il me répugne de croire que le fils puisse devenir du vivant de son père aussi vieux que ce dernier. Cela me paraît un non-sens, et je parie douze bouteilles de champagne que la chose n'est pas possible.

Turner, qui était grand amateur de paris, surtout quand il se croyait sûr de son fait, répondit qu'au premier aspect la chose lui paraissait singulière, mais qu'il avait de bonnes raisons de croire à ce fait et qu'au surplus il tenait la gageure.

Quand les termes du pari furent bien stipulés, que les juges eurent été nommés, et qu'il n'y eut plus à s'en dédire, tout le monde partit d'un bruyant éclat de rire au nez de Turner stupéfait; et ce ne fut qu'avec beaucoup de peine que l'on parvint à lui faire comprendre que si la différence relative entre l'âge du père et l'âge du fils tendait à diminuer toujours, la différence absolue, qui était de trente ans, était constamment la même. Turner paya le champagne et en eut pour vingt-cinq dollars. Je fus plusieurs mois à le convaincre qu'il n'y avait point eu de tricherie dans notre pari.

Nous quittâmes Richmond pour Petersburgh et Warrenton. Ce fut dans cette dernière ville qu'expira mon engagement avec Turner. J'avais gagné douze cents dollars de bénéfice net à cette opération. Il fallut se séparer du cirque et je repris avec moi le signor Vivalla, auquel j'adjoignis un nègre chanteur et danseur nommé James Sandford. Je me procurai également quelques musiciens, des chevaux, des chariots et une petite tente en toile. J'avais formé le projet de monter un spectacle à mon propre compte et de parcourir le sud jusqu'à Montgomery et Ala.

Ma petite troupe partit le matin de très-bonne heure; je restai un peu en arrière et demeurai quelque temps à faire mes adieux à mes anciens compagnons. M. Turner me fit monter dans sa voiture et nous partîmes ensemble, afin de rejoindre ma troupe, qui avait pris les devants. Nous allâmes fort doucement, tant nous avions regret de nous quitter, et la conversation entre nous était si agréable et si animée, que nous fîmes vingt milles pour rattraper nos gens sans presque nous en apercevoir. Enfin il fallut se séparer : mon vieil ami me souhaita toutes sortes de succès et retourna à son cirque. Cette séparation me coûta beaucoup et j'en fus attristé pendant quelques jours; mais les affaires réclamaient toute ma présence d'esprit, et je ne tardai pas à prendre le dessus.

Le samedi 12 novembre 1836 nous nous arrêtâmes dans un petit village connu sous le nom des *Chutes de la montagne Rocheuse*.

Le lendemain matin je me rendis à l'église anabaptiste. Devant cette église se trouvait une petite place avec des bornes et une sorte de tribune. Cette place me parut si convenablement disposée pour une réunion, que je ne pus m'empêcher de dire au maître d'hôtel qui m'accompagnait que je serais enchanté de pouvoir y haranguer les fidèles.

La motion lui plut.

— Je suis sûr, dit-il, que tous nos gens, qui viennent de fort loin pour assister au service du dimanche, seraient enchantés d'entendre un étranger.

Avant la fin du service divin je priai le ministre de vouloir bien annoncer que je haranguerais le peuple sur la place pendant une demi-heure, à la sortie de l'église. Le ministre me demanda si j'étais membre du clergé, et sur ma réponse négative il montra quelque répugnance à faire ce que je lui demandais; ajoutant cependant que si je voulais faire l'annonce moi-même il n'y voyait aucun inconvénient : c'est ce que je fis. La congrégation, qui comptait environ trois cents membres, ne demandait pas mieux que de m'entendre : on se groupa donc promptement sur la place et je m'installai dans la chaire.

Je commençai par informer l'assistance que je n'étais point ecclésiastique, je demandai pardon de mon inexpérience à parler en public, mais j'ajoutai que je ressentais un si vif intérêt pour les sujets de religion et de moralité, que je voulais profiter de l'occasion de mon séjour parmi eux pour leur expliquer les droits et les devoirs de l'homme. Je leur dis que les plaisirs n'avaient qu'un moment; je comparai les joies méprisables de Moïse dans les palais de l'Egypte avec celles qu'il éprouva plus tard du sentiment du devoir accompli. J'en appelai à la conscience et à l'expérience de chaque homme et je leur demandai à tous s'il n'était pas vrai que le véritable bonheur ne se trouvait que dans la vertu.

— Nous ne pouvons violer impunément les lois de Dieu, ajoutai-je, et le bien apporte toujours sa récompense avec lui. Ne nous arrêtons point, mes frères, à la surface des choses, mais soulevons l'écorce et étudions la substance. Que de fois le diamant n'a-t-il pas brillé sur une poitrine malade! Mais le calme de l'âme est comme le rayon du soleil, et la joie intérieure et le prix de la vertu. N'envions donc point au méchant son opulence apparente et son bonheur extérieur, et n'oublions pas qu'une conscience bourrelée est le plus grand de tous les maux. La vie extérieure est tout pour les brutes, il leur suffit pour être heureuses de manger et de boire; mais il n'en doit pas être de même de l'homme, et doué comme il l'est d'une âme intelligente, il ne peut trouver le bonheur que dans le respect, la crainte et l'adoration du Seigneur.

Je parlai de la sorte pendant trois quarts d'heure, entremêlant mon discours de plusieurs citations empruntées à l'Ecriture. Quand j'eus terminé mon sermon, plusieurs des auditeurs vinrent me presser la main et m'exprimer leur satisfaction en me demandant mon nom, que je leur donnai. J'eus le bon esprit de ne pas trop m'enorgueillir de ce petit succès, mais je m'estimai heureux de penser que j'avais pu faire quelque bien par mes paroles.

A Raleigh je vendis une moitié de mon entreprise théâtrale à un homme que je me bornerai ici à appeler Henri. Il est peut-être devenu honnête homme, et je crois bon de taire son nom. Nous voyagions de compagnie depuis une semaine; il avait avec lui un chariot de vêtements confectionnés, et par suite de nos relations il s'intéressa pour moitié, comme je viens de le dire, dans mon entreprise théâtrale.

Arrivés à Camden, Sandford me quitta brusquement. Il figurait sur l'affiche du soir, où il était annoncé comme nègre chanteur. Malheureusement personne dans ma troupe ne se trouvait en état de le remplacer. Cependant je tenais à donner au public le spectacle annoncé. Il me vint une idée : je me cirai avec soin les mains et le visage, et je montai sur les planches pour y chanter les morceaux en question. Ma supercherie fit merveille. Non-seulement le public me prit pour Sandford; mais mes morceaux furent tous applaudis, il y en eut même quelques-uns qui furent redemandés.

Un de mes musiciens, Ecossais nommé Cochran, fut arrêté à Camden pour avoir dit au barbier de couleur qui le rasait qu'il ferait bien de gagner les Etats libres du Canada. Je fis tous mes efforts pour le faire relâcher sans pouvoir y parvenir : le pauvre diable resta en prison six mois.

Un soir, je venais de remplir encore la place de mon nègre absent, et j'étais à me déshabiller dans le vestiaire de notre tente, quand je fus attiré dehors par le bruit d'une dispute. C'était un étranger aux prises avec quelques-uns de mes gens. Je pris le parti des miens et parlai assez vertement à leur adversaire. Mais aussitôt celui-ci tira son pistolet et le dirigea vers moi en me disant :

— Comment, méchant négrillon, tu oses parler de la sorte à un blanc!

En disant ces mots il se disposait à faire feu.

Je compris de suite qu'il me prenait pour un vrai nègre, et que peut-être il allait me faire sauter la cervelle. Par un mouvement aussi rapide que la pensée je relevai la manche de ma chemise, et criai en lui montrant mon bras :

— Tenez, Monsieur, je suis aussi blanc que vous!

A cette vue le pistolet tomba des mains de mon homme. Probablement il ne se rendit pas compte de suite de la bizarrerie du fait, mais en tout cas il me demanda pardon et s'éloigna d'un air confus. Quant à moi, je rentrai dans le vestiaire de notre tente, m'applaudissant d'avoir si heureusement échappé au danger qui avait un instant menacé mon existence. Ma présence d'esprit ne m'a jamais abandonné, et je lui ai dû mon salut en plus d'une circonstance. A quatre fois différentes on me mit le pistolet sur la gorge, et je n'ai échappé à la mort que par une sorte de miracle. Bien souvent aussi des accidents m'ont jeté dans le plus grand danger. Et maintenant, quand je regarde en arrière et que je me rappelle les mauvais pas dont je me suis tiré grâce à ma prudence et à mon sang-froid, je ne puis m'empêcher de louer Dieu et de lui témoigner ma reconnaissance. Le doigt de la Providence se trouve, en effet, marqué sur chaque page du livre de ma vie. Et quand je viens à réfléchir à quelles sortes de gens j'ai été mêlé, quelles compagnies j'ai été forcé de fréquenter pendant quelque temps, à quelles tentations j'ai été exposé, je ne puis trop louer le ciel de m'avoir permis de conserver ma probité et ma fortune. Je crois fermement que si j'ai été préservé de la honte et de la ruine, et que si j'ai eu le bonheur de ne pas vivre comme un vagabond, je le dois surtout à ce que j'ai toujours su me tenir en garde contre la passion de la boisson, non pas que je veuille prétendre que je n'aie jamais bu, et que je me sois toujours abstenu des liqueurs enivrantes; non, j'en ai usé plus d'une fois; mais j'ai toujours su me préserver de l'abus, et je suis heureux de pouvoir dire que depuis un certain nombre d'années je suis devenu sous ce rapport digne de figurer dans les rangs d'une société de tempérance.

Pendant que j'étais absent de la maison, j'avais coutume d'écrire à ma famille deux ou trois fois par semaine. Ma femme, de son côté, m'écrivait le plus souvent qu'elle le pouvait. J'étais à Colombia quand je reçus d'elle une lettre par laquelle elle me faisait savoir que le bruit courait dans le Connecticut qu'on m'avait emprisonné au Canada sous prévention de meurtre, que le jugement avait été prononcé, et que j'avais été condamné à mort. Ce singulier bruit provenait sans doute de ce qu'une troupe de cirque avait eu quelques différends au Canada avec des habitants du pays. Ce qu'il y a de sûr, c'est que ce bruit n'avait par rapport à moi aucun fondement. Ce n'était même pas de la troupe de Turner qu'il s'agissait, car elle arriva le 5 décembre 1836 à Colombia, pendant que j'étais encore dans cette ville. Les engagements des membres de cette troupe expiraient alors même, et on allait se disperser. J'achetai au directeur quatre chevaux et deux chariots, et je pris avec Joe Pentland et Robert White des arrangements à la suite desquels ces deux artistes se joignirent à ma petite troupe. L'acquisition de ces deux sujets devait m'être fort avantageuse; car Pentland, outre qu'il était un clown fort distingué, était encore un habile ventriloque, un danseur de corde fort remarquable, un chanteur comique fort agréable, et un incomparable prestidigitateur. White était un nègre chanteur. Je me trouvai de la sorte avoir plus que compensé la perte de Sandford, et, sans orgueil, mon théâtre ambulant devint des plus intéressants. Nous voyagions sous le titre de GRAND THÉATRE SCIENTIFIQUE ET MUSICAL DE BARNUM.

Henri, qui, comme je l'ai dit, était pour moitié dans l'entreprise, remplissait les fonctions de trésorier; quant à moi, je recevais les billets à la porte. Un soir que j'étais occupé de la sorte à Augusta, un homme se présenta pour entrer. Je lui demandai son billet, il fit des difficultés, et sur ma question réitérée finit par me répondre qu'il était shérif. Je lui objectai que je ne voyais pas de raison pour qu'un shérif ne payât pas aussi bien qu'un autre.

— Si j'agis ainsi, reprit-il, c'est que j'en ai le droit; demandez plutôt à M. Henri.

Ces paroles me donnèrent de l'inquiétude, et après avoir laissé passer le shérif je me hâtai de me rendre auprès de Henri pour m'informer de l'objet de cette visite. Henri montra d'abord quelque hésitation, puis finit par m'avouer que le shérif venait sans doute l'exécuter pour un billet de cinq cents dollars dont il était débiteur. Henri avait à peu près six cents dollars engagés dans notre société; ces fonds pouvaient être saisis, et ce n'était point mon affaire. Sans perdre un instant je courus chez un homme de loi et lui fis rédiger un acte de vente par lequel Henri me cédait tous les droits qu'il pouvait avoir dans notre entreprise commune. Il ne manquait plus pour la validité de cet acte que la signature d'Henri lui-même : je revins au théâtre pour la lui demander. La représentation n'était point encore terminée quand je rentrai. Le créancier d'Henri et son homme de loi étaient encore à m'attendre. Ce dernier me demanda les clefs de l'écurie et de la remise, afin de procéder à la saisie des chevaux et des voitures. Je refusai tout net, et il menaça d'enfoncer la porte. Alors je demandai un instant de répit, afin de me consulter avec Henri : on me l'accorda, et j'entrai en pourparler avec mon associé. Celui-ci ne demandait pas mieux que de frustrer son avide créancier, aussi il ne fit pas de difficulté de signer l'acte de vente; il fit plus : dans la crainte d'être fouillé par le shérif, il me remit quatre-vingt dix dollars qu'il avait sur lui, et m'assura en outre qu'il avait quelque part cinq cents dollars, mais qu'ils étaient placés en si bon lieu que le shérif ne pourrait mettre la main dessus. Laissant donc Henri au bureau de la recette, je retournai vers le shérif et le créancier et leur déclarai qu'Henri refusait, soit de les payer, soit d'entendre à aucune espèce d'arrangement.

— Alors donnez-moi les clefs, dit le shérif.

Je refusai, et il me menaça de nouveau d'enfoncer les portes de l'écurie.

— Mais dans quel motif? repris-je.

— Pour saisir les chevaux et les voitures.

— Et de quel droit prétendez-vous faire cette saisie?

— Parce que M. Henri est notre débiteur, et que les droits qu'il a dans votre association sont le gage de ses créanciers.

— Mais vous n'avez point encore saisi, je pense, les chevaux ni les voitures?

— Pas encore, mais dans dix minutes ce sera chose faite! répondit le shérif en s'avançant vers l'écurie.

— Je crois que vous vous trompez, lui dis-je en l'arrêtant et en lui présentant l'acte de vente; veuillez plutôt prendre la peine de lire ce papier.

Le créancier et son homme de loi lurent l'acte d'un bout à l'autre. Quand ils eurent fini :

— Messieurs, leur dis-je, vous voyez que je suis le seul propriétaire de cet établissement et de tout ce qu'il contient. Vous venez de confesser vous-même que la saisie n'était point encore opérée; maintenant je vous défends de toucher à ma propriété, et si vous le faites ce sera à vos risques et périls.

Je ne me rappelle pas avoir vu deux personnes plus déconcertées que ces deux messieurs, quand ils virent qu'ils avaient été victimes d'un tour de Yankee.

Le shérif mit immédiatement la main sur Henri et se disposa à le conduire en prison.

On était alors au samedi soir 17 décembre. Je dis à Henri de ne pas perdre courage et que s'il était trop tard pour trouver une caution cette nuit même, au moins je m'en occuperais dès le lendemain.

De grand matin en effet je me mis en quête. J'appris de bonne source qu'Henri ne devait pas moins de treize cents dollars, et qu'il avait été convenu entre lui et son créancier que le samedi soir, à l'issue de la représentation, il lui remettrait cinq cents dollars sur notre recette, et qu'il lui passerait vente de l'intérêt dont il était propriétaire dans notre société. Moyennant ces conditions, Henri devait trouver à la porte de la ville un cheval sellé et bridé sur lequel il pourrait décamper en me laissant me tirer de ce mauvais pas comme je l'entendrais.

Ce petit complot tramé contre moi aurait sans doute parfaitement réussi sans la sottise du shérif, qui voulut s'obstiner à entrer sans payer, et qui par là me donna l'éveil.

Ces circonstances n'étaient pas de nature à me donner beaucoup de sympathie pour Henri, et ce qui me préoccupait le plus dans son affaire, c'était de sauver les cinq cents dollars qu'il avait mis en lieu secret. Vivalla obtint d'Henri la connaissance de sa cachette, et de mon côté j'obtins que Vivalla me remît cet argent sur un ordre même d'Henri, qui se vit forcé d'y consentir, car c'était pour lui le seul moyen d'avoir une caution et de sortir de prison. Je rendis alors au créancier tout ce que j'avais reçu d'Henri pour le prix de l'acquisition qu'il avait faite d'une moitié de mon établissement, et il me donna en échange la garantie que je ne serais point inquiété par mon associé.

Ainsi se termina mon association avec Henri; je dus à ma bonne étoile de sortir sain et sauf d'un des plus mauvais pas que j'aie traversés de ma vie.

Mon journal de voyage contient encore un grand nombre d'événements que je ne crois pas devoir rapporter ici. Je ne puis cependant passer sous silence une aventure qui m'arriva pendant que je servais de compère à Pentland pour l'assister dans ses tours de passe-passe.

La table de Pentland avait, comme toutes celles des magiciens ses confrères, une ouverture destinée à faciliter les transformations et les tours de magie. Un compère se tenait sous cette table. La place réservée pour cet utile comparse était certainement trop étroite pour un homme de ma taille, mais malgré cet inconvénient je consentis à la prendre un jour en l'absence de l'employé plus petit et plus mince qui remplissait toujours ces fonctions. Je m'installai donc dans la place en question; et bien que mes genoux se trouvassent à la hauteur de mon nez et que je fusse littéralement à la torture, je m'obstinai à aller jusqu'au bout et me disposai à passer au premier besoin à Pentland un écureuil vivant que je tenais dans ma main.

Les arrangements de Pentland étaient terminés : coupes, vases, ballons et autres objets de prestidigitation se trouvaient disposés sur la table; Pentland demanda une montre avec une chaîne d'or. Un des spectateurs fit passer l'objet demandé. On le mit sous un vase; la table s'ouvrit sous le vase, et la montre et la chaîne se trouvèrent bientôt en mes mains. J'avais pour mission de rouler la chaîne autour du cou de l'écureuil, afin qu'au moment donné celui-ci rapportât la montre au propriétaire. Je m'y pris si maladroitement que l'écureuil me mordit : la douleur me fit oublier mon rôle, je poussai un grand cri, et remuai si bien le cou, le dos, les bras et les jambes, que je renversai la table et tout ce qui était dessus, et que j'apparus tout à coup aux yeux des spectateurs étonnés, pendant que l'écureuil courait autour de la salle avec la montre à son cou. Pentland stupéfait s'arrêta court au milieu de son speech, la voix venait de lui manquer. Il n'en fut pas de même des spectateurs; et si jamais représentation se termina d'une manière agitée et tumultueuse, ce fut sans contredit cette nuit.

. . . .

En nous rendant de Colombia en Géorgie à Montgomery et à Alabama, nous fûmes obligés de traverser pendant un espace d'environ huit à neuf milles une contrée déserte et stérile connue sous le nom de pays Indien. A l'époque dont je parle, le gouvernement rassemblait les Indiens en troupes et les établissait sous bonne garde dans de vastes campements, d'où ils devaient être expédiés plus tard vers Arkansas. La majeure partie des Indiens acceptaient cette position et ne demandaient pas mieux que de se diriger vers le nouveau pays qui leur était destiné; mais il y en avait un certain nombre qui se montraient récalcitrants et s'étaient dispersés en petites troupes le long de la route entre Colombia et Montgomery, et rançonnaient, pillaient et massacraient les voyageurs qui s'aventuraient dans ces parages. Aussi considérait-on généralement comme très-dangereux de s'aventurer sur cette route sans avoir une nombreuse escorte. La veille de notre départ la malle-poste avait été arrêtée, les passagers avaient tous été massacrés, la voiture avait été brûlée, et le conducteur avait seul échappé comme par miracle. Ce ne fut pas sans de grandes craintes que nous nous déterminâmes à ce voyage; et nous ne nous y décidâmes que sur cette considération que notre nombre devait en imposer aux Indiens, et que nous nous trouverions par là à l'abri de leurs atteintes. Quoi qu'il en fût, nous eûmes soin de nous armer de pied en cap, et nous partîmes bien munis de carabines, de pistolets et de couteaux de chasse.

Personne d'entre nous ne rougissait d'avouer les craintes dont il était assailli en cette circonstance. Vivalla seul montrait un imperturbable sang-froid. C'était sans contredit le plus couard de nous tous; mais comme la plupart de ses pareils, il faisait blanc de son épée tant qu'il se trouvait loin du danger, et ne nous épargnait pas les railleries sur ce qu'il nommait notre poltronnerie. Quant à lui, disait-il, il n'avait qu'une crainte, c'était de ne pas rencontrer les Indiens, se promettant bien, quand il se trouverait face à face avec eux, de leur donner une danse dont ils se souviendraient longtemps.

La vantardise de ce poltron nous avait irrités, et nous résolûmes, à la prochaine occasion, de mettre son courage à l'épreuve.

La première journée de notre voyage nous fîmes trente mille sans rencontrer l'ombre d'un Indien, et nous arrivâmes le soir à la maison d'un planteur, où nous pûmes nous mettre à l'abri pour le reste de la nuit. Le lendemain matin nous gagnâmes sans encombre Kusteega, petit village où on avait établi un camp d'environ quinze cents Indiens y compris les femmes et les enfants. Le huitième jour nous arrivâmes à Mount-Megs, où on avait établi un autre camp indien composé d'environ deux mille cinq cents Peaux-Rouges. Dès lors, nous ne nous trouvions plus qu'à quatorze milles de Montgomery et en-dehors de tout danger. Mais nous étions bien déterminés à nous moquer des prétentions courageuses de Vivalla; aussi nous lui dîmes que la partie la plus dangereuse de la route restait encore à traverser, et que nous avions à voyager dans un pays infesté d'ennemis aussi nombreux que féroces. Vivalla fit le bravache comme à l'habitude, déclarant qu'il serait enchanté de se rencontrer avec ces moricauds et de leur donner une chasse. On se mit en route : au bout de six milles environ, au moment où nous traversions un bois épais, un gros renard-écureuil traversa la route et s'enfonça dans le fourré. Vivalla proposa de le poursuivre. C'était justement l'occasion que nous désirions. Tous ceux qui étaient dans le secret se regardèrent d'un œil d'intelligence, on s'arrêta, et on se mit avec Vivalla à la poursuite de l'écureuil. Pendant ce temps Pentland revêtait à la hâte un vieux costume d'Indien, avec surtout de chasse et mocassins, dont il avait fait secrètement l'acquisition à Mount-Megs. Il se teignit le visage avec du brun d'Espagne, mit sur sa tête une coiffure de plumes, jeta un fusil sur ses épaules, et se lança, dans cet équipage, sur les traces de Vivalla. Ainsi accoutré, il ressemblait à s'y méprendre aux Indiens que nous avions vus dans le camp.

Quand il se vit à quelque distance de la troupe dont Vivalla faisait partie, il se montra brusquement dans une clairière et fit en même temps sortir de son gosier un houp! houp! des plus sauvages.

A cette vue, les compagnons de Vivalla, qui étaient tous dans le secret, se mirent à jouer des jambes dans la direction des chariots. Vivalla, à moitié mort de frayeur, se prit à fuir du même côté; mais le sauvage, dédaignant tous les autres fuyards, semblait prendre un affreux plaisir à s'acharner à la poursuite de notre Italien. Le pauvre diable hurlait de toutes ses forces; mais ce fut bien pis encore quand il vit l'Indien le coucher en joue. N'avisant pas d'autre moyen de salut que de rebrousser chemin et de fuir dans une direction opposée à nous, il n'hésita pas un instant, et tournant brusquement sur les talons il se mit à fuir avec la rapidité d'un daim sans même oser tourner la tête pour voir ce qui se passait derrière lui. Pentland, qui était plus agile et plus leste que l'Italien, lui laissa cependant quelques pas d'avance et se mit à le poursuivre avec son fusil à la main en poussant à chaque pas des hurlements épouvantables. Cette course dura environ un mille ; mais alors le signor hors d'haleine retourna la tête, vit le Peau-Rouge qui continuait à gagner du terrain, tomba à genoux et se mit à prier son adversaire à mains jointes. Mais l'Indien, sous prétexte qu'il ne comprenait pas l'anglais, leva pour toute réponse son fusil à la hauteur de l'épaule et coucha le pauvre Italien en joue. A cette vue, le malheureux se tordit avec désespoir et commença une pantomime des plus animées pour faire comprendre à l'Indien que l'existence était la seule chose qu'il réclamait ; et que pour avoir la vie sauve, il était prêt à lui abandonner tout ce qu'il possédait. Le sauvage s'arrêta et parut enfin comprendre les signes qui lui étaient adressés par l'Italien. Il prit son mousquet par le canon, posa la crosse à terre et fit signe à sa victime tremblante d'avoir à s'exécuter.

Vivalla ne se le fit pas dire deux fois ; en un clin d'œil il eut retourné toutes ses poches. L'Indien prit la bourse contenant onze dollars, c'était tout l'argent que le pauvre diable avait sur lui, le reste était déposé dans un tronc sur un de nos chariots. Les gants, le mouchoir de poche, le couteau, furent successivement offerts dans le but d'apaiser la fureur du sauvage ; mais celui-ci paraissait regarder ces objets avec un suprême dédain. Puis Pentland fit signe à l'Italien de se lever, celui-ci obéit, et son cruel vainqueur se mit à le pousser devant lui comme un agneau qu'on mène à la boucherie. Arrivés au pied d'un chêne, le sauvage ordonna à son prisonnier de s'arrêter, et se mit en devoir de l'attacher au tronc de l'arbre à l'aide du mouchoir de poche, et cela avec une adresse que n'eût certainement pas démentie un Indien pur sang.

Le guerrier à peau rouge s'éloigna après s'être assuré de la solidité des nœuds qu'il avait faits, laissant le pauvre Vivalla dans cette position gênante, et beaucoup plus mort que vif. Pentland nous rejoignit alors à la hâte, et après qu'il se fut débarrassé de sa défroque de carnaval, et qu'il se fut lavé le visage et les mains, nous nous mîmes tous ensemble à la recherche de l'Italien. Nous ne tardâmes pas à rencontrer le pauvre garçon, qui était encore attaché à l'arbre; sa frayeur était telle, qu'il était incapable de faire un mouvement; mais à peine il nous eut aperçus, que sa joie ne connut plus de bornes. Nous nous approchâmes, et nous nous mîmes en devoir de lui délier les mains. Dès qu'il se sentit libre il se prit à chanter, à rire et à danser comme un vrai singe. Le naturel revint avec la vie, et il ne fut pas longtemps à retrouver ses fanfaronnades habituelles. A l'entendre, après que ses compagnons l'eurent abandonné, l'Indien avait été rejoint par cinq ou six autres, et il ajouta que s'il avait eu seulement un fusil, il leur aurait fait sauter la cervelle à tous; mais seul et sans armes, force lui avait été de se rendre après une lutte désespérée. Nous eûmes l'air de croire à son histoire, et nous le laissâmes répéter et enjoliver ces détails pendant une semaine entière. Ce ne fut qu'au bout de ce temps que nous le mîmes au courant de la plaisanterie dont il avait été victime. A cette révélation, son désappointement fut des plus grands; mais il ne tarda pas à prendre le dessus, et nous l'entendîmes bientôt assurer mordicus que cette prétendue plaisanterie n'était qu'une invention de notre part. En vain Pentland offrit de lui rendre ses onze dollars, il refusa de les accepter, jurant ses grands dieux que ce ne pouvait pas être son argent, puisque sa bourse lui avait été dérobée par sept Indiens au moins. On doit bien penser que les railleries ne furent point épargnées à l'Italien sur sa fausse bravoure; mais nous nous vîmes bientôt obligés d'abandonner ce sujet, car la moindre allusion à cet égard faisait entrer notre camarade en fureur, et nous ne pouvions plus rien en obtenir. La seule chose que nous y gagnâmes fut de couper court pour l'avenir aux fanfaronnades du signor, qui n'osa plus parler devant nous de son courage à toute épreuve.

Nous étions à Montgomery le 28 février 1837; ce fut là que nous rencontrâmes un prestidigitateur du nom de Henri Hawley. C'était un homme d'environ quarante-cinq ans, dont les cheveux avaient blanchi avant l'âge, de telle sorte qu'on eût pu lui en donner soixante-dix. Je m'arrangeai avec lui et l'engageai dans ma troupe.

Hawley avait l'esprit prompt et la repartie vive; il connaissait en outre plusieurs tours qui l'avaient rendu à bon droit célèbre dans le pays, qu'il explorait depuis sept ou huit ans. Il était surtout doué d'un sang-froid imperturbable, et je ne me rappelle l'avoir vu embarrassé qu'une seule fois; c'était à l'occasion d'un tour de passe-passe qu'il appelait le sac aux œufs et la vieille poule. Voici comment la chose se pratique.

Le prestidigitateur a un sac dans lequel il déclare qu'il y a une vieille poule, laquelle pond des œufs à volonté. Il prend le sac et le retourne de dedans en-dehors de manière à faire voir qu'il n'y a rien dedans. Mais on a eu soin de pratiquer entre le sac et la doublure une petite poche séparée en compartiments, de manière à contenir six œufs. Quand il a bien montré à tous les spectateurs que le sac ne contient absolument rien, il ordonne à la poule de pondre un œuf. Il fait alors sortir l'œuf de la poche, et renouvelle le même jeu en ayant soin à chaque fois de retourner le sac de dedans en-dehors. Quand il ne reste plus qu'un œuf, il met la main sur la partie du sac qui contient ce dernier œuf et s'assoit tranquillement sur le sac pour montrer à la foule qu'il n'y a point de supercherie de sa part. Alors il répète qu'il peut faire pondre à la poule autant d'œufs qu'on voudra. « Maintenant, Messieurs, ajoute l'opérateur, et avant d'aller plus loin, je veux vous prouver que les œufs que pond ma poule sont de vrais œufs et de la meilleure qualité, et pour cela je vais en casser un. » En prononçant ces mots, il s'avance vers une assiette et se met en devoir de casser un œuf. Ce n'est là qu'un moyen de détourner l'attention des spectateurs, et aussitôt qu'il s'aperçoit que les regards sont tous fixés sur l'œuf et qu'on ne s'occupe plus du sac, il le saisit habilement de la main gauche, et le suspend à un clou derrière la table. Au même instant il prend à un autre clou un second sac exactement semblable au premier, mais qui au lieu de contenir des œufs renferme une poule.

Alors commence un nouveau petit discours.

« Après vous avoir montré les œufs, dit l'opérateur, il faut bien, Messieurs, que je vous montre la poule qui les pond. Regardez bien tous, et voyez qu'il n'y a pas de supercherie. » Au même instant il ouvre le sac, le retourne, et au grand étonnement de tous les spectateurs il en sort une belle et grosse poule.

Dans l'occasion à laquelle je fais allusion, nous étions en route et nous nous trouvions à une certaine distance de la ville où nous devions donner notre représentation; nous ne pouvions guère espérer d'y arriver avant deux heures de l'après-midi. Nous avions pris nos mesures en conséquence, et nous avions fait annoncer à l'avance une représentation pour trois heures de l'après-midi. Notre arrivée mit tout le monde en rumeur, et nous trouvâmes beaucoup de gens de la campagne qui s'étaient rendus là dans le seul but d'assister au spectacle. Il était tard, le temps pressait, et nous installâmes notre tente en toute hâte, tandis que de son côté Hawley préparait sa table. Mais n'ayant pas le loisir de s'occuper à l'avance de son tour de la vieille poule, il chargea un nègre, domestique de notre auberge, de lui procurer une poule, de la mettre dans le sac et de la lui apporter. Le nègre ne demandait pas mieux, d'autant qu'on lui avait promis que pour sa peine il verrait le spectacle gratis. Il apporta donc le sac à Hawley et entra sous la tente pour assister à la représentation.

Le sac où était la poule fut pendu au crochet derrière la table, puis le seul musicien que nous possédions alors joua une espèce d'ouverture, après quoi la toile se leva et le vieux Hawley commença ses exercices. Il jongla d'abord avec des boules et des assiettes, fit mine d'avaler des étoupes et de les rendre enflammées par la bouche. Il tira de son estomac plusieurs mètres de rubans de différentes couleurs, fit des tours merveilleux avec des anneaux, des ficelles et des clefs, avala une montre et rendit une pendule, et extirpa du ventre d'un jeune paysan, qu'il avait fait venir sur le théâtre, assez de choux, d'oignons et de navets pour faire la soupe à tout un régiment.

Après ces tours préliminaires, Hawley passa à l'exercice le plus brillant, c'est-à-dire à celui des œufs pondus par magie. A cette vue l'auditoire applaudit avec frénésie. Hawley, se voyant goûté, se surpassa encore dans l'exécution de son tour favori. Quand les œufs eurent été tirés les uns après les autres du sac et qu'il eut cassé le dernier, il annonça avec emphase qu'il allait montrer au public la poule merveilleuse qui pondait ainsi des œufs à volonté. En prononçant ces paroles il ouvrit le sac, et un volatile en sortit au grand étonnement de l'assemblée; mais, hélas! la poule annoncée était un coq! Qu'on juge de la stupéfaction qui se peignit sur toutes les figures à la vue de ce phénomène si contraire aux lois de la nature! Mais au même instant le vieux coq, que son séjour prolongé dans le sac avait fort irrité, s'élança sur le devant du théâtre, hérissa ses plumes, et fit entendre d'une voix claire un coquerico des mieux articulés. Le sérieux de l'assemblée n'y put tenir : de tous les points de la salle partirent des éclats de rire, et le pauvre Hawley se retira tout effaré dans le vestiaire poursuivi par les huées de tous les assistants. Sa colère contre le stupide nègre était des plus comiques. Il ne parlait rien moins que de lui briser la tête, et jura que pour rien au monde il ne consentirait à rentrer en scène. Rien en effet ne put l'y décider ce jour-là. Hawley s'était trouvé souvent dans des positions aussi singulières, et son esprit adroit avait toujours su les tourner à son avantage; mais dans cette circonstance la chose fut si imprévue et les rires de l'assistance si bruyants et si tumultueux, qu'il perdit littéralement la tête, et, comme on vient de le voir, ne trouva rien de mieux qu'une retraite honteuse.

Chaque soir, après la fin de ses exercices, Hawley avait l'habitude d'aller s'asseoir dans la salle commune de la principale auberge du village où nous nous trouvions. Là il ne tardait pas à être entouré d'une foule d'auditeurs attirés par le merveilleux des histoires qu'il aimait à raconter. Sa contenance grave, sa chevelure grisonnante et le sérieux de ses manières inspiraient tout d'abord une grande confiance, et donnaient beaucoup de poids à ses paroles; aussi commençait-on toujours par le croire. Mais bientôt le conteur, enhardi par la bienveillante crédulité de ses auditeurs, se lançait dans des récits où l'hyperbole dépassait toute mesure. Peu à peu le doute naissait dans les esprits, et quelque villageois plus sceptique que les autres finissait par s'écrier :

— Oh! pour le coup, voilà un mensonge!

— C'est aussi vrai, je vous jure, que tout ce que je vous ai raconté jusqu'à présent, répondait Hawley en riant de l'air narquois qui lui était particulier.

L'imagination du vieil Hawley était aussi vive et aussi brillante que celle des conteurs persans. Le sens et la raison n'arrêtaient jamais le cours de ses récits; et quand il s'était embarqué dans quelque histoire qu'il ne pouvait terminer que par un prodige, sans s'en embarrasser davantage il accomplissait le miracle. S'il eût vécu au temps des califes de Bagdad, je ne doute point qu'il n'eût surpassé la fameuse Schérazade elle-même; et le lecteur, j'en suis convaincu, sera de mon avis quand j'aurai soumis à son appréciation quelques échantillons du savoir-faire de mon ami.

— Messieurs, disait-il un jour en s'adressant à un cercle nombreux d'auditeurs, vous savez tous que, comme l'a dit le poète,

Le vrai peut quelquefois n'être pas vraisemblable,

et vous n'ignorez pas non plus que la vérité est souvent plus extraordinaire que tout ce qu'on peut imaginer. Quand le célèbre Bruce, de retour en Angleterre de son grand voyage en Afrique, apprit à ses compatriotes que les Abyssins, pour s'épargner la peine de conserver leurs provisions de bouche, taillaient en voyage leurs biftecks et leurs rosbifs au fur et à mesure de leurs besoins sur le dos des animaux vivants qu'ils traînaient à leur suite, de telle sorte qu'un bœuf parti tout entier de son étable se trouvait quinze jours après réduit des trois quarts, et dégarni de toute la portion qui avait servi de nourriture à ses maîtres; quand, dis-je, Bruce, rapporta ce fait extraordinaire en Angleterre, tout le monde le traita de menteur. Cathelin nous apprend encore qu'un Indien qui avait visité les ports de l'Amérique fut impitoyablement massacré à son retour dans la tribu pour le seul crime d'avoir dit la vérité. Le récit qu'il fit à ses sauvages compagnons des merveilles de nos constructions maritimes le fit passer à tous les yeux pour un imposteur, et le pauvre diable y laissa sa chevelure. Je vous dis toutes ces choses, Messieurs, parce que j'ai à vous raconter des choses difficiles à croire, et que j'éprouve le besoin de vous mettre en garde contre une prévention dont tant d'autres ont été victimes avant moi.

Tous les auditeurs s'écrièrent d'une voix qu'ils s'engageaient à ne pas douter d'un seul mot de l'histoire.

— A cette condition, Messieurs, je continue, reprit Hawley ; mais, avant tout, permettez-moi de vous adresser une question : quelqu'un de vous a-t-il visité les montagnes Rocheuses?

Chacun répondit que non.

— Eh bien ! moi, Messieurs, j'ai fréquemment voyagé dans ces régions, et j'en ai rapporté la connaissance de plusieurs circonstances très-singulières. Il existe dans ces montagnes une localité où les chasseurs américains et les trappeurs ont coutume de se réunir chaque année pour célébrer la fête nationale du 4 juillet. On ne manque jamais de se régaler en cette circonstance d'un excellent punch à la glace, car il est bon de vous dire que dans ces montagnes la glace n'est pas rare, et qu'on en trouve des masses énormes dans toutes les saisons. Or, un certain anniversaire de la fête de l'*Indépendance*, je me trouvai au milieu de tous ces coureurs de la montagne, et nous bûmes si gaillardement du punch glacé que la glace vint à nous manquer, et qu'on envoya deux Irlandais à la recherche d'une seconde charge de glace. Il y avait non loin de là une sorte de grande caverne qui servait de glacière ; ce fut vers ce point que se dirigèrent nos Irlandais ; mais bientôt nous les vîmes revenir dans un état de frayeur impossible à décrire. En cassant la glace, ils y avaient trouvé une paire de bottes auxquelles tenaient deux jambes d'homme. A cette vue le courage leur avait manqué, et ils s'étaient enfuis sans pousser plus loin leur besogne. Le récit des deux Irlandais piqua notre curiosité, et nous nous rendîmes en masse à la caverne. Il y avait là un énorme bloc de glace congelé depuis plus de cinquante ans, ce fut contre cette masse que se dirigèrent nos efforts ; nous l'eûmes bientôt démolie, et nous en exhumâmes un homme. Le corps de ce malheureux était aussi frais et aussi bien conservé que si l'individu eût été vivant. Il était revêtu d'un habillement qui remontait évidemment à une époque déjà éloignée. C'étaient des culottes courtes attachées par des boucles au-dessous des genoux; un habit de ratine grise avec des boutons larges comme des assiettes, et un grand chapeau à cornes. Je crois vous l'avoir déjà dit, le corps de cet homme était dans un état parfait de conservation et de fraîcheur, à tel point que grand nombre des plus anciens trappeurs assuraient qu'il n'était qu'engourdi, et qu'on pourrait par des soins bien entendus le rappeler à la vie. J'avoue que cette opinion me parut aussi insensée que ridicule, mais on n'en persista pas moins à faire ce qui avait été proposé. Le corps sorti de la glace fut transporté dans un lieu plus commode, et l'on se mit en devoir de préparer une cuve pleine d'eau tiède dans laquelle on le plongea, après lui avoir enlevé tous ses vêtements. Ce ne fut pas tout; on lui desserra les dents et on introduisit dans sa bouche quelques cuillerées de punch chaud.

Malgré la présence de ce lugubre convive, j'étais presque tenté de rire. Mais jugez de ma surprise! Au bout de vingt minutes environ, je vis l'homme gelé ouvrir les yeux et remuer quelques-uns des muscles de sa face. Alors on le retira de l'eau, on l'enveloppa dans des couvertures de laine, et on se mit à le frictionner avec force. En moins d'un quart d'heure la parole lui était revenue, et nous eûmes la joie, en très-peu de temps, de le voir debout plein de vie et de santé. On l'habilla, on l'engagea à s'asseoir à table avec nous, et pendant environ une heure il festoya gaiement avec les autres convives.

Au bout de ce temps l'étrange personnage se leva de table, nous remercia gracieusement de notre courtoisie, nous dit qu'il était obligé de continuer son voyage et demanda son cheval.

— Quel cheval? fit-on.

— Le cheval sur lequel j'ai voyagé toute la nuit dernière.

Personne ne répondant :

— Messieurs, continua notre hôte, n'essayez pas, je vous prie, de me retenir plus longtemps, car je suis appelé par des affaires de la plus haute importance. Ayez plutôt la bonté de me faire donner un cheval, et je le payerai ce qui conviendra. Vous voyez que j'ai de l'argent, ajouta-t-il en tirant d'un grand sac de cuir une certaine quantité de guinées marquées à l'effigie de Georges III.

Comme vous voyez, l'aventure se compliquait, et notre curiosité était presque aussi vive que l'impatience de notre hôte.

— Si vous voulez nous dire où vous allez, peut-être pourrons-nous vous être utiles, lui répondîmes-nous.

— De grand cœur, Messieurs, mais à la condition que vous ne me retiendrez pas plus longtemps.

Nous le lui promîmes.

— Eh bien! dit-il, je me rends à l'armée, et je suis porteur des dépêches du gouvernement.

— Eh quoi! lui demandâmes-nous en considérant avec étonnement son costume étrange, vous allez à la Floride?

— Non, je vais à... Et il désigna un lieu dont le nom m'échappe.

— Mais, Monsieur, lui répondîmes-nous, il n'y a pas d'armée sur ce point; et puis nous direz-vous pourquoi vous avez revêtu un costume d'une mode si ancienne?

A cette question, notre homme nous regarda avec attention pour la première fois, et en apercevant nos costumes il demeura aussi surpris à notre aspect que nous l'étions nous-mêmes au sien.

— Mais, qui êtes-vous? fîmes-nous avec l'accent d'une curiosité qui arrivait à son comble.

— Je suis en votre pouvoir, répondit-il, mais je dédaignerais d'acheter ma vie par un mensonge. Faites de moi ce qu'il vous plaira, je suis officier au service du roi Georges, et je m'en fais gloire.

Enfin, Messieurs, pour finir en deux mots, je vous dirai que cet officier, comme nous l'apprîmes de sa propre bouche, avait été envoyé en mission vers quelque tribu indienne pendant la guerre de l'indépendance. Ce fut en accomplissant sa mission qu'il fut pris de sommeil et se réfugia dans la caverne où nous l'avons trouvé. Le froid l'avait saisi, il était devenu insensible, et les années avaient ensuite accumulé autour de lui l'énorme bloc de glace d'où nous l'avions si miraculeusement tiré. Que s'était-il passé pendant tout ce temps? Il l'ignorait lui-même, n'ayant fait qu'un somme depuis le moment de son entrée dans la caverne jusqu'à celui où il s'était trouvé assis avec nous autour d'une table à punch.

Cette histoire produisit sur l'assistance la sensation la plus vive. Hawley était un vieillard; sa contenance était aussi grave que celle d'un juge; son air était respectable, ses cheveux étaient blancs, et l'histoire du soldat de Georges III passa sans observation.

Hawley avait pris une telle habitude de raconter des charges, qu'il était difficile de le faire parler sérieusement; ainsi, quelque lieu du monde qu'on vînt à nommer devant lui, il se trouvait toujours qu'il l'avait visité et le connaissait parfaitement.

— Hawley, m'arriva-t-il de lui dire un jour, je parie que je nomme un lieu où vous n'êtes jamais allé!

— Et lequel?

— La lune.

— C'est ce qui vous trompe, mon cher, j'y suis allé en ballon. Ignorez-vous donc que j'accompagnais Wise dans les trois ascensions qu'il a faites à Louisville, et que dans l'une d'elles, qui est du reste la plus élevée qui ait jamais été faite, nous avons touché à l'astre que vous venez de nommer?

Il affirmait la chose avec tant d'aplomb, qu'il fallait se fâcher ou se taire. C'est à ce dernier parti que je m'arrêtai, tout en demeurant convaincu à part moi qu'il n'y avait pas un mot de vrai dans l'histoire de mon camarade.

. . . .

Notre troupe, après avoir visité plusieurs localités des Etats d'Alabama, de Kentucky et de Tennessee, se dispersa à Nashville en mai 1837. Vivalla continua ses exercices pour son propre compte et vint peu de temps après se montrer à New-York, d'où il s'embarqua quelques mois après pour Cuba. J'ai appris qu'il y était mort l'année suivante; mais avant son départ pour l'île espagnole nous eûmes occasion de nous rencontrer de nouveau, ainsi qu'on le verra par la suite de ces Mémoires.

Hawley resta dans l'Etat de Tennessee avec charge de surveiller nos chevaux, qui avaient été mis au vert. Quant à moi, je profitai de ma liberté momentanée pour retourner à ma maison, lieu cher à mon cœur, où j'eus le bonheur de passer quelques semaines avec ma famille.

Le désir de faire fortune et de courir de nouveau le monde ne me permit pas de rester longtemps chez moi. Dans les premiers jours du mois de juillet je retournai rejoindre Hawley avec une nouvelle troupe que je venais de former, et nous reprîmes nos représentations dans le Kentucky. Nous n'y eûmes pas grand succès. Parmi les acteurs que j'avais engagés, un était entièrement incapable, un autre était un ivrogne fieffé, deux me quittèrent clandestinement, et mon nègre chanteur se noya dans la rivière à Francfort. Tous ces mécomptes firent baisser considérablement mes fonds, et je me vis obligé de vendre un cheval dans une ville, une voiture dans une autre, et d'engager ma montre dans une troisième, le tout pour me procurer les moyens de payer nos dépenses d'hôtel. Ces petits désastres devaient être plus tard réparés par des succès éclatants, mais je n'en vis pas moins pendant quelque temps pâlir mon étoile.

Dans le courant du mois d'août je me séparai d'Hawley pour former une association avec Z. Graves, auquel je laissai la direction de nos affaires pendant que je vins à Ohio à la recherche de Pentland, que j'avais dessein d'engager de nouveau.

Je rencontrai mon homme à Tiffin. J'étais étranger dans cette ville; mais une discussion religieuse qui avait lieu à l'hôtel et à laquelle je pris part, me mit bientôt en relation avec plusieurs habitants, qui me prièrent de vouloir bien prendre la parole en public sur certains sujets que nous avions déjà agités entre nous. Je me rendis à leur vœu. La salle de l'école communale fut choisie pour ce meeting, où j'obtins un véritable succès, un dimanche après midi. Mes auditeurs furent si satisfaits de mon éloquence, qu'un des principaux magistrats me pria instamment de faire deux autres prônes : j'y consentis de bonne grâce, et ces nouvelles réunions eurent lieu à ma plus grande gloire les 4 et 5 septembre.

Après avoir terminé mes affaires avec Pentland et plusieurs musiciens que j'engageai, nous partîmes pour le Kentucky avec les chevaux et les chariots de mon ancien compagnon.

Trente milles environ avant d'arriver à Cincinnati, nous nous rencontrâmes sur notre route face à face avec un nombreux troupeau de cochons que poussaient devant eux plusieurs conducteurs. Un de ces hommes nous apostropha en termes insolents, parce qu'un de ceux qui conduisaient nos chariots ne s'était pas arrêté assez tôt à son gré, et avait été cause qu'une partie du troupeau s'était dispersée à droite et à gauche. Irrité du ton de cet homme, je répondis avec vivacité en le comparant à ses quadrupèdes. A ces mots, le marchand de cochons descendit de cheval, s'approcha de moi et me mit un pistolet sur la gorge en jurant qu'il allait faire feu si je ne lui faisais des excuses sur-le-champ.

Je lui demandai de m'accorder au moins quelques minutes de réflexion, ajoutant que s'il voulait me permettre de me consulter avec un de mes amis placé sur un autre chariot, j'espérais que la contestation pourrait se terminer à la satisfaction générale. Le porcher y consentit. Or, l'ami dont j'entendais parler était un double fusil dont les deux coups étaient chargés. Quand je fus nanti de cette arme, je revins vers mon homme, auprès duquel se tenaient deux de ses camarades, et le regardant fixement entre les deux yeux :

— Maintenant, Monsieur, lui dis-je, à nous deux ! C'est vous qui allez me faire des excuses, ou je ne réponds pas de votre cervelle. Vous avez levé votre arme sur moi pour un mot trivial peut-être, mais complètement justifié par la grossièreté de vos manières ; c'est, vous en conviendrez, faire peu de cas de la vie des autres. Mais, si vous tenez à la vôtre, vous allez me faire des excuses, et de suite, sinon votre affaire est claire, et une balle m'aura bientôt rendu raison de votre insolence.

Ce petit discours, appuyé d'une arme à double calibre, produisit sur mon homme l'effet que j'en espérais. Il me fit ses excuses. Dix minutes après nous étions les meilleurs amis du monde, et nous tombions d'accord tous deux que trop souvent la vie d'un homme est sacrifiée à un premier mouvement de colère, et qu'il est parfois dangereux, sous ce rapport, d'avoir sur soi des armes chargées.

Parmi les points principaux visités par notre troupe pendant cette campagne dans l'Ouest et dans le Sud, je citerai d'abord Nashville, ville près de laquelle se trouve l'*ermitage*, où nous allâmes rendre visite au général Jackson. Nous nous arrêtâmes aussi à Huntsville, Tuscaloosa et Vicksburg, sans négliger d'ailleurs les points intermédiaires de moindre importance. Nous n'eûmes pas partout le même succès, quoique cependant nos représentations fussent en tous lieux à peu près les mêmes.

A Vicksburg, nous vendîmes nos chevaux et nos chariots, à l'exception d'une voiture et de quatre bêtes, et nous fîmes, pour la somme de six mille dollars, l'acquisition d'un petit steamer nommé *la Cérès*. Nous engageâmes un capitaine et un équipage, et nous nous embarquâmes pour descendre la rivière.

Nous naviguions à petites journées, faisant escale à chaque endroit qui nous semblait devoir offrir quelque chance de succès à nos représentations théâtrales.

A Natchez, notre cuisinier nous quitta; je cherchai, mais en vain, à m'en procurer un autre. Je fus entre autres m'adresser à une femme veuve; c'était une blanche, qui, d'après les renseignements que j'avais pris, me paraissait très-propre à remplir le poste en question. La veuve n'accepta pas mes propositions, m'objectant pour prétexte qu'elle était sur le point de se remarier. Il nous fallait à tout prix quelqu'un pour faire notre cuisine. Ce refus me désespérait. J'allai trouver le fiancé, je le mis au courant de la chose, lui contai mon embarras et le priai de me dire s'il était en effet sur le point de se marier avec la veuve. Le jeune barbouilleur n'était pas bien déterminé.

— Tenez, lui dis-je, je suis rond en affaires, et si vous voulez vous marier demain matin, j'engage votre femme en qualité de cuisinière à raison de vingt-cinq dollars par mois, et je vous prends au même prix convenu peintre. Vous serez de plus tous deux logés et nourris à mes frais, et il y aura encore cinquante dollars de pot-de-vin.

Le lendemain matin de bonne heure il y avait une noce à bord, puis la mariée quitta ses robes de gala. Et à midi elle nous servit un dîner des plus confortables.

A Saint-Francisville, dans la Louisiane, nous eûmes une petite scène tragi-comique. Un soir de représentation, un homme se présenta pour entrer, criant à tue-tête qu'il avait payé sa place. J'étais préposé à l'admission des spectateurs, notre homme était complètement ivre, et je lui refusai l'entrée. Aussitôt celui-ci se précipita sur moi en me portant un violent coup de poing. La force du choc fut un peu amortie par mon chapeau, mais je n'en ressentis pas moins une violente douleur à cette partie du crâne où les phrénologues ont placé la bosse de la prudence. Je tins bon cependant, et jetai mon homme à la porte.

Le drôle se retira; mais je ne fus pas longtemps sans le voir revenir en compagnie d'une bande de garnements à moitié ivres, armés qui d'un pistolet, qui d'une trique, qui de tout autre engin. Cette troupe semblait déterminée à me prendre d'assaut. Dans cette extrémité je fis appel au maire et à quelques citoyens honorables qui assistaient avec lui à notre représentation. Le maire, tout en reconnaissant qu'il n'y avait pas moyen de réprimer par la force l'attaque de ces vauriens, se hâta cependant d'intervenir, et à défaut de la paix nous obtînmes au moins une trêve.

— Nous vous laisserons en paix à une condition, dit un des plus modérés de la bande, nous vous donnons une heure pour plier votre bagage, le transporter à bord de votre bateau et décamper. Dépêchez-vous, vous n'avez pas de temps à perdre; et si vous n'avez pas vidé les lieux dans une heure d'ici, gare à vous! En finissant ces mots l'orateur tira sa montre et regarda l'heure. De mon côté j'avais les yeux fixés sur les triques et les pistolets, et cette vue suffit pour me faire comprendre que la résistance serait une folie. Il n'y avait pas de secours à attendre des honnêtes citoyens ni par prière ni par argent. Nous avions littéralement le couteau sous la gorge, il fallait se dépêcher. Notre tente et nos bagages furent ployés en toute hâte et transportés à force de bras sur le pont de notre bateau. En moins d'une heure nous avions levé l'ancre et nous filions notre nœud, accompagnés par les clameurs et les railleries de la foule, qui nous avait escortés jusqu'au port à la lueur des torches et en poussant de sauvages hourras.

Les journaux de la Nouvelle-Orléans du 19 mars 1838 annoncèrent au public l'arrivée du steamer *la Cérès* sous les ordres du capitaine Barnum, avec une troupe d'acteurs. Nous débarquâmes dans cette grande ville, et après un séjour de huit jours nous la quittâmes pour nous rendre dans le pays d'Altakapas. A Opelousas nous nous défîmes de notre steamer, que nous échangeâmes contre une partie de sucre et de mélasse. Bientôt après notre troupe se dispersa et chacun tira de son côté. Pour ma part, je me dirigeai vers New-York et j'arrivai dans ma famille le 4 juin 1838.

J'étais entièrement dégoûté du métier de directeur ambulant; car, quoique mes entreprises eussent réussi aussi bien que je pouvais le désirer, j'avais toujours considéré cette carrière non comme un but, mais seulement comme un moyen d'arriver à mieux. Je songeai donc à faire une spéculation d'un genre plus sérieux et plus stable. Dans cette intention, je fis mettre dans les journaux que j'apportais un capital de deux mille cinq cents dollars pour une entreprise quelconque et que je cherchais un associé. Sur cet avis je reçus quatre-vingt-treize propositions, et quelles propositions, grand Dieu! c'est un moyen que je recommande au philosophe curieux d'étudier les mœurs. Qu'il fasse annoncer qu'il tient une certaine somme à la disposition d'un associé, et il verra bientôt accourir chez lui une foule d'entrepreneurs et d'industriels dont il n'avait point encore soupçonné l'existence.

Un tiers des lettres qui me furent adressées provenaient des débitants de bière et de liqueurs. Je reçus aussi de nombreuses propositions de la part des agents d'affaires, des entrepreneurs de loterie, des prêteurs sur gages, des inventeurs, des médecins, et de beaucoup d'autres encore. Plusieurs de mes correspondants refusèrent d'indiquer leur genre d'entreprise, promettant seulement de me mettre au courant dans une entrevue qu'ils sollicitaient, et d'ouvrir devant moi de véritables mines d'or. Je reçus plusieurs de ces mystérieux personnages; un d'eux, entre autres, après beaucoup d'hésitations et m'avoir fait promettre le secret, m'avoua qu'il était contrefacteur et me proposa de m'associer à son industrie; il me montra pour me tenter de la monnaie contrefaite et de fausses bank-notes : ajoutant qu'il n'ignorait pas que je pouvais le perdre et le mener à la mort par une indiscrétion, mais qu'il espérait que je m'associerais à lui dans l'espoir d'une riche et rapide fortune. Les deux mille cinq cents dollars que j'apportais devaient suffire à l'achat du papier, de l'encre et des empreintes nécessaires à faire le commerce en grand.

Je reçus un autre jour un individu d'un extérieur honnête, ayant l'apparence d'un bon fermier et vêtu d'un costume de quaker. Il me proposa de prendre part à une spéculation sur les avoines et m'expliqua comment il entendait ce genre de commerce. Il achetait en gros aux propriétaires et revendait en détail aux cochers et aux charretiers. L'habit de quaker lui servait à se donner un extérieur imposant, à l'aide duquel il trouvait ses acquéreurs plus coulants sur les mesures qu'il leur faisait.

— D'après ce que je vois, lui dis-je, c'est sur le mesurage des grains que vous fondez le succès de votre opération.

Le sourire avec lequel il accueillit cette observation ne me laissa pas douter qu'on eût pendu des gens qui valaient mieux que lui.

Après bien des pourparlers, je finis par m'associer avec un Allemand, nommé Proler, qui se présenta à moi muni de la recommandation d'un des aldermen de la ville. Ce magistrat m'assura même, dans une entrevue particulière que nous eûmes ensemble à cet égard, que M. Proler était un homme honnête et digne de confiance. C'était un fabricant de pâte pour les cuirs à rasoir, d'eau de Cologne et de savon pour la barbe. Il tenait son magasin à Bowery, n° 101 1/2. Par suite de notre association, Proler dut continuer à s'occuper de la fabrication et du placement en gros de ses produits à Boston, Charlestown, Cleveland et autres parties de la contrée. Quant à moi, j'étais chargé de la tenue des livres et de la vente tant en gros qu'en détail au magasin de Bowery.

Pendant quelques mois les affaires parurent aller à merveille; mais au bout de ce temps, le capital que j'avais apporté se trouvait absorbé, les valeurs que nous avions souscrites arrivaient à échéance, les fonds ne rentraient pas, et je commençai à comprendre les inconvénients de la vente à crédit. J'eus depuis tout le temps d'y réfléchir pendant les longues nuits sans sommeil qui précédèrent l'échéance des valeurs qu'il me fallait acquitter. Au surplus, j'avais été entièrement trompé par Proler. Sous un extérieur agréable et des manières d'honnête homme, il cachait une âme vile; c'était un indigne fripon, mais le récit des déboires que j'éprouvai en cette circonstance intéresserait peu le lecteur. Qu'il lui suffise de savoir que notre société fut dissoute en juin 1840. Par suite de notre liquidation, Proler restait me devoir une somme de deux mille six cents dollars; mais avant l'échéance des valeurs qu'il m'avait souscrites il déménagea sans tambour ni trompette, et s'embarqua pour Rotterdam, ne laissant entre mes mains pour acquitter ses dettes que les recettes suivantes que je livre gratis au public :

N° 1. Eau de Cologne. — Prenez six gallons d'alcool, versez-y quatre onces des essences suivantes : lavande, thym, romarin, girofle, nitre, bergamote et citron; ayez soin de remuer ce mélange trois fois pendant la première journée, puis laissez reposer le tout pendant vingt-quatre heures; après quoi vous ajoutez un gallon et demi d'esprit première qualité; mêlez bien le tout, laissez reposer pendant quatre heures et faites passer à travers un filtre de papier buvard rouge.

N.-B. Comme les Américains sont très-entichés des produits étrangers, ne négligez pas de débiter votre eau sous le nom d'*eau de Cologne allemande*, et ayez bien soin de mettre sur vos flacons et vos boîtes des étiquettes germaniques.

N° 2. Graisse d'ours (faite sans qu'il soit besoin d'ours). — Prenez trois livres de saindoux et une livre et demie de suif de mouton, que vous mélangez ensemble avec le plus grand soin. Mêlez dans un vase à part deux onces d'essence de girofle avec même quantité d'essence de bergamote; ajoutez-y une once d'essence de lavande, une once d'essence de thym et une once d'essence de romarin. Versez le tout dans la graisse mêlée et battez jusqu'à ce que cela fasse un corps bien lié.

P.-S. Telle est la véritable graisse d'ours propre à faire pousser les cheveux sur les têtes les plus chauves, et qui ne connaît point de rivale parmi toutes les autres compositions de ce genre.

N.-B. Pour augmenter la confiance de vos clients, ayez soin d'exposer devant votre magasin un ours en vie avec un écriteau portant qu'on le tuera prochainement. Le même animal doit servir indéfiniment, surtout si on a soin d'avertir le public de temps à autre qu'un ours a été immolé.

N° 3. TEINTURE POUR LES CHEVEUX. (Composition honorée d'une médaille par l'Institut américain à l'exposition de 1838.) — Versez dans un grand vase six gallons de mélasse, et ajoutez-y trois pintes de blanc de baleine; mêlez le tout avec soin; prenez vingt-cinq livres de noir d'ivoire, versez-en vingt livres dans le mélange; puis ajoutez trois demi-pintes de vinaigre, battez le tout avec soin. Arrosez avec un quart d'acide muriatique, et après avoir mêlé le tout ajoutez un quart d'huile de vitriol, laissez reposer le tout pendant une demi-heure, et vous aurez une teinture parfaite. Ne l'exposez pas à l'action des rayons du soleil.

N° 4. PATE IMPERMÉABLE. — Prenez dix livres de suif et cinq livres de saindoux, que vous mettez sur le feu dans un pot de fer. Mettez dans un autre pot deux livres et demie de cire cassée en petits morceaux. Quand le contenu des deux pots est bien fondu, versez le tout simultanément dans un troisième, de manière que le mélange soit parfait; après quoi, vous ôtez de dessus le feu et versez dans le pot deux livres et demie d'huile d'olive, avec un quart ou une demi-pinte d'essence de térébenthine; ajoutez dix ou douze livres de noir d'ivoire que vous versez doucement en ayant soin de remuer continuellement le mélange pendant au moins une demi-heure. Laissez refroidir et remplissez vos boîtes en prenant garde d'éviter l'action des rayons du soleil.

. . . .

Dans le cours de mes relations avec Proler au printemps de 1839, je fis connaissance d'un nègre nommé John Diamond, qui, comme danseur, avait un véritable génie. Je m'entendis avec son père et le pris avec moi. Bien que je n'eusse point à cette époque de vues ultérieures, je ne laissai pas que de lui faire une réputation par les journaux; et je le posai devant le public comme le nègre danseur le plus habile qu'eût jamais produit la race éthiopienne. Au surplus, je puis assurer ici que cette réputation n'était point usurpée, et que Diamond était dans le genre grotesque le danseur le plus parfait que j'aie jamais connu.

Au printemps de 1840 je louai de M. Bradford John la salle du Vauxhall de New-York, et j'y ouvris un théâtre où l'on faisait des exercices de tout genre. Tours d'équilibre, danses, chansons, charges, rien n'y était oublié. Au nombre de mes acteurs figurait miss Mary Taylor, actrice non moins célèbre que cantatrice de talent. Cette entreprise cependant fut loin de réaliser mes espérances, et j'abandonnai cet établissement au mois d'août de la même année. Mais qu'allais-je faire?... Telle était la question que je m'adressais à moi-même et dont la solution m'embarrassait très-fort. Depuis mes dernières aventures, j'avais conçu contre la vie de directeur de théâtre ambulant une antipathie extrême; pourtant j'avais une famille à nourrir, mes fonds étaient bas, et je n'avais rien de mieux en perspective. Force me fut donc de me résigner encore aux ennuis et aux privations de toutes sortes que je prévoyais dans une nouvelle pérégrination à travers les Etats du Sud et de l'Ouest.

Ma troupe se composa d'abord de M C.-D. Jenkins, chanteur admirable, qui joignait à ce talent celui de mimer parfaitement les originaux de toute espèce; de maître Diamond et d'un ménétrier. Un peu plus tard je leur adjoignis Francis Linch, orphelin vagabond, âgé à peine de quatorze ans, mais dont le talent remarquable devait plus tard contribuer grandement au succès de notre entreprise. Mon beau-frère, M. John Hallett, nous précédait, tant pour retenir nos logements que pour nous annoncer au public.

Notre troupe visita successivement Buffalo et Toronto dans le Canada, Détroit, Chicago, Ottawa, Springfield, Saint-Louis et plusieurs autres places intermédiaires. Ce fut à Saint-Louis que nous prîmes le bateau à vapeur pour nous rendre à la Nouvelle-Orléans. Ma troupe se trouvait alors réduite, par suite de désertions successives, à maître Diamond et à mon ménétrier.

Le 2 janvier 1841, quand nous arrivâmes à la Nouvelle-Orléans, je n'avais plus que cent dollars en caisse; c'était précisément la somme avec laquelle j'étais parti de New-York. Ainsi, quatre mois de peines et d'inquiétudes n'avaient amené pour moi d'autre résultat que de subvenir à nos dépenses courantes, et de me permettre d'envoyer quelques petites sommes à ma famille. Moins de quinze jours après mes poches étaient entièrement à sec, et de plus nous devions une semaine de pension à la bonne madame Jillies, notre hôtesse, qui m'envoya sa note avec ordre de payer ou de quitter la place. Je sollicitai un délai, assurant qu'elle rentrerait dans ses fonds aussitôt que Diamond aurait fait quelques bénéfices. Mais les temps étaient durs et les profits très-minces; la digne femme, qui n'avait pas dans les directeurs de spectacle une confiance illimitée, exigea des gages, et je me vis forcé de lui donner ma montre en nantissement.

Heureusement que le 16 du mois la marée commença à monter, et dans la soirée de ce jour je reçus plus de cinq cents dollars pour ma moitié dans les recettes de Diamond, l'autre moitié étant acquise à M. Manager Caldwell, propriétaire du théâtre Saint-Charles, pour prix de location de son établissement. Le flot continua de monter, car le soir suivant je reçus cinquante dollars, et quatre cent soixante-dix-neuf le surlendemain. Cette dernière somme me fut comptée pour ma part dans les bénéfices produits par une lutte dansante entre Diamond et un autre artiste, et où les choses se passèrent à peu près de la même manière qu'elles s'étaient précédemment passées à Philadelphie entre Vivalla et Roberts.

A Vicksburgh et à Jaskson nos représentations furent loin d'avoir le même succès, mais nous eûmes en compensation la chance de réussir complètement à notre retour à la Nouvelle-Orléans, ainsi qu'à notre passage à Mobile. Quant à maître Diamond, après m'avoir extorqué des sommes assez considérables, il disparut; et je me vis contraint de tourner de nouveau mes regards vers mon domicile, où j'arrivai par le Mississipi et l'Ohio dans la journée du 12 mars.

CHAPITRE NEUVIÈME

LE MUSÉE AMÉRICAIN.

Nouvelle entreprise. — Le pied de l'échelle. — Grande révolution. — Le Musée américain. — Une grande décision. — Entrevue. — Propositions. — Encore l'île d'Ivy. — Un échec. — Tactique. — Les coups portent. — Stratagème compliqué. — Victoire. — Mon va-tout. — Embellissement du Musée. — Hâblerie et rivalité. — Le Niagara au Muséum. — Taxe pour une cataracte. — Les chutes à pleine eau. — La massue du capitaine Cook. — Mes lauriers en danger. — Le mystificateur mystifié. — La sirène Fejee. — Embarras pour les naturalistes. — Le professeur Criffin. — Moyens employés. — Une œuvre ingénieuse. — Préliminaires. — Explication de Gicbold. — Grande annonce. — Le vieux Hollandais. — Une vue de la sirène. — Sirène et cigare. — Recettes. — Opposition profitable. — Général Tom Pouce. — Une franche confession.

Le 26 avril 1841 j'allai trouver Robert Sears, l'éditeur des Bibles Sears illustrées et enluminées, et je lui achetai des exemplaires de son ouvrage pour la somme de cinq cents dollars, puis je me fis délivrer une patente par le gouvernement des Etats-Unis, et le 10 mai j'ouvris boutique au coin des rues Beekman et de Nassau. C'était un nouvel effort pour quitter définitivement la vie d'un montreur de curiosités, et pour me caser sous un titre plus respectable. Je n'épargnai rien pour les annoncer; j'eus des commis de première et de seconde classe, et je pris toutes les mesures pour vendre en six mois des milliers de livres et en placer en même temps un nombre suffisant entre les mains d'agents irresponsables, de manière à recouvrer promptement mon capital et à faire des bénéfices.

En même temps je louai de nouveau la salle du Vauxhall, et j'en fis l'ouverture le 14 juin 1841. Pensant que ce serait compromettre ma dignité de vendeur de Bibles que de me faire connaître comme directeur d'un théâtre secondaire, j'en donnai la sous-direction à mon beau-frère M. John Hallett. Quand nous fîmes la clôture de la saison, le 25 septembre, nous n'avions, tous frais payés, qu'un profit de deux cents dollars.

Cependant j'habitais New-York et je n'avais rien à faire, avec une famille sur les bras. Mes fonds s'épuisèrent rapidement, et je me retrouvai aussi pauvre qu'auparavant. En vain je me retournai de tous côtés pour chercher une occupation compatible avec mes inclinations et capable de me tenir la tête hors de l'eau. Enfin j'obtins une place dans les bureaux du journal *Bowery Amphithéatre*. Il s'agissait dans cette position de rédiger des annonces et des avis, et de monter tous les jours une infinité d'étages pour aller chez une multitude de journalistes leur délivrer mon travail et m'assurer de l'insertion. Pour cela je recevais par semaine quatre dollars, et m'estimais encore trop heureux de les obtenir.

Le dimanche, afin de *faire bouillir la marmite*, j'écrivais quelques articles de journaux.

Ces petits travaux ne m'étaient pas mal payés, mais après tout ce n'était qu'une ressource précaire. Je commençais à m'apercevoir sérieusement que j'étais au plus bas degré de l'échelle de la fortune. J'étais cependant arrivé à un âge où il fallait faire un effort suprême pour m'élever au-dessus du besoin et m'assurer quelques ressources pour les mauvais jours. Jusqu'alors j'avais complètement négligé ce dernier point. Je m'étais engagé dans diverses entreprises sans m'inquiéter du résultat autrement que pour subvenir aux nécessités de chaque jour; maintenant je voyais qu'il fallait aussi penser à l'avenir.

Vers cette époque, je reçus une lettre de mon estimable ami Thomas-J. Whittlesey de Danbury. Depuis longtemps il avait une hypothèque de cinq cents dollars sur une mienne propriété à New-York. Il me mandait par cette lettre qu'apparemment j'attendais pour mettre quelque chose de côté que j'eusse découvert le moyen d'empêcher l'eau de couler, et que si je ne le payais pas maintenant il était à craindre que je ne le payasse jamais. Cette lettre fut un coup de fouet pour mon énergie. Je n'y répondis pas, mais je me dis à moi-même en la mettant de côté : Maintenant, monsieur Barnum, plus de contre-sens, plus de cette manière de vivre sans voir plus loin que de la main à la bouche ; veuillez bien, à dater d'aujourd'hui, concentrer toute votre énergie sur le souci de l'avenir.

Tandis que j'étais toujours employé aux courses du *Bowery Amphithéatre*, j'appris par hasard qu'on mettait en vente la collection du Muséum américain de Scudder, au coin de Broadway et d'Ann-Street.

Le prix demandé pour la collection entière était de quinze mille dollars. Elle en avait bien coûté cinquante mille à son fondateur M. Scudder, et lui avait rapporté d'assez beaux profits pour lui permettre de bien établir ses enfants ; mais depuis quelques années le Muséum ne faisait plus que de faibles recettes, et ses héritiers étaient désireux de le vendre.

Connaissant mon esprit spéculateur, on ne s'étonnera pas que j'aie aussitôt tourné les yeux de ce côté et que j'y aie entrevu la possibilité de me faire une bonne position. Mes dernières entreprises avaient été peu productives, et mes fonds étaient décidément très-bas ; de plus, ma famille était dans un triste état de santé, et je désirais vivement lui procurer la douceur d'un logement commode. Je me mis à visiter et à revisiter le Muséum, et je crus voir que cet établissement n'avait besoin que d'un homme énergique ayant du goût, et sachant dépenser à propos pour reprendre de la vie et se remettre sur un bon pied ; et bien qu'il pût paraître présomptueux de ma part de prétendre acheter un établissement de cette valeur sans aucun argent disponible, je n'en pensai pas moins très-sérieusement à faire cette acquisition.

Un jour donc je fis part de mes intentions à cet égard à un de mes amis que je rencontrai dans la rue : — Vous achetez le Musée américain, dit-il avec surprise, car il savait que ma bourse était à la marée basse, et avec quoi le payerez-vous ?

— Avec du cuivre, répondis-je, car pour de l'or ou de l'argent je n'en ai pas.

Le bâtiment du Muséum appartenait, comme je l'appris, à M. Francis-William Olmsted, négociant retiré, qui avait une magnifique demeure sur la place du Parc. Comment approcher de cet important personnage, c'était la première question à résoudre. Je ne connaissais personne qui pût m'introduire près de lui, et tenter de le faire sans introducteur c'était m'exposer à être chassé honteusement de chez lui. Je lui écrivis pour l'informer que j'étais disposé à acheter la collection du Muséum, que je n'avais point, il est vrai, les fonds nécessaires sous la main, mais que, dans le cas où on consentirait à m'accorder un crédit à conditions raisonnables, je me croyais assez sûr de mon expérience, de mon énergie et de mon entière application à l'affaire pour être dans le cas d'effectuer les payements aux échéances. Cela posé, je le priai d'acheter la collection comme pour lui-même et de m'en assurer par écrit la propriété, à condition bien entendu que je ferais régulièrement les payements, y compris celui de la location de son bâtiment.

J'employais toute mon éloquence pour prouver à M. Olmsted qu'en faisant cet arrangement avec moi, il s'assurait un locataire permanent, tandis qu'il serait probablement forcé de fermer avant peu le Muséum s'il ne me laissait en faire l'achat. J'ajoutais que s'il avait la bonté de m'accorder une entrevue, je lui fournirais des renseignements satisfaisants et me soumettrais à toutes les conditions raisonnables qu'il lui plairait de m'imposer.

Je portai la lettre moi-même à son domicile, je la remis à son domestique, et deux jours après je recevais une lettre qui me fixait l'heure d'une entrevue. Je fus exact au rendez-vous; ma ponctualité fut même si grande, que M. Olmsted lui-même m'en félicita. Il m'examina de très-près et me fit différentes questions au sujet de mon genre de vie et de mes antécédents. Je lui racontai franchement les expériences que j'avais faites du métier d'entrepreneur de spectacles; je citai le jardin du Wauxhall, le Cirque et plusieurs entreprises du même genre que j'avais faites dans le Sud.

La manière dont M. Olmsted m'écouta me fit dès l'abord bien augurer de ses dispositions à mon égard ; car, malgré les airs sévères qu'il affectait de prendre, et bien qu'il se posât en aristocrate, je n'en voyais pas moins percer dans ses regards la bonté de son cœur et la générosité de son âme. J'eus lieu, plus tard, en cultivant la connaissance de cet excellent homme, de m'apercevoir que mes premières impressions étaient parfaitement conformes à la vérité.

— De qui pourriez-vous vous recommander? me dit-il.

— Tous ceux qui ont exercé une industrie semblable à la mienne me recommanderont près de vous, et vous pouvez vous adresser indifféremment, soit à M. Edmond Simpson, directeur du théâtre du Parc, soit à William Niblo, soit à MM. Welch, June, Titus, Turner, Angevine, soit encore aux autres propriétaires de cirques ou de ménageries, ou bien encore à M. Moïse-J. Beach du *Sun* de New-York.

— Pourriez-vous décider quelqu'une de ces personnes à venir me voir? continua-t-il.

Je répondis que la chose était possible; et il fut convenu que M. Olmsted recevrait ces personnes le lendemain, et que je reviendrais moi-même le surlendemain. Mon ami Niblo commanda très-complaisamment sa voiture pour se faire déposer à la porte de M. Olmsted. Celui-ci vit encore à mon sujet M. Beach et plusieurs des autres personnes dont j'ai cité les noms. Le lendemain de ces visites je revins trouver l'arbitre de mon destin.

— Je n'aime pas vos répondants, monsieur Barnum! me dit M. Olmsted ex abrupto en me voyant entrer.

Atterré par cet abord, je balbutiai quelques mots de regret.

Et lui de rire.

— Oui, dit-il en m'interrompant, ils parlent trop bien de vous, c'est à croire qu'ils sont vos compères ou vos associés.

Cette explication de la première phrase de M. Olmsted ne pouvait manquer de m'être très-agréable. Il me demanda encore si je ne connaissais pas quelque ami capable de garantir le payement intégral et ponctuel du prix de mon acquisition. Je répondis que je doutais beaucoup de trouver ce répondant.

Sur cette réponse, il me fit une question encore plus directe.

— Dans le cas où je ferais affaire avec vous, quelle garantie auriez-vous donc à m'offrir? dit-il.

Je pensai à divers petits morceaux de terre que je possédais dans le Connecticut, mais qui étaient tous grevés d'hypothèques.

— J'ai bien quelques terres et quelques maisons dans le Connecticut, répondis-je, mais ces propriétés sont déjà engagées.

— Je comprends, je comprends, dit-il, je n'ai que faire de biens hypothéqués.

Pendant l'entretien qui suivit, il fut convenu que, s'il se décidait à passer le marché avec moi, il retiendrait mes titres de propriété jusqu'à libération complète de ma part; de plus, je devrais entretenir à mes frais un comptable et un receveur de billets, qui le tiendraient chaque semaine au courant de nos affaires. Il exigeait aussi que je prisse pour appartement dans la maison voisine une ancienne salle de billard pour laquelle je payerais trois mille dollars de location par an en faisant un bail de dix années.

Je croyais m'être montré suffisamment coulant pour toutes ces propositions, et je ne pensais pas qu'il me serait demandé d'autres concessions. Mais M. Olmsted voulait quelque chose de plus.

— Maintenant, me dit-il, je crois que nous pourrions réellement songer à faire affaire, si seulement vous aviez quelque bien libre d'hypothèques à m'offrir comme surcroît de garantie.

A cette dernière proposition, je passai rapidement en revue toutes mes petites possessions; aucune n'était libre. Une ombre bien heureuse vint à mon secours : c'était celle d'Ivy-Island; elle se présentait à moi dans toute la beauté que lui avait prêtée ma jeune imagination.

J'hésitai un moment.

Il a suffisamment de garanties, pensai-je. Cependant, pour une pièce de terre je risquerais de perdre le Musée... Allons, je n'y vois pas de mal. Et après quelques instants de nouvelle hésitation je répondis :

— Je possède dans le Connecticut cinq cents arpents de terre qui sont libres de toute charge et de toute hypothèque.

— Ah! bon, et combien vous ont-ils coûté?

— C'est feu mon grand-père Phinéas Taylor qui me les a donnés en présent par égard pour mon nom.

— Etait-il riche? demanda M. Olmsted.

— Il était très-considéré dans son pays, répondis-je.

— C'est très-bien à lui de vous avoir fait hériter de cette terre... Sans doute elle a de la valeur; mais je suppose que vous tiendriez à la garder, parce qu'elle vous a été donnée en présent.

— Je la garderai si je fais mes payements avec ponctualité, répliquai-je, et je suis sûr d'être exact.

— Eh bien! dit M. Olmsted, je crois que maintenant nous pourrions faire marché ensemble. A tout événement j'y penserai. Vous pouvez toujours, en attendant, vous aboucher avec les héritiers de l'établissement et leur homme d'affaires; voyez quelles sont leurs meilleures conditions, et revenez me voir à mon retour dans cette ville : adieu, à la huitaine.

Je me retirai et me rendis du même pas à la maison de M. John Heath, administrateur du Muséum. Le prix était de quinze mille dollars. Je lui en offris dix mille payables en sept termes d'année en année, sous bonnes garanties. Il ne pouvait se résoudre à vendre à pareil taux; mais je revins à la charge.

Pendant la semaine j'eus plusieurs entrevues avec M. Heath, et il fut finalement convenu que j'aurais l'établissement pour douze mille dollars payables aux conditions énoncées, et que j'entrerais en possession le 15 novembre. M. Olmsted approuva mon marché, et nous prîmes jour pour dresser et signer le contrat. Ce jour arriva, mais M. Heath n'y parut que pour dire qu'il ne pouvait accepter mes propositions : attendu qu'il avait vendu la collection aux directeurs du Musée Peale pour la somme de quinze mille dollars, dont dix mille avaient été touchés d'avance.

A cette révélation, je fus comme frappé de la foudre. J'en appelai à son honneur : il répondit qu'il n'avait signé aucun écrit avec moi;

que par conséquent il n'était pas légalement lié, et qu'il croyait avoir fait son devoir en ménageant le plus possible les intérêts de jeunes demoiselles orphelines. M. Olmsted me dit alors qu'il en était fâché pour moi, mais qu'il n'y pouvait rien faire. Il était d'ailleurs sûr d'avoir par ce moyen des locataires avec lesquels il n'y avait pas de risque à courir : j'étais sacrifié.

Je me retirai dans une agitation d'esprit que je n'essayerai pas de décrire, et me mis en quête de renseignements sur les directeurs du Muséum Peale.

J'appris qu'ils formaient une compagnie de spéculateurs dirigée par un ex-président de banque malheureuse en affaires, et qu'après avoir acheté pour quelques milliers de dollars la collection Peale, ils étaient maintenant en train d'y adjoindre le Musée américain, et se proposaient d'émettre des actions pour cinquante mille dollars, d'empocher trente mille dollars de bénéfice net, puis de laisser les actionnaires s'en tirer comme ils pourraient.

J'allai immédiatement trouver plusieurs gérants de journaux, notamment le major M.-M. Noah, M.-J. Beach, mes bons amis West, Herrick et Ropes de l'*Atlas*, ainsi que plusieurs autres, et je leur exposai mes griefs.

— Maintenant, leur dis-je, si vous me prêtez le secours de vos colonnes, je me flatte de relancer leur spéculation par-dessus les nuages.

Ils y consentirent tous, et je me mis à rédiger un grand nombre d'articles tendant à mettre le public en garde contre l'idée d'acheter des actions du Musée ; je tournai en ridicule le plan même d'une société de commerce qui n'avait pour fonds social que des singes empaillés et des peaux d'oie rembourrées ; je rappelai l'exemple de l'Institut zoologique, qui était tombé par l'adoption d'un système analogue ; enfin je dis au public qu'une telle spéculation était encore plus baroque que celle dont parle Dickens : la grande compagnie métropolitaine-unie pour le débit à point nommé des rôtis chauds et des petits fours.

Les actions étaient salées du coup comme des harengs. J'allai de là trouver M. Heath, et solliciter de lui un instant d'entretien confidentiel. Il me l'accorda. Je lui demandai s'il savait quand les directeurs payeraient les quatorze mille autres dollars.

— Au 26 décembre prochain, me répondit-il, faute de quoi ils perdraient les mille dollars déjà payés. Je lui assurai que jamais ils ne seraient en mesure d'effectuer ce payement, qu'il leur serait impossible de réaliser cette somme, et que quant à lui il se retrouverait comme devant avec la collection du Musée sur les bras.

— Pour moi, ajoutai-je, si je partais pour faire des exhibitions dans le Sud, je ne prendrais plus le Muséum à aucun prix. Cependant si vous voulez vous engager secrètement avec moi que dans le cas où ces messieurs ne vous payeraient pas le 26 décembre, vous me laisserez prendre le Muséum le 27, pour douze mille dollars, je courrai les chances de l'entreprise et j'attendrai jusqu'à cette date.

Il accepta sur-le-champ ma proposition, mais en me disant qu'il était bien sûr qu'ils ne perdraient pas leurs mille dollars.

— Très-bien, répondis-je; tout ce que je vous demande, c'est de ne pas divulguer notre arrangement.

Il me le promit.

— Le 27 décembre à dix heures, je souhaite que vous vous rencontriez avec moi chez M. Olmsted, tout prêt à signer le contrat, au cas où le 26 la compagnie des deux Musées réunis ne vous aurait pas payé les quatorze mille dollars, lui dis-je encore.

Il mit ces conditions par écrit et les signa.

A dater de ce moment je compris que le Musée était à moi. Je vis M. Olmsted et je le lui dis. Il me promit le secret et s'engagea à signer nos conventions dans le cas où l'autre partie ne remplirait pas les siennes.

Ceci se passait vers le 15 novembre.

A dater de ce moment je répondis à tous ceux qui me parlèrent du Musée que c'était une affaire manquée. Cependant la nouvelle compagnie ne pouvait parvenir à placer pour un seul dollar de ses actions, attendu que je continuais à entretenir dans les feuilles publiques un feu de pétards des mieux nourris.

Vers le 1ᵉʳ décembre, je reçus du secrétaire de la compagnie du Musée Peale, ou plutôt de la compagnie du Muséum de New-York, comme on l'appelait alors, une lettre par laquelle j'étais prié de venir trouver, le lundi suivant dans la matinée, les directeurs du Musée. Là, me disait-on, il me serait fait des communications intéressantes. Je vis par là que ma médecine des journaux opérait. Il était évident que ces messieurs étaient désireux d'acheter mon silence.

Je fus exact au rendez-vous. L'honorable bureau des directeurs était en séance. Le vénérable président, tête grise, aux yeux de faucon, qui avait récemment dirigé une banque promptement tombée en faillite, m'aborda avec le plus doux sourire, et de sa voix la plus mielleuse m'offrit de me prendre à leurs gages pour gérer les Musées réunis. J'avais résolu d'être très-grave, et quand il fut question de spécifier le chiffre du salaire je demandai trois mille dollars par an.

Ils me complimentèrent sur ma capacité et l'habileté dont j'avais fait preuve dans ces sortes d'entreprises et m'engagèrent au prix que je fixais, mon salaire devant commencer à courir à partir du 1ᵉʳ janvier 1842. Comme je quittais leur auguste présence, l'aimable président m'interpellant d'un ton jovial :

— Ah ça, monsieur Barnum, dit-il, nous espérons que vous ne ferez plus partir dans les journaux de fusées à notre adresse?

— Je fais toujours de mon mieux pour servir les intérêts de ceux qui m'emploient, répondis-je.

Il est probable que les chers directeurs se rirent de moi à cœur joie sitôt que je ne fus plus à portée de les entendre.

Ils se félicitaient sans doute d'avoir trouvé un moyen de me réduire au silence en se réservant de permettre aux actionnaires de me mettre à la porte aussitôt qu'ils le voudraient. Ils se croyaient bien sûrs de me *tenir*; mais je m'en moquais, sachant fort bien de mon côté que c'était moi qui les *tenais*, au contraire.

Une fois qu'ils eurent débarrassé leur route des obstacles que je leur suscitais, les directeurs ne semblèrent pas craindre qu'une autre personne se mît sur les rangs pour acheter le Muséum, et ne se pressèrent pas de placer des actions avant le 1ᵉʳ janvier; d'autant mieux qu'un tel délai devait dans leur idée donner au public le temps d'oublier les attaques multipliées que j'avais dirigées contre eux.

Ils ignoraient que M. Heath avait fait marché avec moi pour quinze mille dollars, et ils se figuraient bonnement que s'ils n'étaient point en mesure de payer au 26 décembre on attendrait leur bon plaisir. Dans le fait, ils étaient tellement libres d'inquiétude sur ce point, qu'ils ne prirent pas la peine d'aller trouver l'administrateur du Musée américain le 26, et qu'ils ne lui envoyèrent même pas le moindre mot d'excuse pour leur manque de parole.

Le 27 décembre matin, j'étais chez M. Olmsted avec mon conseil légal, Chas.-L. Cromwell, esq., à neuf heures et demie et quelques minutes. M. Heath arriva avec son avocat sur le coup de dix heures ; et avant que midi fût sonné, j'étais bien et dûment propriétaire du Musée américain. Mon premier soin, en prenant possession de ma nouvelle propriété, fut d'écrire et d'expédier à son adresse le billet suivant :

« Musée américain, New-York, 27 décembre 1841.

» *Aux président et directeurs du Musée de New-York.*

» Messieurs,

» C'est un grand plaisir pour moi d'avoir à vous annoncer que vous êtes placés jusqu'à nouvel ordre sur la liste des débiteurs libérés de cet établissement.

» P.-L. BARNUM, *propriétaire du Musée.* »

A la lecture de ce billet, le président fut surpris outre mesure ; il pouvait à peine en croire ses yeux. Dans son anxiété, il vint immédiatement trouver M. Heath, qui lui apprit enfin de manière à ne lui laisser aucun doute que j'étais réellement acheteur et propriétaire du Musée américain.

A cette révélation, l'indignation du vénérable président ne connut plus de bornes. Il menaça M. Heath de le traîner devant les tribunaux ; mais réfléchissant enfin que cela ne lui servirait pas à grand'-chose, il se rebattit à demander le remboursement des mille dollars qui avaient été payés d'avance. Cette somme lui fut refusée par la raison qu'elle avait été payée à forfait, et de la sorte la société se trouva en être pour ses frais.

On me connaît assez pour penser que je dus faire en cette occasion preuve d'activité et d'énergie. Il n'y avait pas à plaisanter, c'était pour moi une question de vie ou de mort. Il me fallait faire honneur à mes engagements et payer aux époques prescrites ou bien perdre tout ce que j'aurais pu donner en à-compte. Tels étaient les termes de mon contrat avec M. Olmsted.

— Advienne que pourra! me dis-je, et je me mis à l'œuvre, bien déterminé à mériter le succès par mon courage et mes efforts : dès ce moment ma tête, mes mains et mes pieds ne furent plus occupés qu'à assurer la prospérité du Muséum.

Obligé d'user de la plus stricte économie, tant pour mon entretien personnel que pour celui de ma famille, je parlai à ma femme de réduire à six cents dollars nos dépenses annuelles à cet égard. Mon excellente Charity non-seulement se rendit à ma raison, mais elle fit plus encore et promit d'aviser aux moyens de diminuer encore notre dépense.

Un jour, environ six mois après mon installation au Muséum, mon ami M. Olmsted entra par hasard dans mon bureau; il était midi. Il me trouva seul et en train de dîner avec quelques légères tranches de pain et de bœuf salé que j'avais emportées le matin en partant de chez moi.

— Est-ce donc ainsi que vous dînez? demanda-t-il.

— Je n'ai pas encore fait un dîner chaud, sauf les dimanches, depuis mon acquisition du Musée, répondis-je, et j'ai l'intention de ne pas dîner autrement les jours de la semaine, tant que je ne serai pas entièrement libéré de ma dette.

— Je ne doute pas que vous ne vous libériez, et cela avant la fin de l'année encore, reprit-il en me tapant familièrement sur l'épaule.

Il avait raison; car avant cette époque le Musée était devenu ma propriété complète et entière, et j'avais payé sur les profits de l'établissement toutes les dettes que j'avais contractées à cette occasion.

Le Musée américain, à l'époque où je l'achetai, n'était guère que l'embryon de ce qu'il est maintenant, et je puis dire que pendant les treize années de mon administration j'en ai plus que doublé la valeur. Une grande partie des curiosités dont j'enrichis cet établissement provenait du Muséum Peale, dont j'achetai le fonds vers la fin de 1842 pour le réunir à ma première collection ; le reste provient tant de la riche et rare collection connue sous le nom de Musée Chinois, réuni par moi, en 1848, au Musée américain, que de différentes acquisitions faites en Amérique et en Europe.

L'espace occupé maintenant par mon musée est le double de ce qu'il était en 1841. Le salon de lecture, qui était dans le principe étroit, mal bâti et incommode, a été plusieurs fois élargi et embelli, et mérite maintenant d'être cité comme une des salles de plaisir les plus belles et les plus confortables qui soient à New-York.

Les agrandissements et embellissements n'en sont pas restés là. Dans le principe il n'y avait à voir au Musée pendant le jour qu'une simple collection de curiosités, et le soir une simple représentation qui se composait d'amusements incohérents et de médiocre intérêt, tels qu'on en trouve dans la plupart des spectacles de second ordre. Mais, sous ma direction, l'après-dînée du samedi ne tarda pas à être consacrée aux représentations, et bientôt il en fut de même pour l'après-dînée du mercredi ; puis il y eut des représentations chaque soir, le dimanche excepté. Il y a même telles fêtes que je pourrais citer dans lesquelles on pourrait compter jusqu'à douze représentations.

Je fis tous mes efforts pour rendre mes spectacles attrayants. La variété la plus grande se faisait remarquer dans nos programmes, rien n'y manquait : puces travailleuses, chiens savants, jongleurs, automates, ventriloques, tableaux vivants, toiles peintes, bohémiennes, albinos, géants, nains, boules de graisse, danseurs de cordes, mimes et physionomanes, pantomime, musique vocale et instrumentale, danses de toutes sortes y compris l'éthiopienne, etc.; diorama, panorama, vues de Dublin, de Paris, du Niagara, de Jérusalem, etc.; figures mécaniques, miroirs magiques, machines à tricoter et autres triomphes des arts mécaniques, kaléidoscopes, exhibitions d'Indiens-

Américains avec les cérémonies religieuses et guerrières de leur tribu accomplies sur le théâtre, etc.

Je n'ai pas besoin de spécifier les occasions particulières dans lesquelles ces variétés étaient présentées au public. A certains égards il n'y avait que des changements accidentels gradués dans le plan général, car le *drame moral* fut pendant plusieurs années et est encore le fond principal des représentations du salon de lecture au Musée américain.

A part le mérite et l'intérêt particulier de ces exhibitions et de tout ce qui avait rapport à nos représentations théâtrales, ma collection permanente de curiosités justifiait à elle seule sans aucun doute les sympathies du public pour mon établissement. J'avoue qu'à cet égard j'ai peut-être encouru plus d'une fois le reproche de charlatanisme. Cependant, s'il m'est arrivé d'exhiber dans mon Muséum une problématique sirène morte, il ne faut pas oublier non plus que j'y ai montré aussi des caméléons, un rhinocéros, des ours gris, des orang-outangs et de grands serpents, au sujet desquels il n'y avait pas de tromperie possible, puisque c'étaient des créatures vivantes, et j'espère que mes petites attrapes d'occasion en fait de transparents, de peintures exagérées et d'annonces ronflantes ne seront considérées que comme d'innocentes fantaisies perdues dans une vaste étendue où abondaient les réalités sauvages et merveilleuses dont la contemplation était aussi instructive qu'amusante pour le public. Aussi, je le dis franchement, je ne crois point avoir à rougir de ces attrapes, d'autant mieux qu'elles sont en quelque sorte le poivre et la cannelle dont la curiosité publique aime à voir saupoudrer les plats qu'on lui sert. Ces titres de *prince du puff* et de *roi des banquistes*, qu'on m'a donnés plusieurs fois, j'ai été le premier à me les appliquer à moi-même, les ayant toujours considérés comme un des accessoires indispensables de mon industrie, et je m'applique volontiers un passage des *Aventures de la famille Scaltergood*, ouvrage d'un de nos écrivains anglais les plus populaires, Albert Smith :

« C'est une grande chose que de s'entendre au puff, dit M. Rosselt. On m'a souvent accordé ce mérite, qui consiste à frapper l'esprit du public. Mais quiconque sait s'y prendre est sûr de se le voir reprocher par ceux qui ne le savent pas. »

Au nombre des exhibitions extraordinaires que je fis au Muséum américain était une peinture des chutes du Niagara faite par l'artiste Graun. C'était sans contredit une image fidèle de la nature, donnant avec des proportions mathématiques la représentation de cette grande cataracte, avec tous les arbres, rocs et bâtiments du voisinage. La peinture avait du mérite; mais l'artiste avait eu l'absurdité d'introduire un cours d'eau véritable dans cette copie de la nature, afin, disait-il, de donner un fac-simile plus exact de cette grande merveille. La cascade elle-même avait seize pieds de haut. Tout le reste était représenté avec des proportions parfaites. Cette idée de mettre de l'eau dans un tableau ne me souriait pas beaucoup, et je fus quelque temps à me décider à cette emplette. Cependant je finis par l'acheter deux cents dollars, pensant que cela ne pouvait manquer de faire bonne figure dans le programme; et je l'annonçai sous ce titre pompeux :

LA GRANDE IMAGE DES CHUTES

DU

NIAGARA

AVEC DE L'EAU VÉRITABLE!

Un simple baril d'eau subvenait aux besoins de l'exhibition pour une saison entière; car la *cascade* retombait dans un réservoir placé derrière les coulisses, et il suffisait d'une toute petite pompe pour alimenter et réalimenter sans cesse la fameuse cataracte.

Beaucoup de touristes, qui ne pouvaient aller jusqu'au Niagara, étaient naturellement curieux d'en voir le modèle avec de l'eau véritable; et s'ils trouvaient le portrait trop exigu, ils avaient au moins en compensation la faculté de pouvoir parcourir pour leurs cinq sous tout le musée. Franchement, étaient-ils en droit de se plaindre?

Un jour je reçus sommation d'avoir à me présenter le lendemain à dix heures par-devant le bureau de la commission des eaux de Croton. Je fus exact.

14

— Monsieur, me dit le président, vous payez seulement vingt-cinq dollars par an pour l'eau de Croton amenée à votre Muséum ; mais pour cette redevance nous entendons subvenir seulement aux besoins ordinaires de votre établissement : nous ne pouvons pas vous fournir de l'eau pour vos *Chutes du Niagara* sans un large *extra* de compensation.

Je me vis forcé de prier Son Honneur de ne pas croire tout ce qu'il lisait sur le papier, et surtout de ne pas interpréter à la lettre les explications de mes magnifiques prospectus ; je lui expliquai l'opération de la grande cataracte, et m'offris à payer un dollar par chaque goutte d'eau dont j'aurais besoin en sus d'un baril par mois pour les cataractes du *Niagara*, pourvu seulement que la pompe fût en bon état.

Après cette explication, il me fut permis de me retirer : ce que je fis au milieu des joyeux éclats de rire des membres de la commission, dont Son Honneur le président partagea lui-même la gaieté.

Il arriva qu'un jour Louis Clark, esq., le spirituel et populaire éditeur du *Knickerbocker*, vint visiter mon Muséum. Je n'avais jamais eu le plaisir de le voir auparavant, et il se présenta lui-même. J'étais fort désireux d'obtenir de lui pour mon établissement l'honneur d'une magnifique réclame dans son *Magasin populaire*. Aussi je l'accompagnai dans tout le Muséum, en me donnant la peine de désigner à son attention les objets les plus dignes d'intérêt.

Nous arrivâmes à l'entrée de la salle qui contenait les *Chutes du Niagara*, juste au moment où la foule des visiteurs s'y précipitait en revenant d'assister aux représentations du *Salon de lecture*, et comme j'entendais manœuvrer la pompe, je me doutai que la grande cataracte était en train de fonctionner.

Je désirais épargner cette exhibition à M. Clark, pensant bien que s'il voyait de près ce modèle du *Niagara*, toute illusion cesserait pour lui, qu'il s'en moquerait dans le *Knickerbocker*, ou, ce que je considérais comme bien pire, qu'il la passerait dédaigneusement sous silence. En le voyant approcher de l'entrée de la salle, je m'efforçai de fixer son attention sur quelque objet curieux contenu dans une autre pièce ; mais il était trop tard. Il avait déjà aperçu le concours de visiteurs qui se pressaient dans la salle des *Chutes*, et il était curieux de connaître ce qui attirait la foule.

— Attendez, Barnum, dit Clark, voyons d'abord ce que vous avez là.

— Ce n'est qu'une image des *Chutes du Niagara*, répondis-je.

— Ah! ah! oui... oui, je me souviens maintenant, j'ai remarqué vos magnifiques annonces et vos splendides prospectus annonçant les *Chutes du Niagara* avec de l'eau réelle. Je suis assez curieux de voir la cataracte fonctionner, ajouta Clark tout en grimpant sur une chaise pour regarder par-dessus la tête des autres spectateurs.

Ce ne fut pas sans une certaine honte que je le vis faire ce mouvement; j'écoutais le bruit que faisait la vieille pompe, dont les sons étranglés me paraissaient plus discordants que jamais, et je retenais mon haleine, m'attendant à chaque instant à voir le sagace éditeur déclarer que c'était la plus triste hâblerie qu'il eût jamais vue; mais, ô délicieuse surprise! tout à coup je l'entendis me dire :

— C'est bien, Barnum; c'est une idée vraiment neuve : c'est la première fois que je vois cela!

A l'audition de cet éloge, m'imaginant que Louis-Gaylord Clark, pour trouver de l'attrait à une pareille niaiserie devait être ce jour-là particulièrement bien disposé, je résolus d'aider de tout mon pouvoir à cette bonne humeur.

— Oui, répliquai-je, l'idée n'est pas mal neuve.

— Je déclare que de ma vie je n'avais encore rien vu de la sorte, s'écria Clark avec beaucoup d'enthousiasme.

— Sans me flatter, sous le rapport de l'originalité comme de l'habileté, cette invention surpasse considérablement tout ce qu'on expose de nos jours, continuai-je avec un certain sentiment d'exaltation en voyant que j'avais frappé l'esprit du grand critique et que mon puff était apprécié.

— Si c'est original! s'écria le journaliste, certainement, c'est original, et très-original même. Je n'aurais jamais, quant à moi, trouvé pareille chose, et certes je n'ai rien vu, depuis que je suis au monde, non, rien qui soit comparable à cette invention. Et je me flatte bien de ne plus jamais rien voir de pareil !

Il est inutile de dire que je me sentis complètement pris au piége, et je crois que j'aurais passé par un trou de serrure pour éviter les railleries du grand critique.

Nous passâmes ensuite aux étages supérieurs du Muséum, et finalement sur le toit, où je l'avais prévenu qu'il trouverait un *jardin suspendu*, lequel consistait en deux tonnes, contenant chacune un cèdre rabougri et malingre, avec dix ou douze pots de fleurs plus ou moins rares, le tout flanqué par une douzaine de petites tables et de chaises disposées pour la commodité de tous les amateurs de crème glacée et des beautés de la nature telles que peut les offrir un verdoyant paysage composé d'une demi-douzaine de pots de fleurs.

J'avais une peur atroce; cependant le *Knickerbocker* parut, et je me sentis soulagé en voyant que le rédacteur, tout en rendant hommage au zèle laborieux et inventif du nouveau directeur du Musée, et en lui pronostiquant le plus bel avenir, s'était abstenu de faire aucune allusion aux cataractes du Niagara avec de l'eau véritable !

Quelques mois après cette aventure, M. Clark arriva tout hors d'haleine au Muséum et m'aborda brusquement par la question suivante :

— Mon cher Barnum, me dit-il, je viens vous demander si vous avez dans votre Muséum la massue avec laquelle le capitaine Cook fut tué ?

Je me souvins au même instant qu'au nombre de mes curiosités spéciales, j'étais pourvu d'un assez riche assortiment de massues indiennes, et sentant que j'étais redevable d'une revanche à Clark, pour la manière dont il s'était moqué de mes chutes du Niagara, je répliquai aussitôt que la massue en question était entre mes mains.

— Eh bien ! je suis charmé de l'apprendre, dit-il, car vous saurez que depuis longtemps j'étais possédé d'une envie irrésistible de voir ce fatal instrument.

— Attendez-moi quelques minutes, répondis-je, et je vais vous le montrer.

Alors, gravissant les escaliers d'un pas rapide, je commençai à retourner dans tous les sens mon fouillis de massues indiennes; à la fin j'en avisai une si lourde, qu'elle aurait facilement tué le capitaine Cook ou n'importe quel individu dont la tête aurait été mise en contact avec elle. J'y attachai un petit écriteau portant ces mots : *La massue du capitaine Cook;* puis redescendant aussi rapidement que j'étais monté, j'apportai le tout à M. Clark en lui assurant que c'était là l'instrument de mort à la recherche duquel il était.

— Est-ce possible! dit-il en la prenant dans sa main. Puis l'élevant au-dessus de sa tête, il s'écria : — Eh bien! je déclare que voilà une arme terrible et bien capable de tuer un homme.

— Oui, répliquai-je avec un sérieux imperturbable, mais riant dans ma barbe de pouvoir prendre enfin ma revanche avec les intérêts sur M. Clark. Je crois aisément qu'elle a tué la victime du premier coup.

— Pauvre capitaine Cook! s'écria Clark en soupirant, je jurerais qu'il n'a point eu seulement conscience du coup qui lui était asséné!

— Je ne le crois pas non plus! répondis-je avec un air chagrin très-bien joué.

— Vous êtes bien sûr que c'est la massue identique?... demanda Clark.

— Nous avons des documents qui ne permettent pas de mettre cette identité en question, répliquai-je.

— Pauvre Cook! pauvre Cook! murmura Clark d'un air pensif. Eh bien! monsieur Barnum, continua-t-il avec beaucoup de gravité en me tendant une main avec laquelle il pressa chaleureusement la mienne, je vous suis très-reconnaissant de votre complaisance; j'avais, figurez-vous, un désir fou de voir la massue qui a tué le brave capitaine Cook, et je savais bien que vous auriez mon affaire. J'ai été dans une demi-douzaine de musées et de petits bazars, et comme *tous l'avaient,* j'étais bien sûr qu'un aussi bel établissement que le vôtre ne pouvait manquer de la posséder aussi.

Décidément Clark avait pris à parti de se moquer de moi; j'étais joué de nouveau : je compris qu'il fallait appeler tout mon esprit à mon aide et faire en sorte de rendre à Clark au moins l'équivalent de ce que je lui devais, si je ne voulais devenir son plastron et celui de tous ses amis.

En conséquence, quelques semaines après, je lui écrivais que je désirais le voir un instant à mon bureau pour le consulter sur une affaire de grande importance pour moi.

Il vint immédiatement.

— Il ne s'agit pas ici de toutes vos gaudrioles, lui dis-je, c'est un avis sérieux que je vous demande.

— Mon cher Barnum, répliqua-t-il avec toute la sincérité d'un cœur généreux, rien ne me fera plus grand plaisir que de vous être utile, et vous me voyez disposé à vous servir de tout mon pouvoir.

Je lui dis alors qu'un voyageur qui avait visité l'Egypte avait amené de la rivière du Nil un très-remarquable poisson vivant qu'il offrait de me céder pour donner en spectacle à la curiosité publique. Ce poisson, ajoutai-je, est d'une conformation toute particulière, et de plus le propriétaire assure qu'avant six semaines il se manifestera une métamorphose fort curieuse chez cet animal : la queue lui tombera et il lui poussera des pattes. Il paraît si sûr de son fait qu'il offre de déposer cinq mille dollars en mains sûres, et qu'il consent à les perdre si ce qu'il annonce ne se vérifie pas.

— Est-ce possible? s'écria Clark au comble de la surprise.

Je lui assurai qu'il n'y avait point de malentendu possible. Mais, comme il s'agit d'une somme assez forte, j'ai voulu vous demander votre avis à cet égard : il exige cent dollars par semaine pour faire voir ce poisson phénomène.

— Mais c'est très-bon marché, ça, mon cher, et la chose vous rapportera bien davantage par semaine; car il s'agit d'une rareté incroyable, à confondre les naturalistes, à réveiller tout le monde scientifique, et à vous attirer une foule immense.

— Le pensez-vous comme vous le dites? demandai-je.

— Sur mon honneur, j'en suis sûr! répondit Clark avec beaucoup d'enthousiasme. Faites un marché pour six mois ou pour une année entière, si c'est possible, ensuite prévenez le public et établissez le fait de cette merveilleuse transformation; n'oubliez pas de dire qu'il y a forfait de cinq mille dollars placés en mains sûres et que cet argent sera distribué aux pauvres si la métamorphose ne s'opère pas, et je vous donne ma parole que votre Muséum ne sera plus assez large pour contenir la foule des visiteurs. Je déclare que je vous crois homme à faire vingt mille dollars avec cette seule opération!

Je remerciai M. Clark très-chaudement pour son bon conseil, et l'assurai que je ne manquerais pas de prendre son avis en grande considération.

— Dans le fait, lui dis-je, je pensais bien à faire cette spéculation, seulement je n'aimais pas le nom du poisson. Je crains que ce nom soit un obstacle.

— Bah! bah! qu'est-ce que le nom, rien du tout! Cela ne fait pas l'ombre d'une difficulté. Comment appelez-vous ce poisson

— Le crapaud, répliquai-je avec gravité.

— Farceur! s'écria Clark en faisant un bond de trois pieds, puis il se précipita dans l'escalier.

La sirène est une curiosité qui passe dans l'esprit de beaucoup de gens pour avoir été fabriquée par moi ou pour moi. Cette opinion cependant n'est pas exacte, et c'est assez pour moi de l'avoir montrée au public. Aujourd'hui je veux dire franchement par quels moyens je parvins à faire avaler cette lourde bourde au public; mais d'abord je dois raconter comment cette fameuse sirène vint en ma possession, et faire en même temps un rapide abrégé de son histoire.

Dans le commencement de l'été de 1842, Moïse Kimball, esq., le propriétaire du Musée de Boston, vint à New-York et me montra ce qu'il avait la prétention d'appeler une sirène. Il me soutint qu'il l'avait achetée d'un matelot dont le père se trouvait à Calcutta en 1817 en qualité de capitaine d'un navire de Boston. Ce capitaine l'avait lui-même achetée de quelques matelots japonais, qui l'avaient vendue comme un spécimen des sirènes dont abondent les mers du Japon. Ce marin, ne doutant pas que la curiosité publique ne fût excitée par ce monstre marin, employa à cette acquisition six mille dollars de l'argent de ses armateurs, et, pensant faire une magnifique spéculation, il laissa le commandement à son second et se rendit à Londres avec son poisson merveilleux.

La capitale de l'Angleterre fut loin de réaliser ses espérances, et il se vit forcé de revenir à Boston; mais ce brave capitaine croyait encore plus que jamais au mérite de son phénomène, à tel point qu'il s'imposa les plus grandes privations, et consentit à se laisser mettre en faillite par les armateurs dont il avait si sottement dépensé l'argent, plutôt que de se séparer de ce qu'il appelait son trésor.

Ce pauvre diable mourut dans la misère, ne laissant à son fils que sa sirène pour tout héritage. Celui-ci, qui n'attachait pas à beaucoup près la même importance que son père à cet objet précieux, le vendit presque pour rien à ce même M. Kimball, qui l'apporta à New-York pour me le faire voir.

Telle fut l'histoire qu'on me raconta. Ne m'en fiant pas à mes propres connaissances sur ces matières, je demandai à un naturaliste de me donner son opinion sur la nature de l'animal. Il me répondit qu'il ne pouvait concevoir comment il avait été fabriqué, car il n'avait jamais vu de singe qui eût de telles dents, de tels bras et de telles mains... et qu'il n'avait pas non plus connaissance d'un poisson muni de semblables nageoires.

— Ainsi donc, lui demandai-je, vous supposez que cela a été fabriqué à plaisir?...

— Oui, car je ne crois pas aux sirènes, ajouta le naturaliste

— Ce n'est pas une raison... répondis-je.

Et conséquemment je crois à la sirène, et je l'achète.

Mais ce n'était là que le plus facile de la besogne. Le plus important était de savoir comment s'y prendre pour modifier l'incrédulité générale à l'endroit des sirènes et piquer la curiosité publique assez pour qu'on vînt voir et examiner le spécimen. Certes, il fallait pour y parvenir des moyens extraordinaires, et je ne vis pas de meilleure méthode que de prendre la balle au bond à quelque distance du centre d'attraction.

En conséquence, je pris mes précautions, et bientôt il parut dans le *Herald* de New-York un article daté et expédié de Montgomery, qui donnait les nouvelles du jour, le bulletin commercial des récoltes, des conversations politiques, etc., et incidemment un paragraphe concernant un certain docteur Griffin, agent du Muséum d'histoire naturelle de Londres, qui, récemment arrivé de Fernambouc, avait en sa possession une curiosité très-remarquable, laquelle n'était rien moins qu'une véritable sirène prise dans l'archipel Fejee et amenée en Chine, où le savant l'avait achetée à un prix très-élevé pour le Musée d'histoire naturelle.

Huit ou dix jours après, un autre journal de New-York publiait une lettre de teneur semblable, mais variant seulement de date et de forme. Elle était écrite de Charlestown (Caroline du Sud). Enfin parut dans un autre journal de New-York une troisième lettre datée et expédiée de Washington. Dans cette lettre on exprimait aux gérants du journal le désir et l'espoir qu'ils insisteraient près du docteur Griffin pour qu'il consentît avant son départ pour Londres à laisser voir à leurs concitoyens son rare et merveilleux phénomène.

Quelques jours après la publication de cette annonce trois fois répétée, M. Lyman, un de mes agents, dont j'ai déjà parlé à l'occasion de Joice Heith, s'était bien et dûment fait inscrire sur les registres de l'un des principaux hôtels de Philadelphie, comme étant le docteur Griffin, de Fernambouc, en partance pour Londres. Ses manières dignes, distinguées et polies, ainsi que sa libéralité, lui acquirent en quelques jours une fort belle réputation. Le jour qu'il paya sa note pour prendre le convoi de New-York, il exprima au maître d'hôtel tous ses remercîments pour les attentions dont il avait été l'objet.

— Si vous voulez monter jusqu'à ma chambre, ajouta Lyman, ou mieux Griffin, je vous ferai voir quelque chose qui vous causera certainement de la surprise.

Sur ce, le maître d'hôtel fut admis à contempler la plus grande merveille qui soit au monde, une SIRÈNE. Le brave homme fut tellement ravi et étonné à la fois, qu'il supplia son hôte de lui permettre d'amener quelques-uns de ses amis pour jeter un coup d'œil sur cette merveilleuse rareté. Parmi les amis du maître d'hôtel se trouvaient quel-

ques publicistes. Qu'on juge si cette proposition dut aller à Lyman !
Il fit pourtant le renchéri :

— Quoique cela ne soit pas de mon intérêt, dit-il d'un air bénin, le Muséum d'histoire naturelle de Londres, dont je suis l'agent, ne m'en voudra pas, j'espère, d'avoir montré de la condescendance à votre désir...

On convint d'une heure dans la soirée.

Le résultat de cette visite dépassa toutes mes espérances. C'est ce dont on pourra facilement se convaincre en lisant les comptes rendus dans les colonnes des journaux de Philadelphie un jour ou deux après celui de l'entrevue avec la sirène. Qu'il me suffise de dire que le plan réussit à merveille, et que la presse de Philadelphie aida la presse de New-York à susciter et à aiguillonner dans le public une curiosité monstre dont la sirène était l'objet.

Est-il nécessaire de le dire? Ces trois prétendues communications venues du Sud avaient été écrites par moi, et expédiées à des amis avec des instructions particulières à chacune pour les réexpédier avec une date régulière.

Grâce à cette précaution et au timbre de la poste, on n'eut aucun soupçon de la hâblerie, et les bons journalistes de New-York contribuèrent ainsi sans le savoir à prédisposer l'esprit du public à accueillir ma sirène.

Quand l'affaire se trouva de la sorte bien en train, Lyman revint à New-York avec son précieux trésor, et descendit (toujours sous le nom du docteur Griffin) à l'hôtel du Pacifique dans Greenwich-street. Les gens apostés par les journaux aux écoutes de tous les bruits apprirent bientôt que la sirène était dans la ville. Ils se présentèrent à l'hôtel du Pacifique, et le courtois professeur du Muséum britannique d'histoire naturelle leur permit obligeamment de satisfaire leur curiosité. Les journaux de New-York continrent à la suite de ces visites de nombreux comptes rendus tous plus satisfaisants les uns que les autres.

Je gagerais que les nouvellistes et publicistes qui ont examiné cet intéressant animal demeurèrent tous intimement persuadés qu'il était ce qu'il avait la prétention d'être... une véritable sirène! Et qu'on ne s'en étonne pas; car, bien que ce fût une œuvre d'art mi-partie singe et poisson, le singe et le poisson étaient si bien rattachés l'un à l'autre et raccordés si étroitement, qu'aucun œil humain n'aurait pu découvrir le point où la jonction avait été opérée.

L'épine dorsale du poisson se continuait en ligne roide et d'apparence non brisée jusqu'à la naissance du crâne; les cheveux de l'animal étaient longs de plusieurs pouces et retombaient sur ses épaules : à l'aide d'un microscope on découvrait dans ces cheveux une myriade d'écailles de poisson infiniment petites.

Les dents, ainsi que la formation des doigts et des mains, différaient absolument de tout ce qu'on a jamais observé chez l'orang-outang ou chez aucune autre espèce de singe, tandis que les nageoires différaient aussi de celles de tous les poissons connus des naturalistes. L'animal était hideux, desséché et de couleur noirâtre; il avait trois pieds de long. Sa bouche était ouverte et ses bras tordus et repliés en l'air, ce qui lui donnait l'apparence d'être mort dans une douleur agonisante et après d'affreuses convulsions.

Une fois ce fait établi, et admis que la sirène était fabriquée, il faut convenir que c'était un remarquable échantillon d'invention, d'industrie et de patience. Pour ma part, je dois avouer que je fus si frappé à la première vue de cette créature merveilleuse, que si je ne la regardai pas comme l'œuvre de Dieu, je la considérai au moins comme celle de quelque industrieux Japonais ou d'un habile artiste oriental, et je fus amené à conclure que la sirène avait probablement figuré parmi les hideux objets du culte de Bouddha ou de Vichnou.

Récemment, en feuilletant moi-même des renseignements sur l'histoire du Japon, je trouvai l'article suivant dans un ouvrage intitulé : *Mœurs et coutumes des Japonais au dix-neuvième siècle*, d'après les récits des résidents actuels de Hollande au Japon, et les documents allemands publiés par le docteur Ph.-Fr. Von Siebold.

« . . . .

» Un autre pêcheur japonais fut assez adroit pour inventer un
» moyen de battre monnaie avec la passion de ses compatriotes pour

» tout ce qui est étrange et fantasque. Il réussit à réunir ensemble la
» partie supérieure d'une guenon et la partie inférieure d'un poisson
» et à réaliser de la sorte un être imaginaire si bien exécuté, qu'il
» pouvait défier l'œil d'un observateur ordinaire. Il eut soin de pu-
» blier ensuite que cette étrange créature s'était prise vivante dans
» ses filets, mais qu'elle était morte quelque temps après avoir été
» tirée de l'eau. Cet ingénieux Japonais gagna un argent considéra-
» ble à faire voir son monstre marin. La curiosité publique était
» montée à son comble, d'autant mieux que l'habile propriétaire de
» cet être mi-partie homme et poisson, assurait qu'il avait parlé pen-
» dant les quelques minutes qu'il avait existé hors de son élément
» natif, pour prédire un certain nombre d'années d'une fécondité
» étonnante, lesquelles seraient suivies d'une fatale épidémie, dont
» le remède ne pourrait être indiqué que par une nouvelle prophé-
» tesse marine de la même nature que la première. La vente des por-
» traits de la sirène fut immense. C'est peut-être cet animal com-
» posé, ou un autre, engendré par le succès du premier, qui fut
» vendu à la factorerie hollandaise, pour passer ensuite aux mains
» d'un Américain rusé qui apporta son acquisisition en Europe pen-
» dant le cours des années 1821 et 1822, et la fit voir dans les diver-
» ses capitales comme une véritable sirène, au grand étonnement des
» ignorants, au grand embarras des savants, et au grand profit de sa
» propre bourse. »

Serait-ce trop s'aventurer que de conjecturer que ce récit a trait à l'exhibition de la sirène du Muséum américain ? Au surplus, et quoi qu'il en soit, l'histoire racontée par Siebold est bien de nature à faire décerner à mon illustre collègue du Japon le titre de *prince du puff.*

Je sais que plusieurs autres spécimens de dimensions moindres, prétendues sirènes aussi, mais plus grossièrement fabriqués, ont été vus dans divers musées.

On m'a parlé aussi d'un petit échantillon qui se trouve maintenant couché dans une coquille au Musée royal des antiquités indiennes de Hague. Je sais que celui-là provient de la collection d'un capitaine au long cours américain qui se l'est procuré en Chine, où il avait été probablement apporté du Japon.

Tandis que Lyman, installé à l'hôtel du *Pacifique*, préparait ainsi aux sirènes les voies de l'opinion publique, de mon côté je me mettais activement à l'œuvre, toujours en secret, cela va sans dire, et je faisais préparer des gravures sur bois et des transparents, ainsi qu'une petite brochure sur l'authenticité des sirènes. Tout cela en prévision d'une prochaine exhibition de la sirène du docteur Griffin. J'obtins trois dessins différents de sirènes, gravés sur bois, et accompagnés chacun d'une description particulière. J'eus soin de faire reproduire dessin et texte sur les premiers feuillets de mon livre, que je fis tirer à dix mille exemplaires, puis je serrai soigneusement le tout dans mon bureau, en attendant le moment de m'en servir.

J'allai trouver ensuite séparément plusieurs journalistes de New-York, et notamment les rédacteurs des feuilles du dimanche, et je remis à chacun d'eux une gravure de ma sirène, avec une description soigneusement écrite, en les priant d'insérer le tout dans leurs colonnes le dimanche suivant. Pour les faire mordre plus facilement à l'hameçon, j'eus soin de les prévenir qu'il était à craindre que le docteur Griffin, en sa qualité d'agent du Muséum britannique, ne pût pas permettre en Amérique l'exhibition de son phénomène, et qu'il était urgent de donner au moins à nos compatriotes des copies de la sirène des îles Fejee à défaut de l'original. Mes observations furent très-goûtées par ces messieurs, et de la sorte les trois sirènes firent leur apparition dans trois différents journaux de New-York, le dimanche matin 17 juillet 1842.

Chaque gérant dut supposer d'abord qu'il avait seul le dessin identique; mais quand ils découvrirent que j'avais joué au même jeu avec trois feuilles publiques, ils proclamèrent à l'unisson que c'était un tour pendable.

On peut dire sans métaphore qu'à dater de ce moment la fièvre de la sirène sévit en plein sur l'esprit public. Il ne se trouva bientôt plus dans la ville aucun lecteur de journaux qui n'eût vu au moins une des gravures, et comme les diverses descriptions imprimées faisaient directement allusion à la sirène de M. Griffin, alors dans la ville de New-York, chacun fut pris d'un immense désir de voir ce phénomène. Mes dix mille brochures-sirènes furent distribuées entre les mains de colporteurs actifs et vendues à un penny pièce (moitié du prix de revient) dans les principales boutiques, hôtelleries et maisons de la ville.

Quand je jugeai le public suffisamment préparé à l'endroit des sirènes, j'envoyai louer la salle des concerts dans Broadway, et aussitôt après l'annonce suivante parut dans les feuilles publiques :

LA SIRÈNE

ET AUTRES

MERVEILLEUX SPÉCIMENS

DE LA

CRÉATION ANIMALE.

« Le public est respectueusement informé que, cédant en cela aux
» nombreuses et pressantes sollicitations des amis de la science de
» cette ville, M. J. Griffin, propriétaire de la sirène récemment ar-
» rivé de Fernambouc (Amérique du Sud) a consenti à la laisser ex-
» poser publiquement, mais seulement pendant une seule semaine.
» Dans ce but, il a retenu le spacieux et magnifique salon connu sous
» le nom de *Salle des concerts, Broadway*, 404, qui sera ouvert le
» lundi 8 août 1842, et fermé sans remise le samedi 13 du courant.

» L'animal dont il s'agit a été pris non loin de l'archipel Fejee, et
» acheté pour une somme énorme par le propriétaire actuel, dans le
» but d'en faire hommage au Muséum d'histoire naturelle à Londres;
» aussi il ne pourra être exposé que pendant très-peu de temps, et
» bien moins dans une idée de lucre que dans le désir d'être agréable
» au public.

» Le propriétaire de ce phénomène ayant passé plusieurs années à
» collectionner, dans toutes les parties du monde, les plus merveil-
» leux échantillons d'histoire naturelle, se trouve avoir également en
» sa possession plusieurs spécimens d'animaux curieux qu'il se pro-

» pose de soumettre par la même occasion à l'appréciation du public.
» Ce sont : L'ornithorhyncus de la Nouvelle-Hollande. — *Item*
» deux espèces de poissons volants, l'une venant des mers de la
» Chine, et l'autre des Indes occidentales. Cet animal participe évidem-
» ment du poisson et de l'oiseau. — *Item* le serpent a sonnettes de
» l'Amérique du Sud. — *Item* le siren ou iguane, anneau intermé-
» diaire qui unit le reptile et le poisson. — *Item* le protée san-
» guihus, animal troglodyte, pris dans une caverne de l'Australie, et
» plusieurs autres animaux qui forment les anneaux non interrom-
» pus de la grande chaîne des êtres animés.

» prix d'entrée : 25 sous par tête. »

Un grand concours de visiteurs assiégeait la salle des concerts, et Lyman, autrement dit Griffin, fit les honneurs de sa sirène avec une dignité solennelle.

J'avais sujet d'appréhender que quelqu'une des victimes de Joice Heith ne reconnut dans le professeur Griffin le personnage qui avait jadis montré la *nourrice de Washington*, mais heureusement j'en fus pour la peur, et cette catastrophe ne nous arriva pas.

Entouré des nombreux *anneaux non interrompus de la grande chaîne des êtres animés* (style du programme), son affreuse sirène protégée par un bocal en verre contre les mains des visiteurs, Lyman enthousiasma son auditoire par le récit curieux de ses aventures et de ses voyages, non moins que par des aperçus scientifiques sur les œuvres de la création en général, et sur les sirènes en particulier.

Le public parut fort content; mais comme il y aura toujours des gens qui prennent les choses au pied de la lettre, et se soucient assez peu des licences poétiques, même à propos de sirènes, je ne serais pas étonné que plus d'un spectateur, après avoir admiré au-dessus du frontispice de la salle un large transparent qui représentait une superbe créature, moitié femme et moitié poisson, ayant au moins huit pieds de haut, ait été légèrement désappointé en se trouvant ensuite en face d'un être noir et racorni, participant du singe empaillé et du poisson desséché, et avec des dimensions tellement réduites qu'un enfant sans se gêner aurait pu l'emporter sous son bras.

Quelques jours après l'ouverture de l'exhibition dans la Salle des concerts, un vieux Hollandais vint me trouver au Muséum et demanda d'une voix chevrotante :

— Où est la sirène ?

— Nous n'avons point de sirène ici, lui dis-je.

— Je suis venu de New-Jersey tout exprès pour voir la sirène... je la croyais ici.

Je répondis que j'avais effectivement vu l'annonce d'une telle exhibition dans la salle des concerts Broadway.

Il partit à la poursuite de l'objet de sa curiosité, et je l'entendis de sa voix cassée répéter sur l'escalier :

— Je-je n'ai ja-mais vu de si-rè-ne ; c'est vi-vant, je sup-pose, n'est-ce pas ?

Mais je ne jugeai point à propos de l'éclairer sur ce point important.

Immédiatement après le départ du vieillard je me rendis à la Salle des concerts pour voir comment donnait l'exhibition, et au moment où j'entrais dans la salle je vis le vieux Hollandais qui prenait son billet au bureau. Je trouvai Lyman entouré de trente ou quarante dames et messieurs à qui il défilait savamment un chapelet de phébus sur les merveilles de la nature et sur sa fécondité, apparente surtout dans les objets disposés sur la table placée devant eux.

Le vieux Hollandais entra au même instant, et après avoir jeté les yeux autour de lui sans pouvoir découvrir la belle et vivante dame-poisson qui était si élégamment peinte sur le transparent exposé à la porte, il s'approcha de Lyman, et l'interrompant au milieu de ses savantes explications :

— Je veux voir la sirène, lui dit-il.

Lyman fut un peu déconcerté ; mais, rappelant bientôt son flegme et sa dignité :

— Voilà la sirène, Monsieur, répondit-il en désignant du doigt la merveille en question.

Le vieux Hollandais regarda l'affreuse créature inanimée et s'écria avec l'accent de la surprise :

— Comment, c'est cela que vous ap-pe-lez u-ne si-rè-ne?...

— Oui, Monsieur, c'est la sirène, dit Lyman évidemment mal à l'aise.

— Eh bien! s'écia le Hollandais avec un regard de souverain mépris, c'est la plus pitoyable chose que j'aie ja-mais vue!

Puis il tourna les talons et sortit d'un air tout courroucé.

Un jour Lyman fut forcé de quitter la salle pendant quelques instants; il y laissait peu de visiteurs il est vrai, mais parmi eux se trouvaient quelques jeunes étudiants en médecine. Sitôt que mes jeunes drôles virent la sirène sans protecteur, ils se sentirent pris de l'envie de jouer quelque tour à l'honorable docteur Griffin, et après s'être consultés pendant une seconde, ils soulevèrent le bocal qui couvrait la fille de la mer, et placèrent dans sa bouche un bout de cigare fumé aux trois quarts.

Puis ils replacèrent le bocal et décampèrent.

Avant que Lyman fût de retour, plusieurs nouveaux visiteurs étaient entrés dans la salle, et il me serait difficile de dire quelle espèce de sentiments ils éprouvèrent en voyant la petite, noire et sèche sirène avec un cigare à la bouche. Probablement ils crurent à une mystification, et s'imaginèrent que dans l'exhibition de la sirène on n'avait eu pour but que de se moquer du public. Telle dut être évidemment leur impression, car il serait difficile d'imaginer quelque chose de plus plaisant et de plus ridicule que notre sirène fumant un cigare.

Lyman rentra, et, complètement ignorant de la mauvaise farce qu'on lui avait jouée, il prit en voyant l'affluence de ses nouveaux clients cet air solennel et digne que personne ne sait se donner aussi bien que lui, et sans même jeter les yeux sur la sirène il commença sa harangue accoutumée :

« Vous voyez devant vous, messieurs et mesdames, la sirène, merveille qui a été capturée dans les eaux de l'archipel Fejee. Bien des gens parmi lesquels on pourrait citer plus d'un naturaliste ont longtemps regardé la sirène comme un animal fabuleux; mais, comme agent du Musée d'histoire naturelle de Londres, je possède des preuves évidentes qui ne permettent pas de douter que cet animal a été pris auprès des îles Fejee par un pêcheur japonais. Il a survécu près de trois heures à sa capture. »

— Et au moment où elle a été prise, Sa Seigneurie Marine fumait-elle le même cigare qui l'amuse en ce moment? demanda un des spectateurs.

Cette question fit tourner la tête au pauvre Lyman, qui vit alors à sa grande stupeur le malencontreux cigare : ce fut probablement la première et la seule fois de sa vie qu'il demeura complètement interloqué; mais, en historien fidèle, je dois dire qu'il le fut au point de ne pouvoir répliquer un seul mot. Plus tard, en racontant cette anecdote avec beaucoup d'originalité au milieu d'un cercle d'amis, il déclara franchement qu'à la découverte du cigare il s'était senti pris d'une sueur froide, et que bientôt après il ne lui restait plus un fil de sec sur le dos.

La sirène ne demeura qu'une semaine exposée à la salle des concerts, et bientôt après elle fut transportée au Musée américain, où je l'attendais.

De nombreux transparents avaient été préparés, des prospectus avaient été distribués d'une main libérale, et dès le lundi matin on voyait flotter sur le frontispice du Musée une bannière de seize pieds de long représentant une sirène. Cette splendide enseigne attira les yeux de Lyman au moment même où il arrivait pour commencer le cours de ses opérations. Il pressa le pas, et entrant brusquement dans mon bureau :

— Mais, s'écria-t-il, à quoi bon cet immense drapeau?

— A instruire tous ceux qui entrent dans Broadway de l'endroit où se trouve la sirène, répondis-je.

— Eh bien! alors, croyez-moi, autant vaudrait retirer la bannière, car qui se trouverait satisfait de voir notre échantillon desséché, ayant à peine seize pouces de long, après avoir admiré la peinture qui lui donne seize pieds? C'est tuer l'illusion.

— Vous n'y êtes pas, répondis-je, c'est un trompe-l'œil. On ne s'attend pas à trouver une sirène de cette taille.

— Je vous assure que cela n'ira pas, repartit Lyman. Je présume que je dois commencer à connaître mon badaud de public, et je vous réponds que la sirène ne donnera pas si cette bannière reste en place.

— Cette bannière, répondis-je, me coûte soixante-dix dollars, et il faut qu'elle reste.

A ces mots, Lyman boutonna son habit, prit un air de dignité et s'avança vers la porte en me disant :

— Soit, monsieur Barnum ; si vous voulez absolument combattre sous ce drapeau vous en êtes bien le maître, mais moi je n'en suis pas.

— Eh quoi! vous êtes donc un déserteur? répondis-je en riant.

— Oui, je déserte les fausses couleurs, surtout quand elles sont trop tranchées, et avant la nuit vous les déserterez vous-même, dit Lyman.

Je ne pouvais avoir trop d'égards pour le professeur Griffin, et, quelque dépit que j'en eusse, je me vis forcé d'amener mon pavillon. Il n'a jamais revu le jour.

La sirène continua pendant quelque temps à faire les délices du public; elle fut successivement transportée dans plusieurs endroits, et finalement restituée à son propriétaire, M. Kimball, qui lui a donné depuis une niche dans son remarquable Musée de Boston. Elle y restera jusqu'au 31 mars 1855. Dès le lendemain, 1er avril (jour de circonstance), elle reparaîtra au Muséum américain à New-York, où elle restera jusqu'au 1er janvier 1856, à la grande admiration et au grand ébahissement, j'aime à le croire, de plusieurs milliers de curieux. Le 2 janvier 1856 la mystérieuse dame-poisson reprendra ses anciens quartiers sous la garde de son propriétaire, l'honorable Moïse Kimball, récemment élu membre du Sénat de l'Etat; et à dater de cette période la sirène des Fejee sera installée à poste et d'une manière éclatante dans le Musée de Boston.

Voici qui établira que Sa Seigneurie était pourvue d'attraits incontestables.

Les recettes du Muséum américain pour les quatre semaines qui précédèrent immédiatement l'exhibition de la sirène s'élevèrent à mille deux cent soixante-douze dollars. Pendant les quatre premières semaines qui suivirent l'exhibition de la sirène, les recettes montèrent au chiffre de trois mille trois cent quarante et un dollars quatre-vingt-treize centièmes.

La compagnie du Musée de New-York n'ayant pas réussi à vendre ses actions, loua son établissement, ainsi que le Musée Peale, à la compagnie Yankee Hill. Celle-ci, pendant plusieurs mois, ne fit pas de meilleures affaires. Ce fut alors que M. Henry Bennett en prit la direction et réduisit le prix d'entrée.

Il s'imagina réussir en offrant au public des parodies burlesques de tout ce que je produisais moi-même. Ainsi, quand je montrai ma sirène de Fejee, il fit coudre ensemble un singe et un marsouin, et annonça la Nouvelle sirène. Quand j'engageai une compagnie de chanteurs de mérite, connue sous le nom de Famille-Orphéenne, Bennett annonça la Famille-Orpheline. L'invention, j'en conviens, lui faisait honneur, mais si elle fit rire à mes dépens, elle attira aussi l'attention de la foule sur mon musée.

L'opposition originale de Bennett le fit vivre très-peu de temps; il s'engagea bientôt dans une spéculation ruineuse où il engloutit jusqu'à son dernier dollar, et le 2 janvier 1843 il ferma son musée. Sa collection entière fut adjugée au propriétaire du bâtiment, auquel il était dû sept mille dollars pour la location. Je le désintéressai, je louai le bâtiment, et ayant engagé en secret Bennett comme mon agent, nous établîmes avec beaucoup d'entrain un système de concurrence. Cette entreprise réussit parce qu'elle stimula l'attention du public, et au bout de six mois la collection tout entière, y compris la galerie des portaits américains, fut transférée à mon propre Musée.

Je n'ai point l'intention de rabaisser l'habileté de Bennet en exaltant la mienne. Indépendamment des qualités personnelles à chacun de nous, j'étais dans une position plus avantageuse, et si le résultat de la lutte parut pendant quelque temps douteux, mon heureuse étoile me mit bientôt en possession de moyens propres à défier toute concurrence.

Comme je me trouvais pour affaires à Albany en novembre 1842, la rivière de l'Hudson gela complètement, et je revins à New-York par le chemin de fer Housatonique. Je passai la nuit à Bridgeport (Connecticut), à l'hôtel Franklin, alors tenu par mon frère Philo F.

J'avais entendu parler d'un enfant de Bridgeport remarquablement petit, et à ma requête mon frère me l'amena à l'hôtel. De tous les enfants en état de marcher, je n'en avais jamais vu de si microscopique. Il avait moins de deux pieds de haut et ne pesait pas seize livres. C'était un petit gaillard aux yeux vifs, avec des cheveux fins et souples, de grosses joues et une santé luxuriante. Il était fait comme Apollon. Il se montra d'abord excessivement timide, mais après avoir joué quelques minutes avec lui, je le décidai à converser avec moi, et il m'apprit qu'il se nommait Charles S. Stratton, fils de Sherwood E. Stratton.

Il n'avait que cinq ans, et produire un nain de cet âge c'était provoquer la question : « Comment savez-vous que c'est un nain ? » On pouvait, il est vrai, prendre quelque licence, et je résolus de faire une épreuve. J'engageai donc le petit bonhomme pour le terme très-court de quatre semaines, à raison de trois dollars par semaine. Son entretien, y compris les frais de voyage et de pension pour lui et sa mère, demeurait à ma charge.

Tout ce monde arriva le 8 décembre 1842 à New-York, et madame Stratton ne fut pas peu étonnée de trouver son fils inscrit sur les prospectus de mon Muséum, où il figurait sous la rubrique de général Tom Pouce, nain de onze ans, récemment arrivé d'Angleterre.

Cette annonce contenait deux mensonges. J'aime mieux en convenir que d'essayer de les justifier. Mais qu'il me soit permis cependant de plaider les circonstances atténuantes. L'enfant était un nain, sans contredit. Il pouvait grandir, me dira-t-on. D'accord. Mais si j'avais annoncé qu'il n'avait que cinq ans, il m'eût été impossible d'intéresser ou d'éveiller la curiosité du public, auquel je tenais à assurer que je possédais réellement un nain. Et en cela du moins le public n'était pas trompé.

Voilà pour l'âge.

Quant à la nationalité, en réalité peu importait l'endroit où l'enfant était né, non plus que celui d'où il venait, et pourvu que je lui montrasse un nain véritable, étranger ou non, le public ne pouvait pas se plaindre qu'il n'en avait pas pour son argent. J'avais été à même d'observer plus d'une fois, et notamment à l'occasion de Vivalla, l'engouement des Américains pour les sujets de provenance européenne, et c'est ce qui me décida à faire un Anglais de mon petit Yankee. Peut-être ai-je commis par là une double irrévérence tant envers les étrangers qu'envers mes nationaux, mais qu'on veuille bien me la pardonner en considération de la franchise de mes aveux.

Je pris beaucoup de peine pour éduquer mon petit prodige; je lui consacrai bien des heures de jour et de nuit, mais je fus récompensé de mes soins par le succès, car l'enfant avait naturellement beaucoup de finesse et un grand amour du badinage. Il devint bientôt fou de moi, de mon côté je lui étais et je lui suis demeuré très-attaché. Je crois encore très-fermement que le monde n'a jamais vu de curiosité naturelle plus intéressante et plus extraodinaire que Tom Pouce.

Quatre semaines se passèrent, et je le rengageai pour un an à sept dollars par semaine et une gratification de cinquante dollars à la fin de l'engagement, avec privilége de le faire voir dans toute l'étendue des Etats-Unis.

Ses parents devaient l'accompagner, et je me chargeai de tous les frais de voyage. Longtemps avant la fin de l'année, j'augmentai volontairement son salaire en le portant à vingt-cinq dollars; il était digne de cette rémunération, car il ne tarda pas à devenir le favori du public. Je le montrai pendant plusieurs semaines consécutives à mon Musée, et quand il m'arriva d'autres curiosités plus nouvelles, je l'envoyai sous la conduite de mon ami Fordyce Hitckock faire un tour dans les nombreux bourgs et villes des Etats-Unis.

Pendant que toutes ces choses se passaient, j'étais parvenu à me libérer de toutes les charges contractées pour le Muséum américain, et je me trouvai en mesure de renouveler l'engagement du GÉNÉRAL TOM POUCE (c'est ainsi que je baptisai mon nain) à raison de cinquante dollars par semaine, toutes dépenses payées. En concluant ce marché, je me réservai le droit de le faire voir a l'Europe.

CHAPITRE DIXIÈME

VOYAGE EN EUROPE. — TOM POUCE.

Départ pour l'Angleterre. — Adieux. — Le paquet de tabac. — Politesse intéressée. — Un cicerone yankee. — Projets brillants. — Rayon de soleil. — Un nain méconnu. — Arrivée à Londres. — La noblesse sollicite la faveur de nous voir. — M. Everett. — Le baron de Rothschild. — Pluie d'or. — Leçon d'étiquette. — Tom Pouce et la reine Victoria. — Sortie à reculons. — Tom Pouce et le roquet. — Le prince de Galles. — La famille royale et la chanson du général. — Engouement de l'aristocratie. — Le duc de Wellington et l'empereur Napoléon. — L'empereur Nicolas. — Revue à Windsor. — Un militaire mort vivant. — Une mésaventure. — C'est la coutume du pays! — Trempé jusqu'aux os. — Déceptions. — Le veau d'or. — Une journée avec Albert Smith. — Qu'est-ce que Shakspeare? — Guy de Warwick. — Cohue de banquistes. — La course aux châteaux. — Curiosités yankees. — Un décevant mirage. — Un prince américain. — Retour de Tom Pouce en Amérique. — Voyage à Cuba. — Un dindon trop petit.

Le jeudi 18 janvier 1844, je montai à bord du nouveau et superbe paquebot *Yorkshire*, capitaine D.-G. Bayley, à destination de Liverpool. J'emmenais avec moi le général Tom Pouce, ses père et mère, son tuteur et le professeur Guillaudeu, naturaliste français. Une bonne partie de la ville m'escorta jusqu'au lieu d'embarquement, et un grand nombre de nos amis ne nous quittèrent que lorsqu'ils nous virent installés à notre bord. A une heure et demie la cloche d'un des vapeurs, qui devait nous remorquer jusqu'en-dehors de la rade, donna le signal du départ et annonça l'heure de la séparation. Quelques serrements de main et quelques mots d'adieu furent de nouveau échangés, puis enfin il fallut se quitter. Je fus à ce moment saisi d'un véritable mouvement d'attendrissement. Ce sentiment de ma part étonnera peut-être le lecteur: mon nom a été si souvent mêlé en effet à des scènes de joie et de plaisir, qu'on se figurera difficilement, j'en suis sûr, Barnum ému, Barnum pleurant presque d'attendrissement. Il est certain que mes inclinations naturelles me portent vers la gaieté, et que j'ai toujours cru prudent de cultiver mes dispositions à la comédie, convaincu que la destinée prendrait soin de me fournir elle-même la tragédie. Malgré tout cependant je suis homme, et rien d'humain ne m'est étranger, et si je ris plus souvent peut-être que le commun des mortels, je n'en ai pas moins comme tout le monde mes moments de sensibilité, de tristesse et même d'abattement.

Et en parlant ainsi, qu'on le croie bien, je ne fais point seulement allusion au sentiment qui m'attrista lors de cette séparation qui allait durer des mois, des années peut-être, mais j'entends parler des sensations que j'ai éprouvés bien des fois déjà dans le cours de mon existence. Je le répète, je suis homme comme un autre. J'ai pleuré, j'ai souffert ainsi que le commun des mortels, et tout entrepreneur de spectacle que je suis, je n'en ai pas moins constamment révéré ce que les autres hommes estiment et honorent, et la religion chrétienne entre autres a toujours été pour moi l'objet d'un culte et d'une vénération extrêmes. C'est à la loi bienfaisante du Christ que je dois le bonheur de ma vie et la sérénité de mon âme, et je ne sais pas de trésor contre lequel je voulusse échanger les consolations de la foi. J'ai été banquiste, cela est vrai, mais dans tous mes voyages ma Bible m'a constamment accompagné; j'ai puisé dans les livres saints la force et l'énergie qui m'ont soutenu dans les nombreuses épreuves de ma vie. Que j'aie ou non profité des préceptes enseignés par la parole de Dieu, ce n'est pas là la question; mais je m'estime heureux de trouver ici l'occasion de dire hautement que les bienfaisantes leçons de l'Ecriture ont été et seront toujours pour moi un appui dans l'affliction, et que je ne crois pas qu'il puisse y avoir de bonheur ni dans ce monde ni dans l'autre pour celui qui dédaigne et méprise les préceptes de la loi divine (1).

(1) Nous n'avons pas besoin de faire remarquer que quelque beaux et saints soient ces sentiments, ils seraient tout autres s'ils étaient inspirés, non par la lecture de

On me croira maintenant, je l'espère, quand je répéterai que mon émotion fut grande au moment où je vis notre bâtiment labourer de sa proue les vagues écumantes et se lancer dans l'immensité des mers. Ne laissais-je pas derrière moi des amis, une femme et des enfants chéris! Accoudé sur le bord, je suivis des yeux aussi longtemps que je le pus mes amis qui s'éloignaient en me jetant de la main un dernier adieu, et quand tout eut disparu je laissai tomber dans mes deux mains mon visage inondé de pleurs amers.

Je n'entrerai point dans les détails de ma traversée pour Liverpool.

Ce voyage a été si souvent décrit, que je crois de bon goût de m'abstenir. J'ai devant moi, étalée sur mon bureau, une série de documents qui se composent de plus de cent lettres que j'ai écrites pendant mon séjour en Europe comme correspondant de l'*Atlas* de New-York. Mais que le lecteur ne s'effraye pas, je n'ai le dessein d'en extraire que les passages qui se rattachent le plus intimement à la suite de ces Mémoires.

Les calmes et les vents contraires que nous eûmes à subir pendant notre traversée, retardèrent notre arrivée à Liverpool. Nous mîmes dix-neuf jours en route. Le temps cependant ne nous parut pas trop long, car jamais, je crois, on ne rencontra ni un meilleur navire ni un plus aimable capitaine.

La plupart des passagers durent sacrifier à Neptune ou aux poissons, si vous aimez mieux, ou encore, en termes plus clairs, presque tout le monde éprouva le mal de mer. Je fus assez heureux pour être exempté de ses atteintes cruelles. Au surplus, cette contrariété ne dura que pendant les premiers jours, et grâce au bien-être et à l'harmonie qui régnaient à bord et à toute espèce de jeux, le temps se passa avec autant de gaieté que de rapidité.

Le dix-huitième jour de notre traversée le cri de la vigie nous appela sur le pont, on venait de signaler la terre. Déjà les montagnes du pays de Galles montraient leurs cimes neigeuses, et trois heures

---

la Bible, interprétée par n'importe qui et comment, mais par l'Eglise déclarée par le Christ seule dépositaire et commentatrice du divin livre complet.

(*Note des Editeurs.*)

après nous étions à l'ancre dans les docks de Liverpool. Le bruit de l'arrivée de Tom Pouce sur *le Yorkshire* nous avait précédés, et nous trouvâmes sur les ponts une foule compacte qui venait à la rencontre du nain célèbre. Sa mère trouva moyen de le débarquer sans que personne le vît, car on ne croyait pas généralement qu'il fût assez petit pour être emporté dans les bras comme un enfant à la mamelle.

Notre bagage fut transporté à la douane, et après qu'on eut visité nos malles, et qu'on se fut assuré qu'il n'y avait pas de contrebande, il nous fut permis d'entrer en ville. Nous prîmes des appartements à l'hôtel de Waterloo, le meilleur de la ville, et après avoir été obligés de payer six portefaix à raison d'une demi-couronne par tête pour avoir regardé notre bagage, car la moitié d'entre eux n'y avait pas même touché du bout du doigt, nous passâmes notre indignation sur une bouteille de porter et sur un excellent dîner composé d'une tranche succulente de rosbif anglais avec accompagnement d'un plat de poisson très-délicat connu sous le nom de soles normandes.

Après le dîner, je sortis pour prendre une idée de la ville. Quelques rues que j'enfilai me conduisirent bientôt au monument consacré à la mémoire de Nelson. Pendant que j'admirais les beautés de cet édifice, un vieux monsieur d'un aspect vénérable et d'une mise élégante s'offrit à m'expliquer les inscriptions et les devises inscrites sur le marbre. Mon cicerone ne tarda pas à s'enthousiasmer aux récits qu'il me faisait lui-même des actions du vaillant héros de la vie duquel il m'entretenait. La chaleur de ses discours et l'élégance de ses manières lui gagnèrent de suite mon estime et mon affection. J'avais d'ailleurs si souvent entendu parler du flegme et de la roideur du peuple anglais, que j'étais bien aise de trouver, au moment même de mon débarquement sur le sol de la Grande-Bretagne, une preuve vivante de la fausseté de cette opinion.

— Voici, me disais-je, un des vieux soldats de l'Angleterre, qui m'a tout l'air d'un homme riche et estimable, et qui pourtant a la bonté de faire des avances à un étranger et de lui consacrer une heure de son temps à lui expliquer les beautés d'un noble édifice qui fait honneur au patriotisme et à l'orgueil national.

Involontairement je me mis à supputer en moi-même la fortune que pouvait avoir mon cicerone, et d'après l'élégance de ses manières et le luxe de ses vêtements je ne crus pas pouvoir lui accorder moins de mille livres sterling de rente. Aussitôt la nature humaine grandit dans mon esprit de cent coudées, à la pensée qu'un vieux gentleman anglais pouvait être à la fois si riche, si bon et si désintéressé. Je m'attendais déjà à chaque minute d'être invité à passer une semaine chez lui, et à faire dans son splendide équipage une excursion à travers la ville; mais comme l'invitation se faisait un peu attendre, je me décidai à prendre congé de lui, non sans m'être confondu en remercîments et en salutations; car j'étais tout confus d'avoir si longtemps abusé de la complaisance du noble insulaire; mais qu'on juge de ma surprise quand je le vis tendre la main et que je l'entendis d'une voix suppliante solliciter une gratification pour laquelle il me promettait une reconnaissance éternelle.

Aussitôt toute cette grandeur que j'avais rêvée pour lui s'évanouit, et glissant un schelling dans ses mains je m'éloignai d'un pas hâtif; puis je serrai bien les cordons de ma bourse tout en la remettant dans ma poche. Je n'avais pas fait vingt pas que mes idées sur la générosité des hommes étaient descendues à vingt degrés au-dessous de *zéro*, et je ne tardai pas à m'apercevoir qu'en Angleterre il en coûte douze sous pour regarder un homme, et juste une couronne pour lui parler.

Vers le soir du même jour, un monsieur grand et sec vint me trouver à mon hôtel. Il s'annonça comme un frère *yankee*, disant qu'il s'estimerait heureux de pouvoir me montrer les nombreuses merveilles dignes de fixer à Liverpool l'attention d'un étranger.

Je lui demandai depuis combien de temps il demeurait à Liverpool.

— Près d'une semaine, me répondit-il.

Je déclinai ses services en lui disant péremptoirement que puisqu'il n'était pas à Liverpool depuis plus d'une semaine, je me flattais de connaître l'Angleterre aussi bien que lui.

— Oh! dit-il, vous vous méprenez. Je suis depuis bien plus longtemps que cela en Angleterre; seulement je suis récemment arrivé à Liverpool.

— Dans quelle partie de l'Angleterre avez-vous habité? lui demandai-je.

— De l'autre côté des Chutes du Niagara, répondit-il : j'y ai passé plusieurs jours avec des soldats anglais.

Je lui ris au nez en lui disant que l'Angleterre n'était pas située au-delà des Chutes du Niagara.

L'impudent drôle parut confondu pour un instant, puis s'écria d'un air triomphant :

— Je ne voulais pas dire l'Angleterre, je sais aussi bien que vous dans quel pays sont ces chutes d'eau.

— Et dans lequel? demandai-je avec la certitude de l'embarrasser très-fort.

— Dans la Grande-Bretagne, cela va sans dire.

Il n'est pas nécessaire d'ajouter que l'honneur de sa compagnie fut décliné par moi; il s'en alla en prenant des airs fanfarons, probablement parce que ses connaissances en géographie ne lui paraissaient pas appréciées à leur juste valeur.

Le même soir je reçus la visite du propriétaire d'une petite baraque de figures de cire à trois sous d'entrée. Ce monsieur me dit qu'ayant appris l'arrivée de la grande curiosité américaine, il avait saisi l'occasion de me faire des propositions et de m'engager avec le général à raison de dix dollars par semaine, dans le seul but d'ajouter quelque attrait de plus à ses représentations déjà si attrayantes.

Une si étrange proposition ne pouvait manquer de me faire rire, et cependant je fus un peu assombri par l'idée que telle était peut-être en Angleterre la misérable appréciation que l'on faisait de mon nain. En toute autre circonstance, cette ombre de tristesse n'aurait pas plané longtemps sur ma tête; mais une sorte de nostalgie s'était emparée de moi, et je commençais à voir le monde très en noir. J'étais étranger sur une terre étrangère, je n'avais pas encore remis mes lettres d'introduction, je ne connaissais personne, personne ne me connaissait; en un mot, je me sentais isolé, et, qu'on en rie si on veut, je déclare que ce soir-là j'entendais de mystérieux accents résonner dans mon cœur brisé par la solitude. Je ne rêvai cette nuit que de la patrie et du foyer domestique.

Le lendemain matin je vis luire un rayon de soleil sous la forme du billet suivant :

« Madame Céleste présente ses compliments à M. Barnum, et se trouve heureuse de lui dire que tous les soirs sa loge particulière sera à sa disposition et à celle de ses amis.

» Théâtre Royal, Williamson square. »

Cette invitation polie fut acceptée avec reconnaissance. Dans la loge attenante à celle de Céleste, occupée par moi et ma société y compris le général, à moitié caché sous le manteau de son tuteur, vinrent s'asseoir une dame anglaise et un gentleman qui portaient sur toute leur personne le cachet de la richesse et du bon goût. L'intérêt avec lequel le général suivait la représentation attira leur attention, et la dame me dit :

— Quel air intelligent a votre enfant! le théâtre paraît beaucoup l'intéresser.

— Pardonnez-moi, Madame, répondis-je, ce n'est pas un enfant, c'est le général Tom Pouce.

— Vraiment! s'écrièrent à la fois la dame et le monsieur.

Ils avaient déjà vu l'annonce de notre arrivée ; mais tout ce qu'ils avaient entendu dire du pygmée-prodige était dépassé de beaucoup par ce qu'ils voyaient. La sincérité de leur intérêt ne pouvait être mise en doute, car immédiatement ils m'invitèrent dans les termes les plus pressants et les plus flatteurs pour m'engager à amener le général à Manchester, où ils demeuraient, en me donnant l'assurance que sa présence dans cette ville ne pouvait manquer d'être très-productive.

Ceci, pensai-je, est une agréable compensation à l'offre humiliante de l'homme aux figures de cire, et voilà des gens qui savent au moins ce que vaut une merveille. Aussi, de ce moment je commençai à me réconcilier un peu avec MM. les *seigneurs du coton* de Manchester.

Je remerciai mes nouveaux amis de leur conseil, ainsi que de l'encouragement qu'ils me donnaient, et je me hasardai à leur demander le prix auquel ils pensaient que je ferais bien de taxer mes places.

— Le général est si décidément une curiosité, dit la dame, que selon moi vous feriez bien de mettre le prix de vos places à deux sous.

Mais elle fut brusquement interrompue par son mari, qui était évidemment l'économe de la famille, et qui me dit :

— Je suis sûr que vous ne réussiriez pas à ce prix; taxez plutôt l'entrée à un sou, car tel est le prix qu'on paye ordinairement en Angleterre pour voir des géants et des nains.

— Pire, et toujours pire! m'écriai-je avec consternation!

Mais la réaction fut prompte... Un instant abattu, je sentis bientôt se relever mon courage... Je revins à moi-même et je répondis avec assurance :

— Jamais le prix ne sera moindre d'un schelling sterling : car je suis bien persuadé que pour voir le général Tom Pouce, bien des personnes nobles et distinguées de l'Angleterre ne reculeront pas à donner de l'or !!!

J'avais eu tout d'abord l'intention de me rendre directement à Londres et de commencer mes opérations par la tête, c'est-à-dire, autant que possible, par le Palais. Mais j'appris que la famille royale était en deuil à cause de la mort du père du prince Albert, et qu'elle n'était pas en position d'accueillir des propositions de divertissements. Je résolus donc de demeurer quelque temps à Liverpool, où mes lettres d'introduction me mirent rapidement en relations amicales avec beaucoup d'excellentes familles, et je fus à même, en peu de temps, de présenter le général au public de cette grande ville.

Sur ces entrefaites on me donna avis de Londres que M. Maddox, directeur du théâtre de la Princesse, se disposait à rendre visite à mon phénomène, et qu'il se proposait de faire avec moi un engagement. Il vint en effet très-secrètement, mais le but de son voyage m'était connu et sa présence me fut révélée par un ami qui me le montra dans un coin de la salle; j'allai à lui et l'appelai par son nom. Il fut, comme on dit, pris au pied levé et m'avoua le dessein qu'il avait eu en venant visiter Liverpool. L'entrevue aboutit à un engagement en vertu duquel le général dut paraître pendant trois soirées différentes sur le théâtre de la Princesse.

Je ne voulais pas me lier pour plus de temps, et ce court engagement, quoique fait à des conditions avantageuses, n'était guère considéré par moi que comme un simple moyen de publicité.

Le général fit tant d'effet à son apparition sur le théâtre de la Princesse, qu'il eût été difficile de décider laquelle des parties s'en arrangeait le mieux, des spectateurs, du directeur ou de moi-même. Les premiers en étaient ravis parce qu'ils ne pouvaient s'empêcher de l'être, le second en était enchanté parce que l'opération devait lui rapporter de l'argent, et moi j'étais content parce que j'y voyais la garantie d'un succès assuré à Londres. Maddox me fit pour un nouvel engagement les offres les plus avantageuses, mais mon but était suffisamment rempli.

Le général Tom Pouce était sur le tapis, on parlait de lui comme d'une incomparable curiosité, le plus difficile était fait, et il ne restait plus qu'à le faire paraître en public à mon propre compte. Le temps et le lieu de cette exhibition me préoccupaient seuls désormais.

J'avais pris une maison garnie dans Grafton street, Bond street, dans le West-End, au centre de la fashion. J'avais pour voisin lord Brougham et une demi-douzaine de familles de la plus haute aristocratie. La maison avait été occupée quelques années auparavant par lord Talbot. Une fois installé dans cette magnifique demeure, j'envoyai à divers journalistes et à plusieurs membres de la noblesse l'invitation de venir voir le général. Plusieurs d'entre eux répondirent à ma politesse et furent enchantés de ce qu'ils virent.

Le bruit de cette visite circula si rapidement dans les cercles les plus aristocratiques, que nombre de personnes qui n'avaient pas été invitées vinrent jusqu'à ma porte en voitures armoriées, et ne furent pas reçues.

Ce procédé, quoiqu'il choquât en apparence la politesse, n'était, vu les circonstances, ni singulier ni hasardeux. Je n'avais pas encore annoncé une exhibition publique, et en ma qualité de *gentleman américain*, il me convenait de garder la dignité de ma position.

J'avais stylé en conséquence mon domestique, je l'avais fait habiller et poudrer à la mode anglaise, et il avait pour consigne de n'introduire près de moi que les personnes qui se présenteraient avec une carte d'invitation. Il m'obéissait en y mettant les formes les meilleures, et pour éviter qu'on se formalisât j'étais toujours soigneux d'envoyer immédiatement une invitation aux personnes qui n'avaient pas été admises, et dont mon domestique avait ordre de prendre le nom et l'adresse.

Pendant la première semaine de mon séjour à Londres, M. Everett, l'ambassadeur américain, auprès de qui j'avais des lettres d'introduction, demanda à me voir et fut très-enchanté de son très-petit et cependant très-célèbre compatriote. Nous fûmes invités à dîner chez lui pour le lendemain, et sa famille combla le petit Américain de caresses et de présents. M. Everett eut aussi l'obligeance de me promettre qu'il mettrait en jeu son influence personnelle au palais pour que Tom Pouce fût introduit près de Sa Majesté la reine Victoria.

Quelques jours après, la baronne de Rothschild nous envoya sa voiture. Cette dame habite dans Piccadilly une maison d'une magnifique structure, entourée d'une haute muraille d'enceinte. Notre voiture pénétra dans la cour par une porte monumentale, et elle s'arrêta devant l'entrée principale.

Nous fûmes reçus par une demi-douzaine de domestiques élégamment vêtus de pantalons et d'habits noirs avec gilets et cravates blanches et gants blancs de peau de daim. Ils avaient bien moins l'air de laquais que de seigneurs. Un vieux majordome couvert d'une livrée toute roide de dorures, à la perruque poudrée et bouclée et avec tout ce qui s'ensuit nous reçut sur le seuil de la maison. Le palais était illuminé d'une manière brillante, et de chaque côté du vestibule se trouvaient plusieurs morceaux de statuaire d'un rare mérite. On nous fit monter par un immense escalier de marbre, puis nos noms furent criés à la porte du salon par un domestique si élégamment vêtu, que sans la nature de ses fonctions je l'aurais incontestablement pris pour un des membres de la noble famille.

A notre entrée dans le salon je fus littéralement ébloui par un luxe d'une magnificence inconcevable.

La baronne était assise sur un riche sofa couvert d'un superbe damas de soie à ramages. Il y avait plusieurs siéges semblables dans le salon, qui était rempli d'hommes et de femmes assis sur des chaises élégamment sculptées et tellement dorées, qu'on les eût prises vraiment pour de l'or massif, à l'exception du fond, qui était de velours. De chaque côté du manteau de la cheminée étaient des figures de marbre. Plus loin se dressaient de grands bahuts à glaces, remplis d'urnes, de vases et de mille autres choses du travail le plus exquis en or, en argent, en diamants, en albâtre et en agate. La table du milieu et plusieurs autres de la grandeur et presque de la forme d'un piano étaient dorées; quelques autres étaient d'ébène, avec incrustations de perles de différentes couleurs : on voyait dessus des bijoux de toute espèce, qui surpassaient en élégance tout ce que j'avais jamais rêvé. Les chaises d'un des côtés du salon étaient d'ébène plaqué d'or et de nacre de perles, et revêtues d'élégants coussins de damas. Les murs étaient boisés et surchargés d'agréments d'or.

La richesse des rideaux, des ornements de toute espèce était inouïe... La beauté des girandoles et des candélabres surpassait toute description, et je confesse l'impossibilité où je suis de donner une idée exacte de la splendeur au sein de laquelle trônait la femme du plus riche banquier du monde.

Ce fut dans ce superbe salon que nous passâmes environ deux heures. Il y avait une vingtaine de lords présents et autant de ladys. Quand nous prîmes congé, je sentis qu'on me glissait adroitement dans la main une bourse bien garnie... et je pensai avec joie que la pluie d'or commençait.

Cet espoir n'était pas une illusion, car le même procédé fut exactement suivi à mon égard à l'hôtel de M. Drummond, autre prince de la banque.

Je louai la *Salle-Egyptienne* dans Piccadilly, et je vis une cohue de visiteurs répondre à l'annonce de ma première représentation;

l'aristocratie financière et l'élite de la fashion semblaient s'être donné rendez-vous chez moi.

Pendant que je prenais ces arrangements je continuais de m'occuper de notre présentation à la reine. Il y avait à cela quelques obstacles, mais la généreuse influence de M. Everett m'aplanit toutes les difficultés.

Un matin je fus invité à déjeuner chez lui, et je m'y trouvai en compagnie de M. Charles Murray, auteur d'une grande réputation, qui occupait le poste de grand-maître de la maison de la reine.

Dans le cours de la conversation, M. Murray me questionna sur mes projets, et je l'informai que j'avais l'intention de me rendre bientôt sur le continent, mais que cependant je serais heureux de prolonger mon séjour en Angleterre si le général pouvait avoir une entrevue avec la reine, ce qui serait pour moi d'une grande importance; ajoutant que j'attachais à cette faveur le plus haut prix et le plus grand intérêt.

M. Murray me fit galamment ses offres de service, et peu de temps après un des *life-guards*, soldats de grande et belle prestance, vint dans son riche uniforme m'apporter une dépêche qui contenait l'invitation faite par la reine au général Tom Pouce et à son *gardien* M. Barnum de paraître au palais de Buckingham pour une certaine soirée qu'on désignait. Des instructions spéciales me furent données verbalement le même jour par M. Murray; d'après l'ordre de Sa Majesté, le général Tom Pouce devait se présenter devant elle comme il se présentait partout ailleurs, l'étiquette étant pour lui laissée de côté, afin que Sa Majesté pût le voir tel qu'il était, libre de toute gêne et de toute contrainte.

Déterminé que j'étais à tirer le plus de profit possible d'une si bonne aubaine, je fis placarder l'avis suivant sur la porte de la Salle-Egyptienne :

Fermé pour ce soir, le général Tom Pouce étant en visite au palais Buckingham par ordre de la reine.

A mon arrivée au palais, le lord de service me donna des instructions sur la manière dont je devais me conduire en présence de la royauté. Je devais répondre aux questions de la reine, par Sa Majesté, par son entremise, sans adresser sous aucun prétexte la parole directement à la reine. En quittant la présence de la souveraine je devais avoir soin de présenter toujours la figure à Sa Majesté, et l'illustre lord daigna me donner un spécimen de cette locomotion à rebours. On verra plus tard comment je profitai de ses instructions et de sa démonstration.

Nous fûmes conduits, à travers un long corridor, à un large escalier de marbre qui aboutissait à la magnifique galerie de peinture de la reine. C'est là que Sa Majesté attendait notre arrivée en compagnie du prince Albert, de la duchesse de Kent et de vingt ou trente personnages de la plus haute noblesse des Trois-Royaumes.

Tout ce monde se tenait à l'extrémité de la galerie. Quand les portes furent ouvertes, le général entra en se donnant un air si grave, qu'on l'eût cru bien moins une créature vivante qu'une poupée de cire douée de la faculté de se mouvoir.

La surprise et le plaisir se peignirent dans la contenance de nos illustres hôtes quand ils virent ce diminutif de l'humanité beaucoup plus petit qu'ils ne s'étaient évidemment attendus à le trouver.

Le général avança d'un pas ferme, et quand il se vit arrivé à la distance convenable pour saluer, il s'inclina avec beaucoup de grâce et dit :

— Bonsoir, mesdames et messieurs.

Un éclat de rire accueillit ce salut. La reine le prit par la main, et fit avec lui plusieurs tours dans la galerie en lui adressant beaucoup de questions, auxquelles il répondit toujours de manière à tenir toute la compagnie dans un état d'hilarité continuelle. Le général déclara à la reine que sa galerie de peinture était du premier choix, et lui dit qu'il serait bien aise de voir le prince de Galles. La reine répliqua que le prince s'était retiré pour prendre du repos, mais qu'il pourrait le voir une autre fois. Le général donna des échantillons de son savoir-faire en chant, danse, mime, etc. Bref, ce ne fut qu'après une conversation qui dura plus d'une heure avec le prince Albert et tous les assistants, que nous eûmes la permission de nous retirer.

Avant de faire le tableau de notre marche à reculons et de dire les incidents qui la signalèrent, je dois confesser que je suivis fort mal les instructions que m'avait données le lord en service d'honneur; car, pendant que le prince Albert et d'autres personnages accaparaient Tom Pouce, Sa Majesté voulut avoir de moi quelques informations sur l'histoire de mon jeune nain; deux ou trois questions me furent faites, et j'y répondis d'abord en suivant à la lettre les formalités dont j'avais été prévenu; mais c'était agir avec bien des circuits, et cette façon ne me plaisait pas énormément; aussi le lord en service d'honneur ne tarda-t-il pas à être très-choqué, et je crois même qu'il se sentit en quelque sorte outragé, quand il me vit entrer directement en conversation avec Sa Majesté. Quant à la reine, elle ne parut pas cependant se scandaliser de mon audace; car aussitôt elle me demanda à moi parlant les renseignements qu'elle désirait obtenir. Je me sentais tout à fait à l'aise en sa présence; et je ne pouvais m'empêcher de trouver un bien grand contraste entre ses manières empreintes de sensibilité et d'amabilité, et les airs roides et compassés des personnes de la noblesse que j'avais vues, soit au palais, soit à la ville. La reine portait une robe très-simple de couleur noir uni; et certainement, à la voir entourée comme elle était de dames aux parures magnifiques et tout étincelantes de diamants, un étranger aurait pris toutes les personnes du cercle pour la reine d'Angleterre avant de penser à la chercher dans Sa Majesté elle-même.

J'aime à croire que le lord en service d'honneur fut un peu radouci à mon égard en voyant la docilité avec laquelle je suivais son illustre exemple pour me retirer hors de la présence royale. Il était fait, lui, à cette méthode, et n'eut pas de peine par conséquent à marcher je ne dirai pas en tête de moi, mais en queue. Malgré la difficulté de ce moyen de locomotion, je marchais encore trop vite pour mon petit compagnon; nous avions une distance considérable à parcourir dans cette longue galerie avant d'arriver à la porte; et le général, chaque fois qu'il sentait qu'il perdait l'équilibre, pivotait sur lui-même, courait quelques pas, puis se remettait en position respectueuse à reculons, pour pivoter encore, courir de même, et continuer ainsi à alterner ses manières de parvenir à la porte : si bien que la galerie retentissait des éclats de rire de la royale compagnie. C'était vraiment une des plus charmantes comédies que j'eusse vues : mais le dénoûment surtout fut fort curieux.

Cette course intermittente à laquelle se livrait le général était une infraction assez grave aux lois de l'étiquette pour exciter l'indignation de l'épagneul favori de la reine; aussi celui-ci ne tarda pas à témoigner son déplaisir, et à couper la retraite au général en aboyant d'une manière très-aiguë : le général fut quelque peu décontenancé. Mais, se remettant immédiatement, il commença avec sa petite canne à diriger une vigoureuse attaque sur l'épagneul récalcitrant, et une lutte plaisante s'ensuivit : ce combat singulier renouvela et augmenta, comme bien on pense, la joyeuse humeur de la royale compagnie.

Ceci se passait près de la porte de sortie. Nous ne faisions que d'entrer dans l'antichambre, quand un des domestiques de la reine vint pour exprimer de la part de Sa Majesté l'espoir que le général n'avait subi aucun dommage. A quoi le lord de service répondit en badinant qu'en cas d'injure faite à un personnage si important, il y aurait à craindre une déclaration de guerre de la part des Etats-Unis.

Les cérémonies du palais n'étaient pas finies, et l'on nous conduisit à un appartement où des rafraîchissements avaient été préparés pour nous. Nous y fîmes amplement honneur. Quant à moi, j'avais l'esprit moins rempli de notre gloire présente que préoccupé des moyens d'en tirer parti pour l'avenir, et je nourrissais une crainte au sujet du *Journal de la cour;* j'appréhendais que le numéro du lendemain ne fît que mentionner purement et simplement en une ligne l'entrevue du général avec la reine, je résolus d'empêcher cela à tout prix. En m'informant, j'appris que le gentleman qui avait la charge de fixer la matière de chaque numéro était alors au palais. Sur ma sollicitation, il consentit à venir me trouver et se décida promptement sur ma requête à insérer une notice capable d'attirer l'attention publique. Il poussa même la condescendance jusqu'à me demander ce qu'il fallait dire, et j'eus le plaisir le lendemain de voir qu'il avait inséré ma notice mot pour mot.

L'attention du public étant de plus en plus surexcitée, je me mis en quête d'une salle plus commode et plus spacieuse, et m'arrangeai du local précédemment occupé par un de nos compatriotes, M. Catlin, qui y avait exposé sa grande galerie de portraits d'Indiens américains, ainsi que plusieurs curiosités indiennes qui servaient encore à l'ornementation de cette salle.

A notre seconde visite chez la reine, nous fûmes reçus dans ce qu'on appelle le salon Jaune, magnifique appartement qui surpasse en richesse et en faste tout ce que j'avais encore vu de plus beau; il est situé au nord de la galerie dans laquelle il ouvre.

Il était tendu d'une draperie de riche satin damas jaune; les ottomanes, les sofas et les chaises étaient couverts de la même étoffe. Les vases, urnes et ornements étaient tous dans le goût moderne et d'un travail exquis; des bâtons dorés partageaient çà et là les tentures, et les corniches étaient merveilleusement sculptées et dorées; les tables et les pianos étaient montés en or, avec des incrustations de perles de différentes couleurs; et tout cela d'une élégance de disposition inimaginable.

Nous fûmes introduits dans ce magnifique salon un peu avant que la reine et sa compagnie eussent quitté la salle à manger, et, comme elle approchait, le général s'inclina respectueusement, et fit observer à Sa Majesté qu'il l'avait déjà vue auparavant. Il ajouta :

— Il me semble que cette salle est encore plus belle que la galerie de tableaux... Ce candélabre est magnifique.

La reine le prit en souriant par la main, et exprima l'espérance qu'il se portait bien.

— Oui, répliqua-t-il, en ce moment ma santé est parfaite.

— Général, dit la reine, voici le prince de Galles.

— Comment vous portez-vous, prince? dit le général en donnant une poignée de main au royal enfant.

Puis se mettant debout à côté du prince :

— Le prince est plus grand que moi, remarqua-t-il; mais il me semble que je suis aussi gros que lui.

Sur ce, fier et superbe comme un paon, il se mit à se promener de long en large dans le salon, au milieu des éclats de rire de toute l'assistance.

La reine présenta ensuite la princesse royale au général, qui la conduisit à son élégant petit sofa et s'assit à ses pieds avec beaucoup de politesse et de convenance. Puis bientôt il se releva, et continua ses gentillesses jusqu'au moment où la reine lui offrit un précieux portefeuille de l'espèce de ceux qu'on appelle *souvenirs*, en lui disant qu'il avait été fait exprès pour lui et par son ordre. Le général répondit qu'il lui était bien reconnaissant de ce cadeau, et qu'il le garderait toute sa vie.

La reine des Belges était présente dans cette occasion, elle demanda au général où il comptait se rendre en quittant Londres.

— A Paris, répondit-il.

— Et qui vous attendez-vous à y voir? continua la fille de Louis-Philippe.

A quoi le petit gaillard répondit :

— Je verrai M. Guillaudeu à Paris.

Les deux reines me regardèrent d'un air étonné, et je leur expliquai que ce monsieur Guillaudeu était le naturaliste français qui m'avait précédé à Paris.

Sur cette explication, Leurs Majestés se mirent à rire de tout leur cœur.

Lors de notre troisième visite au palais Buckingham, nous y vîmes Léopold, roi des Belges. Il eut l'air de s'amuser beaucoup du général, fit à son aspect une foule de questions à la reine Victoria, et exprima le désir que Tom Pouce chantât quelque chose à son choix.

— Je vais vous chanter *Yankee doodle* (1), répondit-il lestement.

Cette réponse, aussi inattendue pour moi que pour la royale compagnie, excita de bruyants éclats de rire. Quand cette hilarité se fut un peu apaisée, la reine fit observer avec beaucoup de grâce que

(1) Ces sots d'Yankee.

c'était une très-jolie chanson, et elle ajouta en se tournant vers Tom Pouce :

— Chantez-la donc, s'il vous plaît, général.

Le général obéit, et nous nous retirâmes peu de temps après.

Je dois ajouter qu'après chacune de nos trois visites au palais de Buckingham, la reine me fit remettre de sa part un fort joli cadeau. Néanmoins ce fut là la plus mince partie des avantages que nous retirâmes de ces entrevues, comme peuvent assez s'en douter ceux qui savent quelle influence l'exemple de la cour exerce toujours en Angleterre.

Grâce à ces circonstances, l'engouement du public anglais devint si grand pour Tom Pouce, que n'avoir pas vu le général fut déclaré un crime de lèse-fashion... Aussi, depuis le 20 mars jusqu'au 20 juillet y eut-il foule aux petits levers du général, dans la Salle-Egyptienne ; la recette moyenne de chaque jour s'éleva pendant toute cette période à cinq cents dollars, et quelquefois dépassa de beaucoup cette somme.

Chaque jour, aux heures du beau monde, on voyait stationner à notre porte une longue file d'équipages armoriés appartenant à la plus haute aristocratie des Trois-Royaumes.

Toutes les publications illustrées de l'époque reproduisirent les traits du petit général, on décora de son nom une masse de polkas et de quadrilles, on fit des chansons à sa louange, et *le Punch* ne laissa pas passer un seul jour sans consacrer quelques articles et plusieurs dessins à l'illustre enfant de Lilliput. Je dois reconnaître que ce charmant journal servit merveilleusement les intérêts du général et les miens, et je ne fais pas difficulté d'avouer qu'il contribua largement à nos recettes.

Les frais de la salle ne s'élevaient qu'à quarante-quatre livres sterling (onze cents francs) par mois, et nos dépenses journalières ne nous revenaient pas à plus de vingt-cinq francs par tête. En somme, tous frais compris, nous dépensions cinquante dollars (deux cent cinquante francs) par jour.

Outre les trois représentations quotidiennes en public, le général faisait par semaine trois ou quatre visites particulières pour chacune desquelles nous recevions huit ou dix guinées (de deux cents à deux cent cinquante francs). Il nous arrivait souvent de visiter jusqu'à deux cercles dans la même soirée, et il s'en fallait encore de beaucoup que nous pussions suffire aux demandes.

Une après-dînée, la reine douairière Adélaïde manda le général à Marlborough-House. Celui-ci s'y rendit en costume de cour : habit de velours brun enrichi de broderies, culottes courtes, gilet de satin blanc avec broderies de fantaisie, bas de soie à boucles, perruque à queue, claque galonné et l'épée d'apparat.

— Eh bien! général, dit la reine douairière, il me semble que vous avez une mine magnifique aujourd'hui!

— Je le crois aisément, répondit complaisamment le général.

Beaucoup de membres de l'aristocratie se trouvaient là. Le vieux duc de Cambridge offrit au petit général une prise de tabac, que celui-ci refusa.

Le général chanta, dansa et débita ses plaisanteries, au grand ravissement de l'illustre assemblée.

— Cher petit général, dit cette reine au cœur excellent, je vois que vous n'avez pas de montre, voulez-vous me permettre de vous en offrir une avec sa chaîne?

— Cela me ferait grand plaisir! répondit le général, dont les yeux brillaient de désir.

— Je la ferai faire exprès pour vous, ajouta la reine douairière. Et en même temps, appelant à elle lord H***, elle lui exprima le désir que les ordres nécessaires fussent donnés pour cela.

Quelques semaines après, nous fûmes mandés de nouveau au palais Marlborough.

Un certain nombre d'enfants de la noblesse s'y trouvaient réunis avec leurs parents. Après avoir échangé quelques compliments avec le général, la reine Adélaïde lui fit présent d'une jolie petite montre en or, dont elle lui passa la chaîne au cou de ses propres mains. Le petit gaillard parut si enchanté qu'il savait à peine comment exprimer sa reconnaissance.

La bonne reine lui donna quelques conseils de morale qu'il promit de suivre scrupuleusement. A ce sujet je dois dire, puisque l'occasion se présente, que le général n'a jamais de sa vie, que je sache, prononcé un mot grossier ou vulgaire. Sa conduite en cela était irréprochable, et témoignait des dispositions naturelles les plus aimables.

Après que le général eut donné des échantillons de son savoir-faire, nous prîmes congé de la royale compagnie.

Non-seulement j'eus grand soin de faire savoir au public que Sa Majesté la reine douairière avait fait cadeau au général d'une montre en or, mais encore j'exposai ce bijou sur un coussin aux regards des spectateurs dans notre salle, et à côté du présent de la reine Victoria, que j'avais également placé sous verre. Ces riches objets, auxquels vint bientôt s'ajouter une élégante tabatière en or, enrichie de turquoises, présent de Sa Grâce le duc de Devonshire, ainsi que beaucoup d'autres cadeaux précieux, ajoutèrent un nouvel attrait à nos représentations. Le duc de Wellington vint fréquemment voir le petit général pendant les séances publiques. La première fois qu'il vint le visiter, le général était en train d'imiter Napoléon; il se promenait d'un pas saccadé sur l'estrade et puisait dans sa tabatière, tout en paraissant absorbé dans une profonde méditation.

Il était en grand uniforme militaire. Je le présentai au vieux duc, qui lui demanda le sujet de ses méditations.

— Je pensais à la perte de la bataille de Waterloo, répondit immédiatement le petit général.

Ce brillant trait d'esprit fut colporté dans tout le pays, et nous valut à lui seul des milliers de livres sterling.

En juin 1844, pendant que nous étions à Londres, l'empereur de Russie vint rendre visite à la reine Victoria. Je le vis plusieurs fois en public, notamment le 5 juin, lors de la grande revue des troupes de la reine, qui eut lieu dans le parc de Windsor, en l'honneur et en la présence de l'empereur de Russie et du roi de Saxe. La semaine précédente, le général Tom Pouce avait visité ce dernier personnage royal, aussi bien qu'Ibrahim-Pacha.

La route de Windsor présentait une ligne continue d'équipages et de piétons qui me faisait souvenir de l'aspect de la route d'Epsom, le jour des courses de Derby, que j'avais vues, mais que je n'ai pas le temps de décrire ici. La reine et ses illustres hôtes arrivèrent vers midi au grand parc de Windsor ; des acclamations signalèrent l'approche du royal cortége. Dans une des voitures étaient la princesse royale et le prince de Galles ; l'empereur de Russie, à cheval, précédait la calèche de la reine, ayant à sa gauche le prince Albert, en grand uniforme de feld-maréchal, et à sa droite le roi de Saxe. Le czar portait un uniforme russe de couleur vert-foncé et un tricorne noir à plumes blanches. Le duc de Wellington venait immédiatement après l'empereur, il était suivi de plusieurs grands personnages et d'officiers en uniforme. Sir Robert Peel figurait à cheval près du vieux duc, son habit bleu ordinaire et son gilet blanc contrastaient étrangement avec les splendides uniformes qui resplendissaient autour de lui.

Le duc de Cambridge marchait assez près de l'empereur.

Aux nombreuses soirées où nous allâmes dans le cours de la saison, nous fûmes mis en rapport avec presque toute la noblesse d'Angleterre ; et je ne crois pas qu'il y ait un seul membre de l'aristocratie britannique qui n'ait pas vu le général Tom Pouce, soit chez lui, soit chez un ami, soit aux séances publiques de la Salle-Egyptienne.

Le petit général fit le caprice de quelques-uns des plus grands personnages du pays ; parmi eux, je citerai : sir Robert Peel et sa femme, le duc et la duchesse de Buckingham, le duc de Bedford, le duc de Devonshire, le comte d'Orsay, lady Blessington, Daniel O'Connell, lord Adolphe Fitz-Clarence, lord Chesterfield, et grand nombre d'autres dont il serait trop long de citer les noms.

Nous avions nos entrées libres dans tous les théâtres, jardins publics et lieux de divertissement ; de la sorte nous eûmes occasion de nous trouver en rapport avec les principaux artistes, journalistes, auteurs et poètes du pays.

Ce fut à cette époque que je me liai avec Albert Smith, dont je suis demeuré l'ami. Il écrivit pour le général une pièce qui fut jouée avec un grand succès au théâtre du Lycée à Londres et sur plusieurs scènes de province.

Pendant notre absence d'Amérique, qui dura trois ans, nous visitâmes presque toutes les villes d'Angleterre et d'Ecosse. Je poussai même jusqu'en Irlande, où nous vîmes Belfast et Dublin. Le général eut un succès fou dans ces deux villes. Notre dernière représentation à la salle de la Rotonde nous donna une recette de 261 livres sterling (6,525 francs). Indépendamment de cela, nous eûmes 50 livres sterling (1,250 francs) pour nous montrer le même soir au Théâtre-Royal.

Nous visitâmes ensuite presque toutes les villes de France, ainsi que plusieurs cités belges. A Bruxelles, nous eûmes l'honneur de paraître devant le roi et la reine des Belges.

En France, nous visitâmes le roi Louis-Philippe et sa famille à quatre reprises différentes, sans compter le 1er mai, où nous fûmes invités au château des Tuileries pour notre propre amusement, afin de voir le feu d'artifice. Louis-Philippe, la reine et madame la princesse Adélaïde furent d'une affabilité et d'une bonté charmantes pour le général, et lui firent plusieurs riches présents. Leur exemple fut imité par la duchesse d'Orléans et les autres membres de la famille royale. Louis-Philippe conversa avec moi très-librement sur l'Amérique, et me raconta qu'il avait dormi dans les wigwams de maintes tribus indiennes. Pour tout dire en un mot, la famille royale de France nous traita de la manière la plus affable, et avec aussi peu de cérémonie que si elle eût été tout simplement quelque famille de bons bourgeois.

A Paris, le général obtint un très-grand succès comme acteur. Il parut pendant deux mois sur la scène d'un des principaux théâtres, dans une pièce qui avait été faite exprès pour lui, et qui avait pour titre *le Petit Poucet*.

Nous avions l'intention, en quittant Paris, de visiter un peu la France. Dans ce dessein, nous achetâmes plusieurs voitures de voyage, y compris une grande calèche à ressorts, qui emporta les petits poneys du Shehland et l'équipage miniature du petit général.

Nous allâmes d'abord à Rouen, et de là à Toulon, visitant toutes les villes intermédiaires, savoir : Orléans, Nantes, Brest, Bordeaux, Toulouse, Montpellier, Nîmes, Marseille, etc., et de Toulon nous remontâmes vers Lille, d'où nous passâmes en Belgique.

Il y avait à cette époque un camp près de Bordeaux, et j'eus occasion lors de mon séjour en cette ville de voir passer en revue les vingt mille hommes qui composaient ce camp, par les ducs de Nemours et d'Aumale. Rien de plus parfait que l'ordre et la précision des évolutions guerrières, où figuraient plusieurs régiments de cavalerie, de l'infanterie et de l'artillerie de campagne.

Nous nous trouvâmes dans le midi de la France au moment des vendanges, et je ne saurais rendre le tableau d'animation et de gaieté que ces riches contrées présentent à cette époque de l'année. Nous faisions souvent des lieues entières au milieu de magnifiques vignobles chargés de grappes vermeilles, et à travers des bosquets d'oliviers en plein rapport. Ce sont, à proprement parler, des campagnes d'huile et de vin.

Pendant mon séjour à Bruxelles, je ne pouvais pas faire moins que d'aller visiter le champ de bataille de Waterloo. Notre société se composait du professeur Pinte, notre interprète, de M. Stratton, père du général Tom Pouce, de M. H.-G. Sherman et de moi-même. Faire des excursions de touriste n'était pas du tout dans les habitudes de Stratton, et comme il fallait se lever à quatre heures du matin si l'on voulait être de retour pour l'heure de notre représentation de l'après-dîner, il était de fort mauvaise humeur et ne cessait de grommeler.

— Qu'ai-je besoin, disait-il, de me lever avant le point du jour et de faire un voyage pour le plaisir de voir un mauvais vieux champ d'avoine ?

— Sherwood, disait sa femme, une fois dans votre vie tâchez d'être un peu comme tout le monde!

L'ordre était sans réplique, et il consentit à nous accompagner.

Dès la veille au soir, nous louâmes une voiture et des chevaux.

Nous fûmes exacts à nous lever à l'heure convenue.

Nous nous arrêtâmes à la petite église proprette du village de Waterloo, dans le seul but d'examiner les inscriptions dédiées à la mémoire de quelques-uns des Anglais qui tombèrent dans la lutte.

Ensuite nous entrâmes dans la maison où fut faite l'amputation de la cuisse de lord Uxbridge, marquis d'Anglesey. Une petite pyramide coquette élevée dans le jardin marque l'endroit où fut enterré le membre amputé.

Les gens de la maison vous montrent encore un morceau de la botte qu'on dit avoir recouvert ce malheureux membre. La vue de cette botte coûte un franc. Je m'exécutai de bonne grâce; mais il n'en fut pas de même de Stratton, qui se plaignait de n'en avoir pas pour son argent, et qui certes n'eût pas lâché sa pièce blanche sans la crainte de passer pour un pingre.

J'exprimai le désir d'avoir un tout petit morceau de cette botte pour le mettre dans mon muséum, et sans hésiter la dame propriétaire en coupa une lanière de trois pouces de long sur un pouce de large. Je lui donnai une couple de francs de plus. A cette vue Stratton se piqua d'honneur, et, jaloux de pouvoir en montrer aussi un petit bout dans le vieux Bridgeport, il fit pratiquer une coupure semblable et paya la même gratification que moi.

Je ne pus m'empêcher de penser que si la dame du logis était aussi libérale envers tous les visiteurs qui demandaient des morceaux de la *botte identique,* cette botte devait être la quatre-vingt-dix-neuf mille huit cent soixante-septième déchiquetée par elle depuis 1815.

Sur ce, nous continuâmes à nous diriger sur le champ de bataille, situé à environ un mille de distance.

Arrivés à Mont-Saint-Jean, à un quart de mille du fameux champ de bataille, nous fûmes assaillis par une vingtaine d'individus qui venaient nous offrir leurs services en qualité de guides pour nous indiquer les plus importantes localités.

Chaque impétrant prétendait connaître à point nommé la place où chaque troupe qui avait pris part au combat avait été placée; et, bien entendu, chacun se vantait d'avoir lui-même pris part à cette lutte sanglante, bien qu'elle eût eu lieu trente ans auparavant, et que quelques-uns de ces gaillards fussent âgés, à ce qu'il semblait du moins, de vingt-cinq à vingt-huit ans. Nous acceptâmes les services d'un vieillard qui tout d'abord nous déclara qu'il avait été tué dans la bataille, mais en apercevant nos regards d'incrédulité il consentit à modifier son assertion seulement en ceci, qu'il avait été horriblement blessé, et qu'il était resté trois jours sur le carreau avant d'être secouru.

Une fois sur le terrain, notre guide nous montra avec beaucoup de gravité la place où le duc de Wellington se tint pendant la plus grande partie de l'action, ainsi que l'emplacement où stationnait la réserve des troupes britanniques, le lieu où Napoléon posta sa vieille garde, le petit monticule sur lequel on construisit pendant la bataille un observatoire temporaire à son usage, la portion de la plaine par laquelle déboucha Blücher avec l'armée prussienne, l'emplacement précis des Ecossais Greys, le lieu où tomba sir Alexandre Gordon, ceux où furent tués le lieutenant-colonel Canning et beaucoup d'autres officiers célèbres. Je lui demandai s'il pouvait m'indiquer la place où le capitaine Tippitiwichet du Connecticut avait été tué. « Oui, Monsieur, » me répondit-il en toute assurance, car il se croyait obligé en conscience de savoir ou de prétendre savoir toutes les particularités de la journée. Il se mit alors en mesure de me montrer la place où mon malheureux ami du Connecticut avait rendu le dernier soupir. Je m'amusai à lui faire montrer ainsi le lieu de la mort imaginaire d'une vingtaine de mes amis de Coney-Island, de New-Jersey, de Cap-Cod et des eaux de Saratoga; après quoi nous lui donnâmes son salaire, et ne voulûmes plus mettre davantage sa science à contribution. Stratton était furieux de cet impôt forcé, et regretta longtemps les quelques francs qu'il se vit obligé de donner à notre cicerone.

Comme nous quittions le champ de bataille, nous fûmes accostés par une douzaine d'individus des deux sexes qui portaient des paniers et des sacs pleins de reliques de la bataille. Ces objets, qui, bien entendu, étaient à vendre, consistaient en pistolets, boulets, fusils, balles, et en un assortiment complet de débris d'armes, de boutons de cuivre français marqués à l'aigle impériale, et autres souvenirs du même genre. J'en achetai un certain nombre pour le Muséum; Stratton, de son côté, acheta de ces belliqueux souvenirs de quoi en semer tout le vieux Bridgeport. Il nous fallut encore acquérir des plans du champ de bataille, des représentations de la fameuse colonne que surmonte le lion belge, et bien d'autres choses encore.

Stratton était très-ennuyé d'être si souvent rançonné, et en donnant sa pièce de cinq francs pour un *Guide de l'étranger complet*, il fit observer très-judicieusement que la bataille de Waterloo était encore malgré les années écoulées un spectacle bien pénible à contempler.

Mais là ne s'arrêtèrent pas ses infortunes. Nous avions à peine roulé pendant cinq ou six milles sur la route qui nous ramenait chez nous, qu'un essieu de notre voiture se rompit, et que nous nous vîmes forcés de mettre pied à terre.

Il était alors plus d'une heure et quart. La représentation du petit général était annoncée pour deux heures à Bruxelles, et elle ne pouvait se faire sans nous.

Il nous aurait été impossible de franchir à pied la distance pendant le peu de temps qui nous restait, et comme il fallait renoncer à se procurer une autre voiture dans le pays, j'en pris bravement mon parti et je me résignai à ne donner ce jour-là que la représentation du soir.

Quoi qu'il en fût, Stratton ne pouvait s'habituer à l'idée de perdre les sept ou huit cents francs que la représentation de l'après-midi devait lui rapporter; et il résolut, dût-il pour cela remuer ciel et terre, d'être à Bruxelles à l'heure de la représentation.

Il courut à une ferme accompagné de l'interprète, le professeur Pinte.

Il y trouva un vieux fermier.

— Avez-vous une voiture?

— Non.

— Comment! un véhicule quelconque, en avez-vous?

— Je n'ai que ce véhicule, réplique le paysan en montrant du doigt une vieille charrette pleine de fumier qui était devant la grange.

— Voilà tout ce que vous avez en fait de moyens de transport? demanda Stratton.

— Oui, c'est tout.

Là-dessus Stratton conclut qu'il valait encore mieux se faire conduire dans une charrette à fumier que d'arriver trop tard à Bruxelles.

— Que demandez-vous pour nous mener d'ici à Bruxelles en trois quarts d'heure? demanda-t-il.

— En trois quarts d'heure, impossible! fit le fermier; il me faut deux heures avec mon cheval.

— Mais notre cas est très-pressant, dit Stratton, et si nous n'y sommes pas à temps nous perdons cinq cents francs.

Le vieux fermier dressa les oreilles sur ce propos, et s'engagea à les mener à Bruxelles en une heure pour quatre-vingts francs.

Stratton essaya de marchander, mais ce fut peine inutile.

— Oh! acceptez, Stratton, dit Sherman; quatre-vingts francs, cela ne fait, comme vous savez, que seize dollars, et probablement nous en sauverons encore cent par ce moyen, car je m'attends bien à voir salle comble aujourd'hui.

— Mais, objecta Stratton, j'ai déjà dépensé dix dollars en bagatelles aujourd'hui, et nous aurons encore à payer la voiture cassée par-dessus le marché.

— Quel meilleur moyen proposez-vous donc? dit le professeur Pinte.

— C'est une extorsion indigne que de nous demander seize dollars pour un trajet de dix milles avec un vieux cheval et un tombereau, quand je pense que dans le vieux Bridgeport, il ne nous en coûterait que trois dollars!... objecta Stratton d'un ton vexé.

— Que voulez-vous! il faut se soumettre aux coutumes du pays, dit le professeur Pinte.

Pour le dire en passant, c'était là l'épée de chevet du professeur Pinte. Partout où on nous rançonnait, partout où nous trouvions que les choses allaient mal pour nous, Pinte s'efforçait de nous calmer par son argument sacramentel : Telle est la coutume du pays.

— Eh bien! c'est une mauvaise coutume! s'écria Stratton, et je ne me soumettrai pas à de pareilles impositions!

— Que faire alors? demanda d'un ton plus pressant M. Pinte; c'est un prix élevé, mais il vaut mieux y souscrire que perdre notre représentation de l'après-midi, et les cinq ou six cents francs sur lesquels vous avez droit de compter.

Cet argument était de nature à toucher Stratton : aussi finit-il par se soumettre aux conditions du fermier, et s'adressant à l'interprète :

— Eh bien! dites à ce vieux brigand de préparer son tombereau à fumier le plus vite possible, ou bien il nous fera perdre encore une demi-heure à attendre.

La charrette fut amenée et un gros cheval flamand à l'air traînard y fut attelé avec des cordes pour tout harnais. Quelques planches furent jetées en guise de banquettes en travers de la charrette, et nous montâmes dans le rustique véhicule que se disposait à conduire à la d'Aumont le fils du fermier, jeune drôle aux cheveux roux.

Stratton donna le signal de pousser en avant.

— Un instant! fit le fermier, vous ne m'avez pas encore payé.

— Je payerai votre fils quand nous serons à Bruxelles, pourvu qu'il nous y mène en une heure! répliqua Stratton.

— Oh! sûrement il vous y mènera en une heure, dit le fermier; mais je ne le laisserai pas partir que vous ne m'ayez payé.

Les minutes se passaient rapidement, Stratton avait devant les yeux comme un cauchemar la crainte de perdre la représentation du jour : aussi, dans un mouvement de véritable désespoir, il plongea la main dans sa poche, et en retira seize pièces de cinq francs, qu'il jeta d'un coup dans la main du fermier. Puis s'adressant au garçon :

— Or ça, vous, cria-t-il, voyons si vous irez de l'avant à cette heure!

Le garçon alla effectivement de l'avant, mais ce fut d'un pas de limace; et je suis sûr qu'un homme modérément perspicace aurait été embarrassé de dire si le cheval bougeait ou s'il ne bougeait pas.

Pour rendre la chose encore plus intéressante, il commença à pleuvoir sérieusement.

Comme nous avions une voiture couverte en partant de Bruxelles, et que la journée s'annonçait belle, nous avions négligé de nous munir de parapluies.

Nous fûmes bientôt trempés jusqu'aux os.

Nous endurâmes tout en faisant la grimace et sans desserrer les dents.

A la fin, Stratton, qui était trop en colère pour parler, s'adressa au professeur Pinte et lui demanda si le gars aux cheveux roux avait l'intention de faire *marcher* son cheval jusqu'à Bruxelles.

— Certainement, dit le garçon, qui entendit la question, il est trop gros et trop gras pour faire autre chose que marcher. Nous ne le mettons jamais au trot.

Stratton parut terrifié : la représentation était perdue sans espoir, et dans sa colère il maugréa contre le cocher, la charrette, le guignon, et jusqu'à la bataille de Waterloo elle-même.

Mais tout cela ne servait de rien, le cheval ne voulait pas courir, et la pluie coulait à flots sur notre dos.

A deux heures, moment fixé pour la représentation, nous étions encore à sept milles de Bruxelles. Le cheval marchait lentement et philosophiquement à travers l'impitoyable giboulée, tandis que d'odoriférantes vapeurs s'élevaient majestueusement de la charrette, au grand supplice de notre appareil olfactif.

— Mais, de ce train-là, il nous faudra encore deux heures pour arriver, grommela Stratton.

— Oh! non, répliqua le garçon, nous ne mettrons guère en tout que deux heures.

— Votre père avait promis cependant que nous serions arrivés en une heure! répondit Stratton.

— C'est très-vrai, répliqua notre conducteur, mais il savait bien qu'il nous en faudrait plus de deux, tout de même.

— Je l'assignerai pour dommages-intérêts, dit Stratton.

— Cela ne vous servirait pas à grand'chose, insinua M. Pinte, car dans ce pays-ci vous n'obtiendriez pas satisfaction.

— Mais je perdrai plus de cent dollars pour avoir fait le chemin en deux heures et non en une! dit Stratton.

— Ils ne s'inquiètent pas de cela... pourvu qu'ils aient leurs quatre-vingts francs, remarqua Pinte.

— Mais ils m'ont menti, ils se sont joués de moi, répliqua Stratton.

— Vous avez tort d'y penser : c'est la coutume du pays.

Sur ce, nouveau déluge d'imprécations contre le pays et ses coutumes. Stratton ne se possédait plus.

A toute chose il y a une fin, et nous arrivâmes tous tant que nous étions à Bruxelles, la charrette y compris, juste deux heures et demie après le moment où nous avions quitté la ferme.

Il va sans dire qu'il était trop tard pour faire voir le petit général. Des centaines de curieux s'en étaient retournés désappointés.

Stratton au désespoir entra dans une boutique de perruquier. Il avait la tête garnie d'une forêt de cheveux noirs; il en était fier, et tous les matins il la soumettait aux fers à friser du coiffeur. Depuis plusieurs semaines ses cheveux n'avaient pas été coupés, aussi lorsque sa barbe fut faite il pria le barbier de les lui rafraîchir un peu.

Le barbier effleura l'extrémité des boucles ondoyantes, et demanda à Stratton si c'était suffisant.

— Non! répondit-il, il faut que ce soit coupé plus court; allez toujours : quand il faudra vous arrêter, je vous le dirai.

Stratton s'était levé à une heure inaccoutumée, et après avoir passé par toutes les fatigues et les excitations de la journée il se sentait en état de somnolence.

Le bruit monotone des ciseaux l'y prédisposait encore; aussi, tandis que le barbier poursuivait tranquillement sa tâche, Stratton s'endormait tout doucement.

Le barbier fit des évolutions concentriques tout autour de sa tête... enlevant à chaque coup de ciseaux des mèches de cheveux de la longueur d'un pouce.

Un instant il s'arrêta, pensant que son client allait lui dire que cela suffisait; mais Stratton, qui n'avait garde de se douter du procédé, ne soufflait mot.

Le barbier pensa que son client n'était pas encore tondu d'assez près, et continua son travail.

Puis il s'arrêta pour attendre un ordre, ne s'imaginant guère que son client fût endormi.

L'innocent barbier se souvenant de l'ordre qui lui avait été donné de couper jusqu'à ce qu'il s'entendît dire d'arrêter, revint une troisième fois à la charge... cette fois il rasait la tête.

Après quoi il s'arrêta encore pour attendre un ordre de son client.

Mais le client ne disait toujours rien. Le barbier fut surpris, et son étonnement s'accrut quand il entendit un bruit assez semblable à celui d'un ronflement qui partait de l'organe nasal de sa victime.

Le pauvre barbier s'aperçut alors, mais trop tard, de son erreur, et dans son désespoir heurta comme par mégarde un des côtés de la tête avec la pointe de ses ciseaux.

Stratton sauta sur ses pieds, jeta un coup d'œil dans la glace, et vit avec horreur qu'il lui faudrait absolument une perruque pour paraître en public.

Il pesta comme un troupier; mais comme les colères ne lui replantaient pas ses cheveux sur la tête, il saisit son chapeau, qui s'enfonça du premier coup jusque sur les yeux, et se mit en devoir de regagner son hôtel.

Si grand était son désespoir, grande aussi était son indignation. Il s'écoula plusieurs minutes avant qu'il pût proférer quelques paroles d'explication. Les assourdissants éclats de rire qui s'ensuivirent n'étaient pas de nature à changer le cours de son humeur. Il mit tout sur le compte de la bataille de Waterloo, et à plusieurs reprises s'écria que c'était la première fois qu'il avait été voir un endroit curieux, mais qu'il pariait que ce serait aussi la dernière.

Quelques mois après notre visite à Waterloo, on me fit voir à Birmingham, où je me trouvais alors, une manufacture destinée à la fabrication de reliques guerrières, qu'on expédie chaque année à Waterloo, par tonneaux; on enfouit ces *reliques*, et on les déterre en temps voulu, pour les vendre à prix élevé, comme de précieux souvenirs de la grande bataille. Après cette découverte, on comprend que la valeur des objets que nous avions achetés sur le champ de bataille baissa terriblement à nos yeux.

Nous revînmes de Bruxelles à Londres, où le général Tom Pouce reprit ses petits levers avec un succès qui ne se démentit pas; il joua aussi sur les théâtres, dans la pièce de Smith.

Il se fit voir dans le jardin zoologique de Surrey, sous la direction de son propriétaire, mon ami intime, M. Tyler.

De Londres nous partîmes pour l'Ecosse, où nous nous arrêtâmes dans les principales villes que nous rencontrâmes sur notre route; et, finalement, nous revînmes tous en Amérique dans le courant de février 1847.

Depuis cette époque le général s'est encore absenté pendant trois ans de son pays natal. Je ne l'accompagnai pas et le laissai pendant tout ce temps sous la conduite d'agents sûrs et dévoués.

Vingt mois de prospérité pécuniaire parurent avoir effectué un certain changement dans la conduite et dans les sentiments de bon nombre de gens à mon égard. C'est à ce changement subit que je faisais allusion dans la lettre suivante, écrite à l'*Atlas* du dimanche :

« A mon retour à New-York, ce fut pour moi une source de grand
» plaisir que de m'y découvrir beaucoup de nouveaux amis; j'en
» croyais à peine mes yeux, car je voyais venir à moi la main tendue
» plusieurs citoyens opulents qui, avant mon départ de New-York,
» m'auraient regardé avec dédain, si je m'étais aventuré à leur parler.

» J'aurais été pour ma part très-disposé à oublier que j'avais
» amassé quelques dollars, et, certes, il ne me fût jamais venu à
» l'esprit d'en tirer vanité, si ces braves amis n'avaient pris le soin
» de me faire savoir que je valais beaucoup plus, et que j'étais main-
» tenant digne d'aller avec eux de pair à compagnon.

» D'un autre côté, j'ai vu en maintes circonstances plusieurs de
» mes amis, pauvres mais estimables, m'aborder avec un air con-
» traint et méfiant que je ne leur avais jamais vu, et alors je me suis
» pris à rougir de la faiblesse de la nature humaine. Quel pitoyable

» état de société, que celui où l'on porte au sommet un pantin ou un
» tyran, pourvu qu'il ait plus d'or que les autres, tandis qu'on re-
» gardera avec mépris un bon cœur ou une tête forte, si le hasard a
» voulu que le porteur fût pauvre!

» Il ne suffit pas pour être considéré comme un homme habile de
» s'être enrichi par hasard, et l'on n'est pas grand pour être monté
» sur des échasses.

» Pour mon compte personnel, le seul avantage que les richesses
» me paraissent procurer, c'est de vous mettre à même, tout en vous
» donnant le confortable et les aisances de la vie, de pouvoir aider
» vos frères qui souffrent. Que je devienne mendiant, c'est un vœu
» bien sincère, plutôt que de me montrer orgueilleux et fier de la
» rotondité de ma bourse!

» Cet habit, je suis fâché de le dire, ira très-bien à beaucoup de
» mes compatriotes. Je les prie donc, dans leur intérêt comme dans
» le mien, de vouloir bien le porter. Je désire qu'ils sachent et que
» tout le monde sache avec eux que mon père était un *tailleur*, que
» je suis, moi, de ma profession, montreur de curiosités, et que toute
» la dorure imaginable ne pourra rien faire de moi.

» Quand un homme rougit de son origine, ou veut s'en faire ac-
» croire à lui-même, c'est un misérable, qui mérite le mépris de tous
» ceux qui le connaissent. L'idée qu'un cordonnier ou qu'un chau-
» dronnier n'est pas de l'étoffe dont on fait les gentlemen, est tout
» simplement une idée ridicule; mais elle l'est encore moins que celle
» en vertu de laquelle on fait nécessairement un gentleman de quicon-
» que s'est enrichi. C'est un grand non-sens que de faire de l'argent
» la pierre de touche de l'honneur et de l'honorabilité. N'adorons
» jamais le veau d'or. »

En rendant compte de mon voyage en Europe, je n'ai parlé que des
incidents relatifs à l'exhibition de Tom Pouce. Qu'on n'aille pas
croire pour cela que je n'aie rien vu par ailleurs. J'ai toujours au
contraire été très-observateur, et j'ai constamment tâché de mener
de front mes travaux d'*impresario* et mes observations de curieux.
Je faisais ordinairement d'une pierre deux coups, j'en veux citer

pour preuve ce que je demande la permission d'insérer ici sous ce titre :

UNE JOURNÉE AVEC ALBERT SMITH.

Pendant mon séjour à Londres, mon ami Albert Smith, compagnon agréable autant que sensible et spirituel écrivain, me promit de venir me rejoindre à Birmingham, et de passer un jour à visiter avec moi ce qui valait la peine d'être vu, sans oublier la maison dans laquelle était né Shakspeare.

Par une belle matinée du mois de septembre 1844, le soleil qui brillait d'un éclat inaccoutumé pour ce pays nous trouva, mon ami Smith et moi, assis sur le devant d'une malle-poste anglaise, et courant nos douze milles à l'heure, sur la magnifique route qui conduit de Birmingham à Stratford. La distance est de trente milles. A un petit village à quatre milles en avant de Stratford, nous pûmes constater que le génie du barde d'Avon avait pénétré jusque-là, à en juger par cette enseigne que nous lûmes sur une misérable échoppe de perruquier : *Salon de coiffure de Shakspeare. On est bien rasé pour deux sous.* Vingt minutes plus tard, nous nous faisions déposer à la porte de l'hôtel du *Cheval rouge* à Stratford. Nous donnâmes une demi-couronne au cocher, et autant au gardien des chevaux.

Pendant qu'on préparait le déjeuner, nous demandâmes un *Guide des voyageurs* pour la ville ; le garçon nous apporta un livre dans lequel nous devions trouver, selon lui, la meilleure et la plus ample description du lieu de naissance et du lieu de sépulture du grand tragique anglais. Je ne fus pas médiocrement flatté dans mon amour-propre d'Américain, en découvrant que ce volume n'était autre que les *Esquisses* de notre illustre compatriote Washington Irving ; en parcourant ce volume intéressant, je vis avec plaisir que le célèbre écrivain s'était justement arrêté au même hôtel que nous.

Après avoir examiné la maison de Shakspeare, ainsi que le tombeau où sont déposés les restes mortels du grand poète, nous commandâmes une chaise de poste pour Warwick Castle. Pendant qu'on s'occupait à harnacher les chevaux, une calèche s'arrêta devant l'hôtel, et il en descendit deux messieurs. L'un avait l'air réfléchi et la physionomie agréable : rien de plus remuant et de plus pétulant que son compagnon, il ne faisait que parler à tort et à travers. Il avait évidemment une haute idée de lui-même, et semblait vouloir que tous ceux qui étaient à portée de l'entendre eussent de lui la même opinion.

A un certain moment, le voyageur à l'air calme et posé prenant la parole :

— Edouard, dit-il à son compagnon, nous sommes ici à Stratford, allons voir la maison où est né Shakspeare.

— Qu'est-ce que Shakspeare? demanda le sémillant jeune homme.

Une chaise de poste était à la porte : nous sautâmes dedans et partîmes, laissant le beau jeune homme se donner la satisfaction d'aller visiter la maison natale d'un individu dont il n'avait jamais ouï parler. La distance de Stratford à Warwick est de quatorze milles. Nous allâmes au château. En approchant de la porte du bâtiment principal, nous apprîmes d'un concierge au superbe uniforme que le comte de Warwick était absent ainsi que sa famille, et qu'il avait, lui, permission de montrer les appartements aux visiteurs. Il nous introduisit successivement dans le *salon rouge*, dans le *salon de cèdre*, dans la *chambre dorée*, dans la *chambre à coucher d'apparat*, dans la *salle à compagnie*, dans la *chapelle* et dans la *grande salle à manger*. Comme nous sortions du château, ce concierge courtois porta la main à sa tête, qu'il avait d'ailleurs tenue constamment découverte, et d'un accent qui ajoutait encore à la persuasion de ses paroles :

— Une demi-couronne chacun, s'il vous plaît, Messieurs, nous dit-il.

Nous répondîmes à l'appel et fûmes remis aux mains d'un autre guide, qui nous conduisit au sommet de la *tour de Guy;* après quoi notre nouveau cicerone porta la main à son chapeau, geste qui valait un schelling, et nous abandonna à la conduite d'un troisième guide, vieillard de soixante-dix ans, qui nous mena à la *Maison-Verte,* pour nous montrer le *vase de Warwick*. En présence du fameux vase, le bon vieux guide commença d'un ton posé un *speech* dont nous craignîmes de ne pas voir la fin; aussi, sans plus de cérémonie, nous le plantâmes au beau milieu de son discours, non sans avoir déboursé une nouvelle fois.

Nous repassâmes par la loge du concierge, bien persuadés que nous avions vu tout ce qu'il y avait d'intéressant; mais le vieux cerbère nous apprit qu'il était dépositaire des objets les plus curieux relatifs à l'histoire du château. Nous nous résignâmes et lui permîmes de produire ses reliques. Sur cette permission il nous montra un attirail de tromperies, en affirmant gravement que tout cela avait appartenu à ce héros de taille antique, Guy, comte de Warwick. Il y avait son épée, son bouclier, son heaume, sa cuirasse, son ceinturon. Tout cela de taille gigantesque, une armure de cavalier qui aurait été presque assez large pour un éléphant, un pot énorme qui aurait bien tenu soixante-dix pintes, modestement appelé le *gobelet de Guy*; sa fourchette de table, grosse comme la fourche à foin d'un fermier; et puis les éperons de sa femme, et puis encore une côte de mastodonte, que le portier prétendait venir du faveux taureau *noir*, qui, selon la tradition, hantait un fourré près de Coventry, où après avoir immolé une infinité de personnes, il fut lui-même tué par le vaillant Guy. L'épée pesait près de deux cents livres, et l'armure quatre cents.

Je dis au vieux concierge qu'il avait toute mon admiration pour avoir su concentrer, dans un si petit espace, plus de mensonges que je n'en avais jamais vu de ma vie.

Il sourit et fut évidemment très-flatté du compliment.

— Je suppose, continuai-je, qu'à force de débiter ces merveilleuses histoires, vous avez fini par y croire vous-même.

— Plus souvent! reprit avec une grimace de satisfaction le malin concierge, qui n'en avait pas moins gagné ses deux schellings.

Les courses du comté de Warwick avaient justement lieu à une distance d'un demi-mille du village. Nous allâmes pendant une heure nous y mêler à la multitude.

Ces courses étaient si languissantes et les paris étaient si faibles, que nous nous mîmes à faire un tour de promenade entre les rangées de baraques, le long du champ des courses.

Ces spectacles à un sou s'étendaient en longue file, jusqu'à un quart de mille de distance. A l'une de ces baraques étaient appendues de grandes enseignes sur lesquelles un artiste forain avait peint des géantes, des nègres-blancs, de jeunes filles albinos, des porcs savants, de gros serpents, et plusieurs choses du même genre.

Au moment où nous nous disposions à entrer dans cette baraque, le maître de l'établissement s'écria en s'adressant à moi :

— Je vous connais, Monsieur, c'est vous qui avez engagé Randall le géant américain, et qui montrez maintenant Tom Pouce; entrez, mais n'oubliez pas qu'un homme de votre importance ne peut pas payer moins de six sous pour entrer ici!

Cet appel était irrésistible; et pour satisfaire cet homme, nous entrâmes dans sa baraque au milieu d'une foule de propriétaires de théâtres forains qui nous entouraient en dissertant à haute voix sur le mérite et sur les défauts du général Tom Pouce.

— Oh! disait l'un, je connais deux nains qui valent dix fois Tom Pouce.

— Oui, répliquait un autre, il n'y a pas besoin de parler de Tom Pouce quand vous avez près de vous Melia Patton.

— Moi, j'ai vu Tom Pouce, ajoutait un troisième, c'est un gentil petit drôle; mais le seul avantage qu'il ait sur les autres, c'est la *blague*. Il blague comme un homme; mais je pense apprendre en deux mois à Dick Swift à parler aussi bien et même mieux que Tom Pouce.

— Ne me parlez pas de cela, ajoutait un quatrième, c'est moi qui ai de petits blagueurs comme personne de vous n'en connaît, et capables d'enfoncer tous les Tom Pouce du monde!

— Ce petit Tom Pouce, ajoutait un cinquième, ne brillerait guère dans ma baraque à côté d'une douzaine de nains de ma connaissance. Il faut que ce Yankee ait ensorcelé notre reine, que Dieu garde, en le lui amenant une demi-douzaine de fois.

— Oui, oui, s'écrièrent plusieurs autres, c'est le fin mot, notre reine patrone tout ce qui est étranger, et elle ne viendrait pas voir mes belles figures de cire, quand ce serait pour sauver la couronne d'Angleterre !

— Vos belles figures de cire ! s'écrièrent les autres avec un rire moqueur.

— Oui ; et qui oserait soutenir qu'elles ne sont pas belles ? répliqua l'autre, elles ont été faites par le meilleur artiste italien qui soit dans ce pays.

— Elles ont été faites par Jim Caul, et promenées dans tout le pays il y a vingt ans, repartit un autre, à preuve qu'elles sont restées cinq ans en gage dans la cave du vieux Moll Wiggins, où elles se sont moisies et couvertes de toiles d'araignée !

— En voilà une infâme calomnie ! s'écria d'un ton offensé le propriétaire des belles figures de cire.

Pour moi, j'en avais assez, et je me préparais à partir quand l'un de ces charlatans s'avança de mon côté :

— Eh ! Monsieur, s'écria-t-il en m'adressant la parole, ne faites donc pas tant le fiéraud ! Il y a ici des gens qui vous valent bien, et j'espère que vous ne les quitterez pas sans leur avoir fait fête ?

— Leur faire fête ? et pourquoi ? demandai-je.

— Parce que vous ne rencontrerez pas tous les jours une si belle et si nombreuse compagnie de confrères, répliqua l'homme aux figures de cire.

Je leur tendis une couronne et les laissai boire sans moi à la santé du vagabond étranger qui ensorcelait leur reine avec des nains de qualité inférieure, et sans autre avantage que celui de la *blague*.

Nous revînmes à l'hôtel, où nous prîmes une chaise de poste dans laquelle nous traversâmes une des plus délicieuses contrées que j'aie vues de ma vie.

En moins d'une heure nous fûmes déposés au pied des murailles extérieures du fameux château de Kenilworth, que le talent de Scott a grandement contribué à immortaliser par le célèbre roman qui porte ce nom.

Ce château, jadis magnifique, n'est plus aujourd'hui qu'une ruine.

Il a d'ailleurs été si souvent décrit, que je crois superflu de m'y arrêter plus longtemps. Nous passâmes près d'une demi-heure à examiner ces ruines intéressantes, et de là nous nous rendîmes, toujours en chaise de poste, à Coventry, situé à environ six à huit milles. Nous restâmes à Coventry quatre heures, que nous employâmes en grande partie à visiter la salle de Sainte-Marie, si renommée chez les antiquaires. Nous vîmes aussi en passant l'effigie du célèbre Peeping Tom. Après quoi, nous allâmes visiter l'*heureuse famille*. Cette heureuse famille se composait de plus de deux cents oiseaux et autres animaux aussi différents de forme que de mœurs et de caractère, et qui cependant vivaient tous en bonne harmonie dans une même cage. Ce spectacle me plut tellement, que, séance tenante, j'achetai la cage et tout ce qu'elle contenait pour la somme de cinq cents livres sterling (12,500 francs), et que je pris avec le propriétaire des arrangements en vertu desquels il dut accompagner son *heureuse famille* à New-York, où elle est devenue depuis un des principaux attraits de mon musée.

Dans notre trajet de Belfast à Drogheda, Sherman occupait son siége habituel près du conducteur, et accablait cet homme de questions. Ce conducteur, qui avait l'esprit à la fois naïf et malin des Irlandais, ne fut pas fâché, comme on va voir, de se divertir un peu de l'indiscret Yankee. A huit milles environ de Drogheda, l'œil vigilant de Sherman aperçut une large masse de pierres qui avait de loin la forme d'un château ; cette construction, que voilait à moitié un rideau d'arbres, se trouvait à la distance d'un demi-mille de la route :

— Oh ! vous donc ! comment appelez-vous cela ? s'écria Sherman en donnant au cocher un coup de coude qui n'avait rien d'agréable.

— Monsieur, répondit le conducteur, tout ce que j'en connais, c'est que c'est un château. Quant à cela, il n'y a pas à en douter ; car c'est le plus vieux donjon de l'Irlande ; et quoique les livres n'en parlent guère, on est généralement d'accord que ce lieu a jadis été habité par le fameux Brian Barrhoine, qui cependant n'en était pas le fondateur, la construction de ce château remontant à plusieurs siècles au-delà.

— Conducteur, je vous donne une demi-couronne si vous voulez arrêter la voiture pendant assez de temps pour me permettre de courir à ce château, et de l'examiner à mon aise.

— Vraiment! est-ce que cette voiture n'est pas la malle-poste royale? répliqua l'honnête cocher, et pour la moitié de la banque d'Irlande je n'oserais pas la retarder!

— A quelle distance sommes-nous de Drogheda? répondit Sherman.

— A huit milles à peu près, répondit le cocher.

— Arrêtez votre voiture, et laissez-moi descendre alors, répondit Sherman, je marcherai jusqu'à Drogheda, car j'aimerais mieux aller trois fois plus loin à pied que de ne pas voir ce site de plus près, et de ne pas emporter un souvenir quelconque du plus vieux château de l'Irlande.

Sur ce, Sherman descendit; et ouvrant son parapluie pour se protéger contre une pluie froide qui tombait par torrents, il se mit à marcher bravement dans la boue; en s'éloignant il me cria que j'eusse à l'attendre à Dublin, où il arriverait par le premier convoi qui suivrait celui que je devais prendre moi-même à Drogheda; puis il disparut à nos yeux.

Nous arrivâmes à Dublin fatigués et grelottants, mais nous trouvâmes dans cette ville de bons appartements bien chauffés; grâce à cette circonstance nous fûmes promptement remis, et quelque temps après nous nous trouvions assis à table en face d'un excellent dîner, et aussi heureux que des rois. Vers les neuf heures du soir la porte de la salle s'ouvrit, et un homme ou plutôt un spectre se présenta devant nous : c'était le pauvre Sherman, trempé jusqu'aux os, les pantalons enfoncés dans les bottes, et les bottes recouvertes jusqu'au haut de la tige d'une couche épaisse de boue noirâtre; son chapeau était défoncé, ses habits étaient ruisselants; ses membres tremblaient de froid, ses dents claquaient de faim; en un mot, je n'ai jamais vu personne dans un plus piteux état.

J'étais loin de partager l'opinion de Sherman sur l'Irlande. Le peuple de ce pays m'enchantait. Je voyais les hommes des classes supérieures tout aussi bien élevés et distingués que partout ailleurs ; quant aux gens du peuple, je les trouvais doués d'un esprit de douce gaieté et d'une sage résignation qui les aident à supporter bravement les misères de leur condition.

J'avais aussi beaucoup de motifs pour me plaire avec les Ecossais et les Anglais. Cependant je confesse que la gaieté du caractère français était plus à l'unisson avec mon humeur naturelle. Aussi je veux consacrer quelques pages aux incidents de notre voyage à travers le beau pays de France.

A Paris, nous éprouvâmes de grandes difficultés à nous procurer un interprète convenable pour nous assister dans nos représentations. Nous en engageâmes successivement plus d'une demi-douzaine, mais ils se montrèrent tous plus malhabiles les uns que les autres, car ils étaient tous Anglais, et leur prononciation française était si vicieuse qu'ils ne manquaient jamais de faire rire aux éclats les Parisiens à qui ils avaient affaire. Je finis pourtant par trouver un interprète français. C'était un professeur de collége. Quoiqu'il ne parlât pas bien purement l'anglais, il avait au moins l'avantage de s'adresser à notre public dans un français correct. C'était, de plus, un homme du monde et de manières distinguées ; j'eus beaucoup de peine à l'engager et à lui faire surmonter la crainte qu'il avait de compromettre sa dignité. Je réussis pourtant à lui persuader qu'être le précepteur et l'interprète du général Tom Pouce, ce n'était pas du tout déroger.

Il accepta enfin la position. Lorsque nous arrivâmes sur la frontière belge, il se trouva qu'il n'avait point de passeport ; ce qui me fit lui dire :

— Monsieur Pinte, vous ne serez jamais un bon *donneur de représentations* tant que vous n'aurez pas appris à vous souvenir de tout et à ne pas vous laisser prendre au dépourvu par la faute de votre négligence ou de vos oublis.

— Me considérez-vous donc comme un donneur de représentations ? demanda M. Pinte, dont la dignité avait été évidemment blessée.

— Certainement! répliquai-je en riant, nous donnons tous des représentations, et vous comme les autres, je suppose.

Le front du pauvre garçon en fut tout assombri pendant quatre heures consécutives. Il se disait qu'il avait abdiqué sa dignité, et qu'il n'était ni plus ni moins qu'un donneur de représentations en voyage. Il finit pourtant par en prendre le dessus, car il était philosophe et avait un excellent cœur.

Aussi, au bout de quelques heures son bon naturel reparut complètement, et il me dit :

— Monsieur Barnum, quelles sont les qualités requises pour être un bon faiseur de représentations?

Je lui répondis en souriant que la première qualité nécessaire pour cela était une très-grande connaissance de la nature humaine, ce qui comprenait bien entendu la faculté d'appliquer judicieusement le savon doux.

— Et qu'appelez-vous le savon doux? demanda avec une gravité un peu inquiète le professeur Pinte.

— C'est, lui répondis-je, l'art de plaire au public et de le flatter assez adroitement pour ne lui pas laisser soupçonner votre intention.

Nous avions avec nous une grande quantité de livres, de médailles et de dessins, on pouvait nous ennuyer à ce sujet à la douane belge; mais je me montrai prodigue envers les douaniers, et par ce moyen je les empêchai d'être trop rigoureusement à cheval sur leur consigne.

— Est-ce cela que vous appelez le savon doux? demanda le professeur Pinte.

— Précisément, répondis-je.

De l'autre côté de la frontière, les chefs de gare et employés du chemin de fer qui avaient été témoins de la libéralité avec laquelle j'avais distribué à leurs confrères des gravures représentant Tom Pouce et d'autres menus cadeaux m'en demandèrent également. Je ne pouvais pas faire moins que d'en donner.

— Il faut que les gens de ce pays aient les mains bien sales, puisqu'ils ont besoin de tant de savon pour les tenir propres! remarqua

M. Pinte avec un sourire qui semblait indiquer qu'il était en train de se réconcilier avec son rôle de faiseur de représentation.

Nous n'échappâmes pas toujours aux difficultés des douanes. A Courtrai, ville frontière de Belgique, nous dûmes endurer les ennuis d'une fouille et d'une taxe. On voulut nous faire payer un droit pour les poneys et la voiture du général Tom Pouce; mais quand je leur montrai un document qui prouvait qu'on ne nous avait pas fait payer de droit pour ces objets à notre entrée en France, on n'insista plus. A la douane de Lille il fut jugé nécessaire de mesurer les poneys et de prendre leur signalement, pour nous empêcher d'en substituer d'autres à notre retour en France. Quand le bel équipage du général arriva à la douane, l'officier de service, en voyant le petit cocher et le valet de pied en livrée, demanda sérieusement si le général était prince dans son propre pays.

— Certainement, répliqua Sherman avec beaucoup de gravité, c'est le prince Charles Ier du duché de Bridgeport, royaume de Connecticut.

L'officier fit un profond salut, et crut la chose comme si c'eût été parole d'Evangile.

Il arrive fréquemment en France qu'on voyage plusieurs jours dans les plus grandes villes sans se voir demander son passeport, tandis que dans un petit village insignifiant, au moment où on y pense le moins, il se présente un gendarme tenant à voir le précieux document. Du moins ce fut ainsi que la chose se passa pour moi.

Un jour j'achevais tranquillement de dîner dans une auberge de campagne, quand la porte s'ouvrit tout à coup, et que je vis entrer un gendarme en grand costume, muni d'une énorme paire de moustaches, qui me demanda mon passeport. Il était dans ma malle sur le sommet de la diligence : je le lui dis; mais il insista pour le voir. Peu envieux de me déranger pour aller le chercher, je me contentai de fouiller mes poches, et j'eus le bonheur d'y trouver une vieille police d'assurance que j'avais par hasard apportée d'Amérique. Je la tendis au bon gendarme en m'écriant :

— Tenez, voilà mon passeport.

Il le prit, l'examina de très-près, le tourna et le retourna dans tous les sens, quoique cela fût du grec pour lui, puisqu'il ne connaissait pas un mot d'anglais, et après l'avoir ainsi gardé une minute ou deux entre ses mains il me le rendit poliment, avec un *très-bien*, Monsieur, puis il tourna sur ses talons et sortit de l'appartement.

Je supprime nombre de détails relatifs à mon séjour en Europe, et je retourne en Amérique. J'y arrivai en février 1847. On pense bien qu'à mon arrivée à New-York je ne perdis pas de temps pour profiter de la réputation que Tom Pouce s'était si justement acquise en Europe. J'installai immédiatement le général au Musée américain, et pendant quatre semaines consécutives il y eut une telle affluence de spectateurs, que cela dépassa toute croyance. Mon petit héros alla ensuite pendant un mois à Bridgeport avec sa famille. Pour prévenir les importunités des curieux qui n'auraient pas manqué d'assiéger la porte de ses parents, il parut en public pendant deux jours à Bridgeport.

Les recettes, qui s'élevèrent à plusieurs centaines de dollars, furent données à la société de charité de la ville. Les Bridgeportais furent ravis de retrouver leur petit Charly, comme ils l'appelaient. Ils ne s'étaient guère doutés quelques années auparavant, en le voyant jouer dans les rues, qu'il était destiné à faire sensation parmi les têtes couronnées du vieux monde; et maintenant qu'il revenait chez eux avec sa réputation européenne, il était naturellement un objet de curiosité pour ses premières connaissances aussi bien que pour le public en général.

Ses amis de Bridgeport trouvaient que sa taille n'avait pas crû du tout pendant les quatre ans et demi qu'avait duré son absence, mais ils découvraient qu'il était devenu spirituel, vif, enjoué et plein d'une grâce particulière; en un mot, qu'il était tout à fait différent du petit campagnard maussade et timide qu'ils avaient primitivement connu.

— Quand le petit Charly était parmi nous, disait un des principaux de l'endroit, il ne nous paraissait guère phénoménal, mais maintenant qu'il a été *barnumisé*, c'est une curiosité rare.

— Quel âge avez-vous, général? lui demanda une de ses connaissances.

— Comme M. Barnum l'annonce, j'ai quinze ans! répondit le général en riant, car il n'ignorait pas que le questionneur connaissait son âge véritable et savait parfaitement qu'il n'avait que neuf ans.

Je fus surpris de voir que l'absence avait aussi fait de moi une véritable curiosité. Paraissais-je au Musée ou dans un lieu public, je remarquais des yeux braqués sur moi, des doigts étendus de mon côté..... et j'entendais chuchoter de tous côtés : Voilà Barnum! C'est le vieux Barnum. Car, pour le dire en passant, je connais tout le monde et tout le monde me connaît, et je ne sais pas pourquoi beaucoup de gens s'obstinent à m'appeler le vieux Barnum.

Je n'ai maintenant que quarante-quatre ans, et voilà dix ans que l'on m'a donné l'épithète de vieux.

Un jour, peu de temps après mon retour d'Europe, j'étais à lire un journal dans le bureau de mon Muséum, quand un homme s'y présenta pour acheter un billet d'entrée.

— Barnum est-il au Musée? demanda-t-il.

— Voici M. Barnum, répondit le distributeur de billets en me désignant.

Supposant que ce monsieur avait à me parler, j'abaissai la feuille de mon journal.

— C'est bien M. Barnum que je vois? dit l'étranger.

— Lui-même, répondis-je.

Il me regarda en silence un instant; puis jetant à terre son billet, il s'écria :

— C'est bien, j'en ai pour mon argent! et il s'en alla sans même entrer au Musée.

J'ai oublié de dire qu'un peu auparavant, le 1er janvier 1845, à l'époque où finissait mon engagement à salaire déterminé avec le général Tom Pouce, nous fîmes de nouveaux arrangements par suite desquels nous devînmes associés : le général, ou plutôt son père pour lui, prenant une moitié des bénéfices, et moi l'autre moitié. Néanmoins réserve fut faite pour les quatre premières semaines à partir de notre arrivée à New-York, pendant lesquelles je ne lui donnais que deux cents dollars pour sa présence à mon Muséum.

A notre retour en Amérique, M. Stratton, le père du général, se voyant à la tête d'une jolie fortune, plaça à gros intérêts et avec bonne garantie une forte somme sur la tête du petit général personnellement... puis avec les trente mille dollars (cent cinquante mille francs) qui lui restaient, il acheta une terre à peu de distance de la ville de Bridgeport, et y fit bâtir une maison large et commode dans laquelle il réside maintenant; c'est là qu'il a depuis marié ses deux filles, l'une en 1850, et l'autre en 1853. Le général n'est pas le seul garçon de sa famille, il a un frère âgé de trois ans à l'heure où j'écris ces mémoires. Toutes les personnes de la famille Stratton sont de taille ordinaire, il n'y a que le *petit Charly* qui fasse exception.

Après avoir passé un mois parmi leurs parents et connaissances, le général Tom Pouce et sa famille résolurent de voyager dans les Etats-Unis. Je consentis à les accompagner pendant un an, les profits étaient partagés par moitié entre nous comme pendant notre voyage en Angleterre. Nous nous rendîmes à Washington, où le général tint ses grands et petits levers, en avril 1847. C'est là qu'il vit plus d'une fois le président Polk et sa femme. Nous allâmes ensuite à Richmond, puis à Baltimore et à Philadelphie. Dans cette dernière ville, nous fîmes en douze jours une recette de cinq mille six cents dollars (vingt-huit mille francs). Le bénéfice net de toute l'année fut dans les mêmes proportions. Les dépenses variaient de vingt-cinq à trente dollars par jour. De Philadelphie nous allâmes à Boston, à Lowell et à Providence. En un jour nous fîmes dans cette dernière ville près de mille dollars (cinq mille francs). Nous visitâmes ensuite New-Bedford, Fall-River, Salem, Worcester, Springfield, Albany, Troy, les eaux de Niagara, Buffalo et beaucoup de lieux intermédiaires. En revenant à New-York, nous nous arrêtâmes dans les principales villes des bords de l'Hudson. De là nous nous rendîmes à New-Haven, Hartford, Portland (Maine) et dans plusieurs autres villes des mêmes contrées.

En novembre 1847, nous partîmes pour la Havane. Chemin faisant.

nous nous arrêtâmes à Charlestown, à Columbia, à Augusta, à Savannah, à Milledgeville, à Mâcon, à Columbas, à Montgomery, à Mobile et à la Nouvelle-Orléans, tous lieux où le général donna des représentations. Nous restâmes trois semaines à la Nouvelle-Orléans, où nous passâmes les fêtes de Noël et du nouvel an. Nous arrivâmes à la Havane sur le navire l'*Adam Gray* en janvier 1848. Nous fûmes bien reçus chez le capitaine général et dans les principales familles de l'île. Nous restâmes un mois tant à la Havane qu'à Matanzas : le général jouissait partout d'une immense faveur, ses autographes se vendaient jusqu'à un doublon pièce. A la Havane il fit particulièrement le caprice du comte Santovania. A Matanzas nous fûmes comblés de politesses par un négociant américain, riche comme un prince, M. Brinckerhoff J.-S. Thrasher, qui me rendit de grands services, et auquel je suis heureux de pouvoir témoigner hautement ma reconnaissance.

Les hôtels de la Havane sont mauvais. Un Américain habitué à la nourriture substantielle de son pays y trouve difficilement de quoi manger. Nous descendîmes à l'hôtel Washington, qui, à cette époque, était très-mal tenu. Le propriétaire de cet hôtel était une femme qu'on voyait les trois quarts du temps en état d'ivresse; aussi sa maison était-elle d'une saleté révoltante. Plusieurs Américains grands mangeurs y prenaient leur pension. Un d'entre eux ayant vu un dindon en vie à bord d'un navire de la Nouvelle-Orléans, l'avait acheté et apporté à l'hôtesse. La volaille était si petite, que quand elle fut découpée il n'y eut pas de quoi faire le tour de la table. Un planteur américain établi près de la Havane, gaillard haut de six pieds, large à proportion, et qui avait un appétit en rapport avec sa taille colossale, se trouvait assis près du découpeur; la vue de cette volaille rare sous cette latitude le séduisit, et il en mangea la moitié à lui tout seul. L'acheteur, placé au bout de la table, fut justement de ceux qui n'en eurent pas une bouchée. Il était furieux contre le planteur, qui cependant ignorait la provenance de cette bonne aubaine, et qui en se levant de table se frottait le ventre et se léchait les lèvres en disant à plusieurs reprises :

— *Fameux dindon! fameux dindon!* je n'en avais pas goûté depuis deux ans. Je les aime beaucoup : de retour à l'habitation, je veux élever de ces intéressants volatiles.

— Je vous le conseille, grommelait de son côté l'acheteur de volaille désappointé, car vous n'êtes pas près de manger des miens.

A bord du navire qui nous ramena de la Havane à la Nouvelle-Orléans se trouvait un Yankee qui avait une grande quantité de tabac américain étiqueté comme étant de provenance espagnole. J'appris de lui que ce tabac avait poussé dans le Connecticut et qu'on l'avait expédié sur un navire allant à la Nouvelle-Orléans *viâ* Havane. Il n'en fallait pas plus pour faire croire aux habitants de la Nouvelle-Orléans que c'était du tabac de Cuba. Le proverbe a raison : *On triche à tous les jeux.*

De la Nouvelle-Orléans nous nous rendîmes à Saint-Louis, nous arrêtant dans les principales villes le long du Mississipi. Puis nous revînmes par Louisville, Cincinnati et Pittsburg. Nous atteignîmes cette dernière ville dans les premiers jours de mai 1848. A dater de cette époque il fut convenu entre M. Stratton et moi que désormais je ne voyagerais plus avec le petit général et que je resterais chez moi. J'avais des agents compétents qui pouvaient le montrer sans mon assistance personnelle, et j'aimais mieux abandonner une part des profits que de voyager plus longtemps comme entrepreneur de spectacle ambulant.

Je revins chez moi, à Bridgeport (Connecticut) vers la fin du mois de mars, et je fus ravi d'y retrouver ma famille et mes amis en bonne santé. Depuis treize ans je n'avais presque pas goûté les douceurs du foyer domestique; aussi je ne puis dire avec quel sentiment de béatitude je réfléchissais que mes fatigues et mes privations passées m'avaient enfin assuré une heureuse aisance, et j'étais bien déterminé alors à ne me laisser tenter par aucune spéculation et à jouir en paix du seul véritable bonheur, celui de la famille.

Je passai avec les miens la plus grande partie des années 1848 et 1849.

Je n'abandonnai cependant pas la direction du *Muséum américain*, et je consacrai une partie de mon temps aux soins de cet établissement. J'ouvris aussi un nouveau Muséum à Philadelphie, mais je n'en dis rien ici, me réservant d'en parler avec détails dans une autre partie de ces mémoires.

CHAPITRE ONZIÈME.

NOUVELLES ENTREPRISES. — CHASSE AUX BUFFLES.

Maison roulante de Shakspeare. — Les sonneurs suisses. — Entreprises diverses. — Ménagerie ambulante. — Le cheval laineux. — Le troupeau de buffles. — Spectacle gratuit. — Chasse aux buffles. — Une « hâblerie » dont je suis victime. — Les circonstances changent les décisions. — Peaux de singes.

J'aurais beaucoup de choses à dire sur l'immense bénéfice que me procura Jenny Lind, la fameuse cantatrice suédoise, que j'enrôlai parmi mes acteurs. Mais tous les journaux ont raconté cela.

Au milieu de mes entreprises les plus importantes, je ne négligeai jamais le Musée américain. C'était la première pierre de l'édifice de ma fortune; et je me suis toujours appliqué à le rendre de plus en plus attrayant pour le public, sans jamais regarder à la dépense. Ainsi, pendant mon séjour en Europe, j'étais continuellement à la piste des nouveautés. Il ne se tenait pas une seule foire importante que je n'allasse la visiter, dans l'espoir d'y trouver quelque chose digne d'être conduit en Amérique.

J'allai même plus loin, car je voulus acheter la maison où naquit Shakspeare, la démonter, et la transporter par morceaux dans mon Muséum d'Amérique; mais le projet avorta... l'orgueil britannique fut blessé... quelques insulaires se mirent en travers de ma spéculation et fondèrent une société *shakspearienne,* la maison du grand tragique demeura sur le sol d'Albion.

Les modèles de machines que l'on voit à l'Institut royal polytechnique de Londres me plurent tellement que je les fis copier... Je fis peindre aussi divers panoramas chromatropes et physioscopes, représentant des paysages et des scènes de l'Amérique... Cela me coûta une somme de sept mille dollars (35,000 francs).

Je visitai la grande exposition quinquennale tenue à Paris en 1844. Ce fut à cette époque que j'achetai de Robert Houdin son ingénieux écrivain automate, plusieurs pièces mécanisées pour physique amusante, ainsi que quelques toiles de cosmoramas magnifiques; cela me coûta quatre mille dollars (20,000 francs). Ce fut encore à Paris que je fis faire, pour la somme de trois mille dollars (15,000 francs), le *Diorama panoramique* si populaire des obsèques de Napoléon, où sont figurés avec exactitude tous les détails de ce grand épisode contemporain, depuis l'embarquement du corps à Sainte-Hélène jusqu'à sa descente dans le caveau de l'hôtel des Invalides, au milieu des pompes les plus splendides. C'est encore moi qui ai fait peindre sur les lieux, par le célèbre Lamano, et transporter ensuite en Amérique le fameux panorama du palais de cristal.

Etant à Londres en 1844, j'entendis parler d'une troupe de *campanaloges*, ou sonneurs du Lancashire, qui jouait en Irlande. Je les fis venir à Liverpool et leur proposai de les conduire en Amérique. Une de mes conditions expresses était qu'ils laisseraient pousser leurs moustaches, prendraient un costume pittoresque et se produiraient sous le nom de sonneurs suisses. Ils m'objectèrent d'abord, dans leur dialecte bizarre et presque inintelligible du Lancashire, que, ne parlant que l'*anglais*, il leur serait difficile de se faire passer pour des Suisses; mais je levai leurs scrupules en leur assurant que s'ils continuaient à parler en Amérique comme ils venaient de me parler à moi-même, ils pouvaient hardiment se donner pour Suisses sans crainte d'être démentis par personne. Dans ce cas comme dans tant d'autres, ces sonneurs, au nombre de sept, étaient réellement d'admirables musiciens, et avec leurs sonnettes de diverses grandeurs, ils produisaient véritablement une délicieuse harmonie; aussi attirèrent-ils beaucoup de monde tant dans les diverses parties des Etats-Unis qu'au Canada et à Cuba.

Je devais une indemnité à l'Angleterre pour lui avoir enlevé ses sonneurs. Je me fis un devoir de la lui payer, et dans ce but je dépêchai en Amérique un agent avec mission d'amener à Londres une troupe d'*Indiens* des deux sexes. Mon agent se rendit dans le pays des Yoway, et détermina quinze naturels de cette tribu à le suivre à Londres, où ils parurent sous ma direction et celle de M. Catlin. J'abandonnai plus tard toute l'entreprise à ce dernier, et j'ai su que les Yoway avaient, sous sa conduite, parcouru toute l'Europe, et qu'ils avaient produit à Paris la sensation la plus vive.

A mon retour d'Europe en Amérique, je m'arrangeai avec M. Faber, mécanicien très-habile, pour l'exposition d'un automate parlant dont il était l'inventeur. Cette machine, qui avait la taille et la figure d'un homme, était garnie à l'intérieur de clefs et de touches comme celles d'un piano, et à l'aide desquelles on lui faisait articuler des mots, et même prononcer des phrases tout entières avec la plus grande netteté. Cet automate a eu partout le plus grand succès.

Pendant un de mes séjours à New-York, je reçus un matin la visite de Hervio-Nano, plus connu sous le nom de *Diable volant*. Cet homme singulier, si célèbre par son habileté à imiter le singe, animal avec lequel sa conformation particulière lui donne du reste plus d'un rapport, voulait s'engager avec moi, mais nous ne pûmes conclure marché, et il s'arrangea quelque temps après avec deux Américains qui le conduisirent à Londres. Là on lui teignit la figure et les mains, on l'affubla d'un vêtement en peau de bête, et on l'annonça comme un phénomène vivant, animal d'une espèce encore inconnue, pris dans les montagnes du Mexique : c'était, au dire de l'annonce, un homme des bois auquel manquait la parole.

Je me trouvai à Londres en même temps que Hervio-Nano, et les deux cornacs crurent prudent de me mettre dans le secret. C'était dans la *salle égyptienne* qu'on faisait voir le fameux homme des bois. Je me rendis à la première représentation. Hélas! je n'eus pas longtemps le loisir d'applaudir mon compatriote, car quelqu'un de l'assistance qui avait précédemment vu Hervio-Nano en Amérique, le reconnut sur-le-champ, et s'empressa de divulguer la supercherie. A cette révélation inattendue, ce furent dans toute la salle des huées et des trépignements impossibles à décrire; on fut forcé de rendre l'argent au public et de fermer boutique. Ce fut la première et dernière représentation. Le fameux QU'EST-CE? comme on avait baptisé Hervio, ne reparut plus sur la scène.

Le pauvre diable ne survécut pas longtemps à sa disgrâce, et mourut peu après à Londres.

C'est encore moi qui expédiai pour l'Angleterre en juin 1851 les JEUNES BATMAN, qui avaient déjà figuré pendant un mois au Musée américain. Ils parurent au théâtre Saint-James à Londres, et sur plusieurs scènes de province.

J'expédiai successivement en Amérique des géants admirables, des nains délicieux et des aveugles clairvoyants.

En juin 1858 j'ajoutai la célèbre collection chinoise aux attributs déjà si grands du Muséum américain. J'engageai aussi une famille chinoise, se composant d'un homme, de deux femmes et de deux enfants. Tout ce monde fut plus tard transporté à Londres et produit en public au moment de l'exposition, sous la direction d'un agent à moi.

En octobre 1852, de société avec MM. Henri Sanford et Georges-A. Wells, j'engageai miss Catherine Hayer et Herr Beynis pour donner soixante concerts en Californie. Nous eûmes tout lieu de nous féliciter du résultat de cette spéculation, dont la conduite et la direction furent confiées à mes deux associés.

J'ai encore dirigé seul et pour mon propre compte beaucoup d'autres entreprises d'importance secondaire, telles que la *famille Kilmiste* et les panoramas ambulants; mais ces entreprises n'ayant pour la plupart laissé aucune trace dans les souvenirs du public, je ne crois pas utile d'en parler ici.

En 1845, étant en Europe, j'achetai par l'entremise d'un tiers le Musée de Baltimore, dont je confiai la direction à mon oncle Alanson Taylor. Celui-ci tomba gravement malade en avril, fut transporté à Bethel, et mourut en juin 1846. Cet événement me détermina à vendre le musée de Baltimore à la *famille Orphéenne*.

En 1849 j'ouvris un musée à Philadelphie. Ce musée, entretenu avec beaucoup de soin et d'élégance, donna d'assez beaux revenus pendant plusieurs années; mais cette direction me donnait un surcroît d'embarras, et en 1851 je vendis ce musée à C. Spooner, esq., pour quarante mille dollars (200,000 francs). L'édifice et tout son contenu furent détruits par le feu à la fin de 1851. M. Spooner était assuré. La perte ne fut réellement sérieuse que pour la ville de Philadelphie, car ce musée était pour la population une source de distraction, et sa perte considérée comme une calamité publique.

Tandis que mon musée de Philadelphie était en pleine vogue, le musée de Peale me faisait une forte concurrence à la loge maçonnique, et je me décidai à la faire cesser par l'achat de toute la collection, que je payai cinq ou six mille dollars. Je réunis les curiosités de cet établissement à celles de mes deux autres musées.

En 1849 je projetai la formation d'un musée et d'une ménagerie ambulants, mais n'ayant ni le temps ni le désir de m'occuper par moi-même de tous les préparatifs nécessaires à cette spéculation, je décidai M. Seth B. Howes, justement renommé comme montreur de curiosités, à s'associer avec moi et à prendre seul la direction de l'entreprise. M. Sherwood E. Stratton, père du général Tom Pouce, entra aussi dans cette affaire, pour laquelle nous nous trouvâmes de la sorte être trois associés.

Pour nous procurer une partie du personnel de la ménagerie projetée nous frétâmes *la Régate*, que nous expédiâmes à Ceylan, sous les ordres du capitaine Pratt avec deux agents à moi, MM. June et Nutter. Le navire quitta New-York en mai 1850, et resta un an absent. Nos agents avaient pour mission de se procurer, soit à la chasse, soit autrement, des éléphants et des animaux sauvages de toute espèce.

Le chargement du navire avait été approprié à sa destination, on y avait installé un grand nombre de caisses à eau et une certaine quantité de fourrage destiné à l'alimentation des animaux qu'on se proposait de ramener.

Nos mandataires, ne voyant pas la possibilité de réunir le nombre d'éléphants dont nous avions besoin (douze au moins), soit à Colombo, soit à Candy, villes principales de l'île de Ceylan, rassemblèrent cent soixante naturels et pénétrèrent avec eux dans les jungles, où, après maintes fatigues et aventures, ils réussirent à s'emparer de treize gros éléphants : on prit de plus une femelle et son petit, âgé de six mois.

Dans le cours de l'expédition, MM. Nutter et June tuèrent un grand nombre de ces bêtes colossales, et eurent avec elles plusieurs rencontres dont quelques-unes furent terribles.

La Régate arriva à New-York avec dix éléphants. Un insulaire de Ceylan, fort entendu au métier d'éleveur et de cornac, accompagnait ces intéressants animaux.

Pour compléter notre caravane, nous adjoignîmes aux éléphants beaucoup d'autres animaux sauvages, ainsi qu'un grand nombre de curiosités empruntées au Muséum. Tout compris, avec les chevaux, les charrettes et les tentes, cette expédition revenait au moment du départ à cent neuf mille dollars (545,500 fr.). Nous commençâmes les représentations en la présence et sous le patronage du général Tom Pouce, qui, à dater de cette époque, voyagea pendant quatre ans en qualité d'un des principaux personnages de la grande caravane asiatique, comprenant le musée et la ménagerie Barnum.

La popularité de ce genre de spectacle nous suscita plus d'une concurrence ; mais pour couper court à cet inconvénient nous fondâmes un cirque qui entra en opération le jour même où commencèrent les exhibitions du Muséum et de la ménagerie. Nous avions soin d'établir toujours le cirque en face de notre autre théâtre ; et quand nous nous voyions menacés d'une concurrence sérieuse, nous réunissions les deux spectacles sans augmenter les prix d'entrée : aussi nos concurrents étaient toujours écrasés. Nos recettes, pendant ces quatre ans, s'élevèrent à près d'un million de dollars. (5,000,000 fr.) Au nombre des spéculations qu'entraîna cette entreprise, il en est quelques-unes sans doute dans lesquelles nous prîmes le public pour dupe ; mais la chose ne dépassa jamais pourtant les limites de l'honnêteté ; au surplus, ce n'est pas à moi de juger ; je me borne à raconter.

Le cheval laineux. — Dans l'été de 1848, comme je me trouvais a

Cincinnati avec le général Tom Pouce, ma curiosité fut vivement excitée par des *prospectus* annonçant l'exhibition d'un cheval laineux. J'étais toujours, comme on le sait, aux aguets de tout ce qui pouvait amuser ou étonner le public, j'allai donc au spectacle annoncé, et je trouvai que la curiosité valait réellement la peine d'être vue. C'était un cheval très-bien conformé, de taille un peu au-dessous de la moyenne, mais sans crins d'aucune espèce, pas même à la queue. La plus grande partie du corps, ainsi que les membres, étaient couverts de petits poils fins ou plutôt d'une laine frisée fortement attachée à la peau. Ce cheval était né à Indiana; il était très-capricieux et presque sauvage : je l'achetai et l'envoyai à Bridgeport (Connecticut), où il fut tranquillement enfermé dans une ferme retirée, avec ordre de l'y tenir caché jusqu'au moment où je jugerais opportun de le produire.

Cette occasion finit par se présenter. Le colonel Frémont s'était perdu dans les neiges des montagnes Rocheuses. L'esprit public se préoccupa vivement de ce triste événement et manifesta de sérieuses appréhensions au sujet du savant et intrépide ingénieur. Heureusement la malle apporta la nouvelle de sa délivrance. Des transports de joie éclatèrent de toutes parts à l'annonce de cet événement. Je jugeai le moment propice pour faire paraître mon cheval laineux. Il fut amené à New-York soigneusement caparaçonné, et les jambes enveloppées de linge, de manière qu'on ne pût voir de son individu que les yeux et les sabots, puis je le fis installer dans une écurie où les curieux ne pouvaient pénétrer.

Le lendemain il n'était bruit à New-York que d'une nouvelle apportée par une autre malle : on disait que le colonel Frémont et sa petite troupe audacieuse avaient réussi après trois jours de chasse à s'emparer, près de la rivière Gila, d'un animal phénoménal ayant beaucoup de ressemblance avec le cheval, et non moins remarquable par l'absence de crins au cou et à la queue que par la présence d'une épaisse toison de laine dont tout son corps était couvert ; on ajoutait de plus que le colonel avait fait présent de cet animal extraordinaire au grand haras national des Etats-Unis.

Quelques jours après cette rumeur, le renseignement suivant parut dans les journaux de New-York :

« Le phénomène inconnu ou cheval à laine du colonel Frémont, avant d'être expédié à Londres, sera montré pendant peu de jours au coin de Broadway et de Reade-street. La nature semble s'être surpassée dans la production de cette étrange créature, qui est à elle seule un type multiple de plusieurs animaux connus, car elle participe à la fois de l'éléphant, du daim, du cheval, du buffle, du chameau et de la brebis; cet animal a tout à fait les formes et la taille d'un cheval, les hanches du daim, la queue de l'éléphant, et porte sur le corps une toison frisée couleur de poil de chameau : on assure qu'il a en hauteur douze ou treize pieds. Les naturalistes et les plus vieux trappeurs ont assuré au colonel Frémont que cet animal était d'une espèce ignorée jusqu'à présent, aussi on peut dire qu'il est sans aucun doute la rareté la plus précieuse de la nature, en même temps que le plus riche envoi que nous ait encore fait la Californie. On le voit tous les jours à l'adresse ci-dessus indiquée.

« *Prix d'entrée : 25 centièmes* (un franc vingt-cinq centimes); *les enfants ne payent que demi-place.* »

Au-dessus de la porte de la maison où se voyait le cheval laineux, j'avais fait poser plusieurs énormes transparents qui représentaient le *phénomène* bondissant sur la montagne, poursuivi par le brave Frémont et ses soldats. Dans toutes les rues avoisinantes étaient apostés des hommes qui vendaient des prospectus et des images enluminées du curieux phénomène. L'auteur de ce dessin était un artiste un peu porté à l'exagération, et si le phénomène avait fait en réalité le saut périlleux représenté sur la lithographie, il n'aurait pas enjambé moins de cinq milles d'un seul coup, circonstance qui était de nature à le faire échapper à la poursuite du colonel.

Mais le public n'y regardait pas de si près. Sa curiosité était excitée par tout ce qui avait trait au colonel Frémont. Le populaire en était réellement affamé, et je crois vraiment que cette faim était de la rage. Il aurait dévoré n'importe quoi, ce brave public; aussi, en bon nourricier, je le servais à souhait; je ne me bornais pas à lui jeter un os à ronger, mais je lui servais une bonne petite friandise bien soignée et bien délicate ; il l'avala d'une seule bouchée et sans seulement dire ouf !

De New-York, le cheval laineux fut promené de province en province toujours avec un nouveau succès : on l'amena enfin à Washington, où les plus fins politiques n'y voyaient que du feu, quand il prit fantaisie à M. Benton, beau-père de M. Frémont, de nous interdire de nous servir du nom de son gendre, sous prétexte qu'il avait reçu plusieurs lettres de lui sans qu'il y fût fait une seule fois mention de ce prodige, d'où M. le sénateur du Missouri concluait que M. Frémont ne l'avait jamais vu, et que nous étions des... blagueurs.

Un tel argument ne suffisait pas ; nous refusâmes d'obéir aux injonctions de M. Benton : on plaida, et le cheval laineux gagna sa cause avec dépens. Ce procès fut pour nous d'autant plus avantageux que M. Benton avait appelé, sans le vouloir, l'attention publique sur notre phénomène, et que nos recettes s'en trouvèrent très-bien pendant plusieurs jours. Au bout de quelque temps cependant je jugeai à propos de mettre fin à cette mystification, et je fis revenir le cheval laineux sur ma terre de Bridgeport, où il a depuis terminé paisiblement son existence.

CHASSE AUX BUFFLES. — Au mois de juin 1843, j'achetai pour la somme de sept cents dollars (3,500 francs) un troupeau composé de quinze jeunes buffles d'un an. J'avais conçu un projet pour la réalisation duquel ces buffles devaient m'être de la plus grande utilité. En attendant, je les installai dans l'étable d'un fermier de New-Jersey.

M. C. D. French, de qui j'avais acheté ces animaux, s'entendait parfaitement à manier le *lasso*, et pour un salaire de trente dollars par mois il voulut bien se charger de prendre soin de l'éducation de mes buffles pendant le temps qui me serait nécessaire pour mûrir mon plan.

Bientôt des entre-filets de journaux annoncèrent qu'un troupeau de buffalos sauvages, pris tout jeunes au lasso, arrivaient des montagnes Rocheuses en Europe, et qu'ils passeraient par New-York sous la conduite du chasseur qui les avait pris. Quelques jours après, on émit, dans quelques journaux, l'idée de faire *courir* ces buffles et de faire donner dans un cirque une représentation de la manière dont ils avaient été pris au lasso ; ce qui serait, ajoutait-on, un spectacle curieux, auquel on se rendrait de plusieurs milles à la ronde. Un correspondant déclara même que ce spectacle valait un dollar par tête, et un autre alla jusqu'à affirmer qu'à ce prix-là on aurait au moins cinquante mille spectateurs.

L'un proposait le champ des courses de Long-Island ; l'autre pensait qu'il serait mieux de choisir et d'enclore pour ce dessein un vaste terrain libre à Harlem ; un troisième émettait l'avis que Hoboken était l'emplacement le plus convenable. Quant à moi, je laissais monter la marée de la curiosité publique ; puis, quand je crus la chose à point, une annonce parut dans les journaux en même temps que circulait dans le public une masse d'imprimés ornés d'une chasse aux buffles poursuivis par un Indien à cheval.

Rien ne fut négligé pour étendre autant que possible la distribution de cet imprimé, dont voici la teneur :

« *Grande chasse aux buffalos, représentation gratuite à Hoboken le jeudi 31 août, de 3 à 5 heures.*

» M. C. D. French, l'un des chasseurs les plus audacieux et les plus expérimentés de l'Ouest, est arrivé récemment dans cette ville, d'où il doit s'embarquer pour l'Europe, avec un troupeau de buffalos pris par lui-même à Santa-Fé. Il donnera une représentation de la chasse aux buffalos, et leur jettera le *lasso*, à l'aide duquel ces animaux ont été pris dans l'état sauvage. Ce spectacle est sans contredit un des plus intéressants auxquels on puisse assister, car il exige une grande habitude du cheval jointe à beaucoup d'adresse et de courage. Grâce à l'heureuse idée de M. French, chacun, hommes, femmes et enfants, pourra jouir à son aise du spectacle émouvant d'une *chasse dans les prairies de l'Ouest*, car la représentation annoncée sera gratuite et aura lieu dans le champ des Courses de MM. Stevens Ferry, vaste emplacement capable de contenir cinquante à soixante mille spectateurs.

» A trois heures, on lâchera dans le cirque douze à vingt buffalos.

M. French paraîtra alors avec un costume de Peau-Rouge, montant un cheval des Prairies avec une selle mexicaine; il chassera les buffalos autour du champ des Courses et en capturera un avec le lasso. Cette chasse sera répétée successivement à quatre heures et à cinq heures. Les entr'actes seront remplis par des *sports* de différentes sortes.

» Un nombreux orchestre se fera entendre pendant tout le cours des exercices.

» Il n'y a pas le moindre danger à appréhender, grâce à une double barrière qui a été établie tout autour de l'arène pour empêcher les buffalos d'approcher des spectateurs.

» Un service extraordinaire de bateaux-omnibus sera établi pour les quartiers Barclay, du canal et de la rue Christophe.

» Si le temps était trop mauvais, la représentation serait remise au premier beau jour, mêmes heures que celles ci-dessus indiquées. »

On ne comprendra pas d'abord l'avantage que je trouvais à une représentation gratuite, mais deux mots suffiront pour expliquer ce mystère.

J'avais loué à prix fixe tous les bateaux-omnibus de New-York à Hoboken, avec cette stipulation que toutes leurs recettes seraient miennes.

L'assurance qu'il n'y avait aucun danger à redouter avec les buffalos était tout simplement ridicule. Les pauvres bêtes étaient si faibles et si bien apprivoisées, qu'il était douteux qu'elles pussent courir, malgré la précaution que mon fidèle French avait eue de les bourrer d'avoine pour leur donner un peu de chaleur extra-vitale.

Le grand jour arriva : il y eut des gens qui vinrent à dix heures pour retenir leur place. A partir de midi, les bateaux de passage regorgèrent littéralement de monde; on fut obligé de doubler le service des bateaux. Cet encombrement dura jusqu'à cinq heures. Vingt-quatre mille personnes vinrent ce jour-là à Hoboken par le service. Chacun paya six sous et demi pour l'aller, et autant pour le retour : la somme des recettes, y compris le prix des voitures et des terrains loués aux petits marchands de rafraîchissements, s'éleva à trois mille trois cents dollars (17,500 francs).

La troupe de musiciens engagés pour cette occasion fit de son mieux pour amuser la foule jusqu'à trois heures, moment auquel les buffalos s'élancèrent dans l'arène pour éviter les coups d'aiguillon dont French les lardait par derrière. Le chasseur parut immédiatement après les bêtes, il était peint et habillé à la mode indienne, monté sur un cheval plein de feu, et tenait d'une main un lasso et de l'autre un pieu ferré. L'impétueux French ne demandait pas mieux que de commencer la chasse; mais tel n'était pas l'avis des pauvres veaux, qui refusaient d'avancer et se pressaient les uns contre les autres.

Cette scène était si complètement inattendue, et en même temps si burlesque, que les spectateurs éclatèrent d'un rire à faire trembler les échos. Ce bruit formidable effraya les buffalos, qui se lancèrent au petit trot toujours aiguillonnés par French et ses acolytes. L'accès d'hilarité gigantesque se renouvela, les assistants se mirent à agiter leurs chapeaux et à crier tumultueusement; les buffles prirent alors le galop, se ruèrent contre la palissade, composée de deux planches étroites, sautèrent par-dessus, trébuchèrent, se relevèrent, et s'enfuirent aussi vite que leurs jambes le leur permirent. La foule placée de ce côté n'essaya pas de leur barrer le passage; loin de là, en voyant les animaux approcher, tout le monde, hommes, femmes et enfants, s'éparpilla pêle-mêle en poussant des cris de terreur. Je n'avais jamais vu pareille déroute. Les inoffensifs buffalos, qui étaient au moins aussi terrifiés que le public, trouvèrent un abri dans le marais voisin, et on essaya en pure perte tous les efforts imaginables pour les en faire sortir. Néanmoins, fidèle au programme, French en prit un au lasso... Il amusa encore le public en prenant au lasso un cheval et son cavalier tout ensemble... La bonne humeur fit oublier la déconvenue.

Personne ne soupçonna l'arrangement pris pour le péage des bateaux. L'entrepreneur du *Buffalo-Chase* était inconnu. Le spectacle avait été donné gratis au public; on s'était amusé à treize sous par tête, et personne ne songea à se plaindre. La foule était si grande, qu'il était près de minuit avant que tous les visiteurs de New-York eussent trouvé place dans les bateaux pour regagner leurs domiciles.

Le lendemain de la chasse, je rencontrai à Hoboken mon ami Frédéric West, rédacteur de l'*Atlas du Dimanche*, qui n'était pas dans le secret.

— Ce mâtin de French, me dit-il, il est au moins aussi fort *puffiste* que *vous!*

Je le remerciai de l'hommage qu'il rendait à mon mérite, et l'assurai que je n'étais pas de ceux qui s'étaient le moins divertis.

— Ce qui m'a le plus amusé, ajoutai-je, c'est de voir la foule s'enfuir en criant de frayeur, tandis que les inoffensifs petits buffalos rompaient la palissade et couraient se blottir dans le marais.

— Où étiez-vous dans le moment? demanda West.

— J'étais près du bâtiment, répondis-je.

— Très-bien, dit West avec un sourire assez amer; comme je me trouvais, moi, au point où s'est opérée la déroute, je ne goûte pas comme *vous* le sel de la chose.

Cette chasse aux buffalos fut renouvelée quelque temps après avec succès à Camden, près de Philadelphie, après quoi une partie des buffalos fut expédiée en Angleterre, tandis que les autres furent engraissés et vendus en tranches au détail sur le marché de Fulton, à raison de cinquante sous la livre.

Je tiens à constater ici que mon nom ne fut pas plus prononcé dans l'affaire du *cheval laineux* que dans celle de la *chasse aux buffles*, et que si le public est aujourd'hui instruit de la part que j'ai prise à ces deux mystifications, c'est par suite de l'aveu volontaire que j'en fais dans ces Mémoires.

J'ai cité l'*Atlas du Dimanche* : il est bon que l'on sache que j'ai toujours eu beaucoup d'affection pour ce journal, dont les propriétaires étaient mes amis intimes.

Ce fut dans cette feuille qu'on publia mon portrait avec une courte biographie.

Vers cette même époque, le malheureux Adams fut assassiné par

Colt. Le crime eut lieu avec des circonstances atroces, et l'on sait que le corps fut coupé en morceaux, enfermé dans une caisse et expédié à la Nouvelle-Orléans. L'opinion publique se préoccupa beaucoup de ce sinistre événement, et l'on fit sur ce meurtre une complainte qu'on vendit dans les rues avec le portrait de la victime. Comme des milliers d'autres, j'eus la curiosité de connaître la figure du pauvre homme, et j'achetai la complainte. Que vis-je! mon propre portrait stéréotypé d'après un numéro de l'*Atlas*, et publié comme celui d'Adams. A cette vue, je pensai, comme je l'avais déjà souvent pensé et comme je le penserai encore bien souvent, que tous les charlatans ne sont pas entrepreneurs de spectacles.

Vers 1843, les propriétaires de l'*Atlas* furent tracassés par leurs créanciers. A trois reprises différentes, je parus devant le juge pour cautionner mes amis, et chaque fois pour une somme de 5,000 dollars (25,000 francs); cela ne faisait pas l'affaire de nos adversaires, qui avaient espéré par là amener la chute de l'*Atlas*.

Aussi, à ma troisième apparition devant les juges, l'avocat de la partie adverse ne s'en tint pas au dépit; il poussa les choses jusqu'à l'impertinence.

— Monsieur Barnum, dit-il, vous avez déjà donné caution pour la somme de 10,000 dollars, et vous voilà encore disposé à répondre pour 5,000 nouveaux dollars : valez-vous 15,000 dollars (75,000 fr.), Monsieur?

— Oui, Monsieur, répondis-je.

— En quoi consistent vos propriétés? demanda-t-il d'un ton péremptoire.

— Faut-il vous en établir le bilan?

— J'insiste même pour que vous le fassiez avant d'être accepté en garantie, répliqua-t-il d'un ton ferme.

— Avec plaisir, Monsieur; ayez seulement la bonté de prendre note des titres à mesure que je les énoncerai.

— Je le veux bien, Monsieur, répondit-il en trempant sa plume dans l'encre et se disposant à écrire.

— Un éléphant conservé, 1,000 dollars, commençai-je.

Sa figure exprima quelque surprise, mais il se contint.

— Un singe embaumé et deux singes d'espèces curieuses, 15 dollars chacun.

— Qu'est-ce que cela signifie? que faites-vous, Monsieur? dit-il en se levant d'indignation.

— Je vous donne l'inventaire de mon Muséum. Il contient cinq cent mille articles différents, répliquai-je avec beaucoup de gravité.

— J'en appelle à la cour de votre insulte, s'écria l'avocat d'une voix tremblante de colère et avec une figure écarlate.

Le juge décida cependant que je n'avais fait que céder aux désirs de l'avocat, et que s'il ne voulait pas recevoir purement et simplement mon *affidavit* pour caution, je n'avais qu'à continuer le catalogue du Muséum. L'avocat, après quelque hésitation, finit par accepter l'*affidavit* et par me dispenser de l'énumération de mes titres de propriété.

J'ai déjà eu occasion de dire que j'étais membre de la *société de tempérance*. Voici comment advint ma conversion :

CHAPITRE DOUZIÈME.

TEMPÉRANCE.

Mon zèle pour la tempérance. — Un dilemme inextricable. — Ma conversion. — Je reviens de mon erreur. — Mes discours sur la tempérance. — Coup d'œil en arrière. — Iranistan. — Lares et pénates.

Vers la fin de 1847, pendant que je montrais le général Tom Pouce à la foire de Saratoga, j'eus si souvent l'occasion de voir des gens distingués par leur fortune et par leur intelligence s'adonner à la boisson, que je ne pus m'empêcher de craindre de devenir moi-même un ivrogne. Je réfléchissais que beaucoup d'hommes plus sages et meilleurs que moi étaient tombés victimes de l'intempérance, et que, bien que je ne fusse pas dans l'habitude de boire des liqueurs fortes, il m'arrivait cependant chaque jour de faire comme les autres et de trinquer avec les amis que je rencontrais.

Tout cela me donnait des appréhensions, et bien résolu à fuir désormais le danger, je me jurai à moi-même de ne tenir jamais compagnie à personne pour boire d'aucune espèce de liqueur forte.

Cette résolution prise, je me sentis l'esprit soulagé. Je continuai cependant à boire du vin d'après la conviction que j'avais acquise pendant mon séjour en Europe, que cette boisson prise modérément ne pouvait être que salutaire. A peine entré dans cette voie de réforme, je me mis à prêcher à mes amis la tempérance et la sobriété, et je voulus commencer mes conversions par Bridgeport. Dans ce but, j'invitai mon ami le révérend E.-H. Chapin à nous visiter et à nous débiter quelque bon sermon sur la tempérance. Le vénérable ministre se rendit à mes désirs et prêcha sur ce sujet dans le temple anabaptiste de Bridgeport. Cette homélie était divisée en trois points : *le marchand de liqueurs, le buveur modéré* et *l'homme tout à fait sobre.*

L'éloquent orateur prouva aussi clair que la lumière du jour que le soi-disant respectable liquoriste en débitant *ses poisons*, nuisait plus au bien et à la santé publics que vingt charlatans empiriques.

Prenant ensuite à partie le buveur modéré, il soutint que cette prétendue modération était la pierre d'achoppement de toute réforme radicale.

Il développa surtout cette idée, que plus un homme est élevé dans la société, plus sa conduite a d'influence, soit en bien, soit en mal, sur celle des inférieurs. Puis, apostrophant avec énergie le buveur modéré, il ajouta :

— Ou c'est pour vous un sacrifice de renoncer à la boisson, ou ce n'en est pas un. Si ce n'est pas un sacrifice, pourquoi hésiter un seul instant à quitter une passion aussi pernicieuse pour vous que pour tous ceux qui vous entourent ? Si c'en est un, au contraire, et qu'il vous semble trop pénible de renoncer à une habitude prise, je suis en droit de vous dire que vous êtes sur la pente fatale qui mène à l'ivrognerie, et qu'il faut, sans plus attendre, trancher le mal dans sa racine.

Je ne prétends pas rapporter textuellement ici le discours de l'éloquent M. Chapin, et je n'ai cité le passage qui précède que pour donner une idée de la force de sa dialectique. Je me bornerai donc à dire que l'effet de ce discours fut prodigieux ; tout l'auditoire fut transporté. Quant à moi, ces parolles pénétrèrent dans le plus profond de mon cœur. De retour à la maison, je me mis au lit, mais non pour y trouver le sommeil. Les argguments du révérend ne cessaient de retentir à mes oreilles. Je me jugeais : j'étais un de ces *buveurs modérés* engagés sur une pente fatale dont il fallait se garder à tout prix.

Horreur ! je buvais encore du vin, cette idée me bourrelait la conscience ; aussi, après quelques heures d'insomnie, je me levai plein d'énergie, j'allai chercher toutes mes bouteilles de champagne, je les brisai les unes contre les autres, j'en jetai le contenu par la fenêtre, et, le sacrifice accompli, je me rendis près du révérend M. Chapin, et signai des deux mains mon adhésion à la Société de tempérance.

Quand j'annonçai à ma femme que j'avais signé un renoncement total à la boisson, des larmes ruisselèrent sur ses joues. Plus tard j'eus l'explication de ce fait ; elle m'avoua qu'elle avait passé plus d'une nuit à pleurer, dans la crainte où elle était de me voir devenir ivrogne. Je lui reprochai de ne m'avoir pas communiqué ses craintes à cet égard, mais elle me répliqua, avec raison peut-être, que je m'abusais moi-même, et qu'elle savait bien que j'aurais fort mal accueilli ses avis.

Dans mes sermons sur la tempérance, il m'arriva souvent d'être interrompu et interrogé par des opposants ; mais je pris toujours les choses froidement, laissant dire à mes adversaires ce qu'ils voulurent, et m'efforçant de leur donner autant que possible un Roland pour un Olivier.

J'obtins un véritable succès comme prédicateur de tempérance à la Nouvelle-Orléans, où je prêchai dans la grande salle du lycée. Mon auditoire se composait de plus de trois mille personnes, au nombre desquelles figuraient les personnages les plus marquants de la ville. J'étais bien disposé ; je me sentais d'ailleurs singulièrement animé par la présence d'un si brillant auditoire. Au moment où j'étais en train d'expliquer les effets pernicieux de l'alcool sur l'organisation humaine, quelqu'un m'interrompit pour me demander si ce spiritueux nous nuisait *externement* ou *internement*.

— *Eternellement*, répondis-je.

A cette réplique, il s'éleva de tous côtés une formidable explosion de rires. Pendant quelques minutes, le bruit des applaudissements répétés m'empêcha de poursuivre, et je n'entendis plus parler de mon malencontreux interrupteur.

Un autre jour je prêchais à Clevveland (Ohio), devant la façade du palais de justice, en présence d'un nombreux auditoire, principalement composé de fermiers; un des assistants, qui, comme je l'appris depuis, était marchand de liqueurs en gros, m'interrompit pour me demander ce qu'on ferait de tout le grain si on arrêtait la distillerie.

— Nourrissez-en, répondis-je, les femmes et les enfants de ceux que l'ivrognerie empêche de pourvoir aux besoins de leurs familles; et soyez sûr qu'en présence de ce fait, l'ivrogne tiendra à honneur de payer le grain qui aura servi à la nourriture des siens. Vous le verrez acheter et détenir pour l'entretien de sa famille plus de blé qu'il n'en aurait fallu faire pourrir pour la fabbrication du gin destiné à l'enivrer. Voulez-vous un exemple, ajoutai-je; écoutez. Peu de temps après la loi sur le débit des spiritueux, un habitant de Portland rencontra dans les rues de cette ville une petite fille qui avait l'habitude de se présenter à sa porte pour y demander l'aumône.

— Pourquoi, dit-il à cette enfant, ne venez-vous plus depuis quelque temps chercher les restes de la table?

— Parce que mon père ne dépense plus son argent en liqueurs fortes, qu'il est sobre, travaille constamment, et que nous avons maintenant du bon manger chaud tous les jours chez nous, répliqua la jeune fille.

L'auditoire parut goûter très-fort cette anecdote.

La première fois que je prêchai à CCleveland, je débutai en engageant à se lever tous ceux qui ne connaissaient les effets de l'ivrognerie ni par eux-mêmes ni par leurs parents et amis.

Sur cette invitation, un homme se leva d'un air très-délibéré.

— Vous n'avez jamais eu d'ami qui ait abusé de la boisson? lui demandai-je.

— Jamais, répondit-il.

A ces mots, une rumeur goguenarde, des rires étouffés se manifestèrent dans l'auditoire. Quant à moi, reprenant la parole :

— Réellement, mes amis, dis-je, je me vois forcé de faire une proposition que je n'ai encore jamais faite. Je suis, comme vous le savez tous, entrepreneur de spectacles, et en cette qualité je suis sans cesse aux aguets de toutes les curiosités. Ce monsieur m'est complètement étranger; mais, s'il veut seulement me prouver demain matin qu'on peut avoir foi dans sa parole, je serai charmé de l'engager pour trois mois à raison de deux cents dollars par semaine, pour le montrer à mon Muséum américain de New-York comme la plus grande curiosité de ce pays.

Un fou rire suivit cette annonce.

— On peut rire, mais tel est le fait, soutint mon interlocuteur avec beaucoup d'obstination.

— Monsieur prétend toujours que le fait est exact, répliquai-je. En ce cas, je me vois forcé de modifier ma proposition. Je ne l'ai faite que parce que je supposais qu'à une période quelconque de son existence monsieur avait eu des amis ou des connaissances. Cependant, s'il n'a jamais vu personne au monde, je retire ma proposition; sinon je la maintiens toujours.

Ce nouveau speech et l'hilarité qui s'ensuivit fermèrent la bouche à l'inconnu. Il s'assit, et parut m'écouter avec beaucoup d'attention.

Le sermon terminé, il s'approcha de moi, me tendit la main et me dit :

— Monsieur, j'étais venu ici avec l'intention de me moquer de vous; mais vos arguments m'ont touché malgré moi. Aussi désormais je me range parmi les amis de la tempérance.

Il est inutile, je pense, de continuer plus longtemps sur ce sujet, je veux me borner à dire que j'ai prêché sur la tempérance à Montréal (Canada) et dans plusieurs villes des Etats-Unis; dans ces circonstances j'ai toujours voyagé à mes frais ; ce n'est pas sans quelque orgueil que je cite ces faits, et je déclare que je n'ai pas de plus grande consolation au monde que de penser que j'ai contribué à ramener le bonheur dans le sein de mainte et mainte famille.

Je ne me suis pas borné à parler sur la tempérance : j'ai encore écrit sur ce sujet grand nombre d'articles qui ont paru, soit dans des journaux quotidiens, soit dans des revues hebdomadaires. J'ai même publié un petit traité sur le débit des liqueurs, dans lequel j'ai exposé mes vues particulières sur l'usage et le trafic des boissons enivrantes. J'y renvoie le lecteur.

. . . .
. . . .

Arrivé à la fin de ces mémoires, j'éprouve le besoin de jeter un regard rétrospectif sur la carrière que je viens de parcourir et de dire franchement et loyalement ce que je pense de moi-même.

Ma franchise déplaira peut-être à certains collets montés, j'en suis fâché ; mais j'ai promis de donner mon opinion sur cette matière, et je ne reculerai pas même devant la crainte de contrarier ceux qui auront la bonté de me lire.

Le grand défaut de notre civilisation américaine, et ce défaut, tous les hommes sérieux, tous les penseurs, l'ont signalé, c'est l'exagération du sens pratique. Ainsi, poussé à l'excès, le sens pratique cesse d'être une qualité en cela qu'il s'entache de positivisme, qu'il fait oublier les causes finales pour les causes secondaires, les choses du ciel pour celles de la terre, et qu'il remplace en un mot les plus nobles aspirations de l'homme par la passion honteuse et sordide d'acquérir. Aussi, tout au contraire des États catholiques, où les jours fériés sont nombreux et abondent en plaisirs et en distractions, la protestante Amérique ne compte que des jours de peine et de labeur, et les habitants de ce vaste pays, avec tous les moyens d'être les gens les plus heureux de la terre, en sont peut-être, à tout prendre, les plus malheureux.

L'Amérique est dépourvue du sens poétique, et, comme on l'a dit avec vérité, le myosotis qui se penche au bord du fleuve n'attire pas une seconde l'attention de l'Américain, car cette fleur n'est pour lui qu'un myosotis, et rien de plus.

Par habitude ou par tradition, nos classes moyennes ont hérité seulement d'une grande prédisposition aux plaisirs qui sont justement les moins estimables et les moins rationnels... et on a prouvé jusqu'à satiété que l'absence de plaisirs innocents et purs était une des causes principales qui conduisent le peuple à l'intempérance. On boit d'abord parce qu'on n'a rien de mieux à faire, et ce n'est que plus tard que la chose devient une habitude. On ne saurait nier, je crois, cette proposition. Cela posé, je reviens à mes mémoires.

Comme homme d'affaires, mon premier objet a été indubitablement de garnir ma bourse; j'y ai réussi, et j'ai même dépassé en cela mes plus belles espérances; aussi je me tiens plus que satisfait sous ce rapport; mais ce n'est pas tout, et ce que je viens de dire aura sans doute préparé le lecteur à accueillir de ma part une prétention que je regarde comme juste et raisonnable : à savoir, que j'ai été utile aux masses, et cela à un degré tel qu'il serait difficile de me trouver un parallèle dans l'histoire des philanthropes de théories ou de profession.

Mes muséums ambulants d'histoire naturelle ont été les plus riches et les plus curieux qui aient jamais paru aux Etats-Unis, et je soutiens qu'il n'est ni auteur ni université qui ait contribué autant que moi à répandre dans les masses la connaissance des différentes espèces du règne animal.

Quant à ce qui concerne le goût musical, personne ne niera que j'ai fait plus que personne pour l'élever et le raffiner dans ce pays. En amenant Jenny Lind aux Etats-Unis j'ai inauguré une ère nouvelle pour le plus délicieux des beaux-arts et celui qui a sans contredit le plus d'influence sur les masses, et je puis me féliciter d'avoir procuré par ce moyen, non-seulement aux gens riches, mais encore à toutes les classes de la société, plus de jouissances et de plaisirs que qui que ce soit au monde.

Je n'entrerai pas dans une plus ample récapitulation des bienfaits dont mes concitoyens me sont redevables, mais je soutiens que **tout** en faisant ma fortune j'ai su travailler à leur instruction et à leurs plaisirs. De vocation j'étais entrepreneur de spectacles, et par le fait j'ai entrepris beaucoup : voilà qui explique ma prétention. J'ai fait valoir par tous les moyens, j'en conviens, mes curiosités et mes artistes; mais c'était mon droit, et je n'ai jamais employé d'ailleurs que des voies légitimes... et quel est après tout le chrétien ou le philosophe qui oserait soutenir qu'il valait mieux faire ma fortune en tenant tout simplement une taverne?

Mais en voilà assez sur ce point, et je passe à la description de la maison de campagne où je fais aujourd'hui ma résidence. Cette campagne s'appelle : IRANISTAN.

Voyant en 1846 que la fortune continuait à me sourire, je commençai à soupirer après le temps où je pourrais me retirer du tourbillon des affaires, et me fixer définitivement auprès de ma famille pour achever le reste de mon existence dans un état qui comparativement au passé serait un véritable repos.

Je tenais à ne pas m'éloigner de New-York de plus de quelques heures. D'un autre côté, je ne connaissais pas de sites plus agréables que les rives du canal de Long-Island, entre New-Rochelle (New-York) et New-Haven (Connecticut). Mon attention fut en conséquence attirée de ce côté, et Bridgeport me sembla réunir toutes les conditions désirables. C'est une ville agréablement posée à l'embranchement de deux chemins de fer; au milieu, les fertiles vallées qui forment le bassin de deux rivières : la Nauyatuck et l'Housatonic.

Cette situation me plaisait sous tous les rapports, et nous décidâmes bientôt ma femme et moi d'établir notre résidence dans le voisinage de cette ville.

Dans ce but j'achetai soixante-dix acres de terre situées à un mille à l'ouest de la ville, dans un lieu d'où j'avais une magnifique échappée de vue sur le canal.

Quand il s'agit de décider quel genre de demeure nous aurions, je me déterminai tout d'abord pour une maison qui réunirait la commodité au confort. C'était là pour moi le point important, le style d'architecture ne venait qu'en seconde ligne. Ma femme était de mon avis.

Au surplus, j'avais aussi mes idées à ce sujet; lors de mon voyage en Angleterre, j'avais remarqué à Brighton le pavillon bâti par Georges IV.

Cet échantillon d'architecture orientale m'avait beaucoup plu; et j'avais résolu de l'importer en Amérique, où ce genre était complètement inconnu. En conséquence j'avais chargé un architecte de Londres de me lever le plan de ce pavillon.

J'avais emporté ce plan aux Etats-Unis. Le moment était venu de le faire exécuter; je choisis un architecte et lui donnai les instructions nécessaires pour qu'il se mît à l'œuvre, et n'épargnât rien, ni temps, ni dépense, pour m'élever une demeure confortable, gracieuse et de bon goût. Il était payé à tant par jour.

Tout s'acheva à ma satisfaction. Ma famille vint se joindre à moi; et le 14 novembre 1848 un mille d'invités, pauvres et riches, vinrent nous aider à pendre la crémaillère, selon la coutume du bon vieux temps.

Quand le nom d'Iranistan fut connu, un plaisant journaliste de New-York s'amusa à le scander ainsi :

I-ran-I-stan (J'ai couru, je me repose). Cette étymologie est fort spirituelle; mais la véritable signification du mot est *villa orientale.*

J'ai rarement parlé dans ces pages de ma femme et de mes enfants, cependant c'est ce que j'ai toujours eu de plus cher au monde; et jamais, soit aux jours de la pauvreté, soit au sein de l'aisance, je ne connus de place plus attrayante pour moi sur la terre que mon bienheureux chez-moi.

Tous mes enfants sont des filles : Caroline C., l'aînée, est née le 27 mai 1833, et a épousé le 19 octobre 1852 M. David-W. Thompson. Ce couple habite à une très-faible distance à l'ouest d'Iranistan. Le ministre qui célébra ce mariage est mon estimable ami le révérend M. Ballon, dont le bon cœur n'est égalé que par la vivacité de son esprit. Hélène-M., ma seconde fille, est née le 18 avril 1840; Françoise-J., la troisième, naquit le 1er mai 1842, et mourut le 11 avril 1844; Pauline-J., la quatrième, est née le 1er mars 1846.

J'aurais dû mentionner déjà que le terrain sur lequel fut élevée ma villa était à l'époque où j'en fis l'achat complètement nu et désolé. J'y transplantai plusieurs centaines d'arbres fruitiers et nombre d'arbres de haute futaie. Je semai des pelouses et plantai des haies d'arbrisseaux.

Grâce à l'activité de mes soins, j'eus au bout de quelques années un véritable Eden dont j'étais le créateur.

Qu'il me soit permis, à propos de ma demeure, de citer les paroles de William-Temple :

« On a toujours bien choisi du moment que l'on est content de ce qu'on a choisi. C'est ce qui m'est arrivé, grâce à Dieu ; et quoique de toutes les folies de ma vie, celle de bâtir et de planter n'ait pas été la moindre, et m'ait coûté plus que je n'ose dire, cependant je m'en trouve amplement indemnisé par l'agrément et la satisfaction que j'éprouve dans cette retraite : aussi depuis que j'y suis j'ai résolu de ne me mêler à aucune des affaires publiques.

» J'y ai passé cinq ans sans aller une seule fois à la ville, quoique je sois presque en vue d'elle et que j'y aie une maison pour pied à terre. »

Je ne me suis pas encore tout à fait retiré des affaires, quoique je désire ne plus m'occuper désormais que du Musée américain et de mes intérêts à Bridgeport. Je vais fréquemment à New-York, et par occasion dans les autres grandes villes ; mais jamais je ne me sens si aise que quand je me retrouve à mon foyer. J'écris ces dernières lignes de mes mémoires le jour du sixième anniversaire de notre fête d'installation ici, et en les écrivant mon cœur déborde de contentement : car je suis dans ma maison et au sein de ma famille, deux choses qui sont pour moi l'image et le symbole du bonheur parfait qu'on doit goûter dans le ciel.

FIN.

TABLE

Avis des Editeurs.   v

I. — **Mes premières années.** — Apparitioon dans le monde. — L'école. — John Haight. — La glace se brise. — Une ddette payée. — Statue vivante. — Allons, plonge, polisson. — Spéculation sur ? les cornes. — Le morceau amer. — Le cheval et son cavalier. — La crise. — John à la mer. — Pièces de deux sous et de six sous. — Poisson hors de l'eauu. — Première visite à New-York. — Aventure dans cette ville. — Achat d'oranges. — Fusil et boules fulminantes. — Les fonds deviennent bas. — Mon . premier échange. — Ressources. — Retour.   1

II. — **Commis de boutique.** — **Anecdotes.** — Commis dans une boutique. — Coup d'œil aux affaires. — Echange de pplaisanteries. — Mon héritage. — Ivy-Island. — Châteaux en Espagne. — Un voyage d'exploration. — Au milieu des marais. — Nid de guêpes. — La terre promise. — Songes évanouis. — Le diamant coupe le diamant. — L'ivrogne. — Triste tableau. — Crédit fermé. — Supercheries du commerce. — Trois dans s un lit. — Embûches et barricades. — Journée des éperons. — Un cheval quui rue.   26

III. — **Ecole du dimanche.** — **Le vieux temnple.** — L'école du dimanche. — Un ecclesiastique original. — Un confrère zélèle. — Les vers du nez. — Le consistoire. — Transition. — Discussions religieuuses. — Le vieux temple. — Installation d'un poêle. — Pouvoir de l'imaginuation. — La classe religieuse. — La seule chose necessaire. — Une explosion.   45

IV. — **Anecdotes avec un épisode.** — Voyaage de mon grand-père. — Un ecclésiastique fourvoyé. — La question des barbbes. — Les favoris en cause. — A demi rasés. — Le rasoir par-dessus bord. — Tous à la file. — La plaisanterie se continue. — Mort d'une chrétienne. — Le : chien de l'Irlandaise. — Marché conclu. — A corsaire corsaire et demi. — Le vieux Bob. — Le cavalier à pied. — Esclave à perpetuite. — Valeur véritable.   55

V. — **Une masse d'incidents.** — Moyen de faaire de l'argent. — Loterie. — Réclame. — Pas de billets blancs. — Petits lots. — La grosse caisse. — Histoire d'un poisson. — Hiéroglyphes. — Un singulieer nom. — Moules à boutons. — Marchand d'etain. — Commerce de pierres à aaiguiser. — La hache. — La fève merveilleuse. — Plaisanterie arrêtée. — Mortt de mon père. — Commerce de bouteilles. — Je fais une loterie. — Bouteilles s et écumoires. — Lots d'etain. — Bas mystérieux. — Coïncidence curieuse. — Acte de charité. — Symptômes étrangers. — A bon chat bon rat. — Encore t une plaisanterie. — Explication. — Les bouteilles pleines de rhum. — Le vieuxx pensionnaire. — Le duel.   72

VI. — **Nouveaux événements.** La ficelle au t pied. — Esprit de speculation. — Fièvre de jeunesse. — Essais fructueux. — Agrandissement. — Visite à un éléphant. — L'arrangement forcé. — Le faiseuur. — Le discours interrompu. — Ma première plaidoirie. — Le citoyen déçu. — Le dentiste charlatan. — Plumes d'oie. — Consultation. — Miel et vinaigrre. — Remontrance poétique. — Le compromis. — Depenses folles. — Dangerr evité. — Renseignement utile. — Faits et chiffres. — La manie des loteries. — Mine et contre-mine. — Mon mariage. — Le po.te-balle irlandais. — Dépenases de menage. — Agitation religieuse. — Politique des diverses sectes. — Le heraut de la liberté. — Procès en diffamation. — Bilan.   94

VI. — **Déboires.** — **Joice Heith.** — **Vivalla.** — Résidence à New-York. — Annonce tentante. — A la recherche d'une position. — Barnow et la chemise. — Joice Heith. — Ma première entrevue. — Achat de Joice. — Contrat de vente. — La salle Niblo. — Opinion des journaux. — Hymnes. — Joice à Boston. — Mælzel. — Découverte importante. — Incident comique. — Il signor Vivalla. — Second phénomène. — Washington. — Séance du Sénat. — La montre en gage. — Défi. — Entrevue secrète. — Agitation. — Mort de. — Mort de Joice. — Autopsie. — Déclaration. — Lyman mystificateur. — Controverse des journaux. — Comment on écrit l'histoire. 119

VIII. — **Le cirque en voyage.** — Notre première représentation. — Incident au temple. — Le vieux Turner. — Mauvaise plaisanterie. — Trois repas en une heure et demie. — Problèmes d'arithmétique. — Un enfant aussi vieux que son père. — Je fais un sermon. — Un homme blanc et noir. — Un she if mystifié. — Voyage périlleux. — Vivalla et l'Indien. — Une poule qui pond à volonté. — Les bottes mystérieuses. — Les momies vivantes. — Nouveaux incidents. — Je demande un associé. — Singulières propositions. — Je redeviens directeur de spectacle. — Récit d'une nouvelle tournée. 155

IX. — **Le Musée américain.** — Nouvelle entreprise. — Le pied de l'échelle. — Grande révolution. — Le Musée américain. — Une grande décision. — Entrevue. — Propositions. — Encore l'île d'Ivy. — Un echec. — Tactique. — Les coups portent. — Stratagème comique. — Victoire. — Mon va-tout. — Embellissement du Musée. — Hâblerie et rivalité. — Le Niagara au Muséum. — Taxe pour une cataracte. — Les chutes à pleine eau. — La massue du capitaine Cook. — Mes lauriers en danger. — Le mystificateur mystifié. — La sirène Fejee. — Embarras pour les naturalistes. — Le professeur Griffin. — Moyens employés. — Une œuvre ingénieuse. — Préliminaires. — Explication de Giebold. — Grande annonce. — Le vieux Hollandais. — Une vue de la sirène. — Sirène et ci gare. — Recettes. — Opposition profitable. — General Tom Pouce. — Une franche confession. 195

X. — **Voyage en Europe.** — **Tom Pouce.** — Départ pour l'Angleterre. — Adieux. — Politesse intéressée. — Un cicerone yankee. — Projets brillants. — Rayon de soleil. — Un nain méconnu. — Arrivée à Londres. — La noblesse sollicite la faveur de nous voir. — M. Everett. — Le baron de Rothschild. — Pluie d'or. — Leçon d'étiquette. — Tom Pouce et la reine Victoria. — Sortie à reculons. — Tom Pouce et le roquet. — Le prince de Ga'les. — La famille royale et la chanson du general. — Engouement de l'aristocratie. — Le duc de Wellington et l'empereur Napoléon. — L'empereur Nicolas. — Revue à Windsor. — Un militaire mort vivant. — Une mésaventure. — C'est la coutume du pays! — Trempé jusqu'aux os. — Déceptions. — Le veau d'or. — Une journée avec Albert Smith. — Qu'est-ce que Shakspeare? — Guy de Warwick. — Cohue de banquistes. — La course aux châteaux. — Curiosités yankees. — Un decevant mirage. — Un prince américain. — Retour de Tom Pouce en Amérique. — Voyage à Cuba. — Un dindon trop petit. 231

XI. — **Nouvelles entreprises. Chassse aux buffles.** — Maison roulante de Shakspeare. — Les sonneurs suisses. — Entreprises diverses. — Ménagerie ambulante. — Le cheval laineux. — Le troupeau de buffles. — Spectacle gratuit. — Chasse aux buffles. — Une « hhâblerie » dont je suis victime. — Les circonstances changent les decisions. — Peaux de singes. 279

XII. — **Tempérance.** — Mon zèle pour la tempérance. — Un dilemme inextricable. — Ma conversion. — Je reviens de mon erreur. — Mes discours sur la tempérance. — Coup d'œil en arrière. — Ifranistan. — Lares et pénates. . . 293

Limoges. — Imp. Eugène ARDANT et Cⁱᵉ.

www.ingramcontent.com/pod-product-compliance
Lightning Source LLC
Chambersburg PA
CBHW071415150426
43191CB00008B/917